中青年经济与管理学者文库

中小企业社会资本与融资

曹玉贵　胡德朝　著

中国财经出版传媒集团
中国财政经济出版社

图书在版编目（CIP）数据

中小企业社会资本与融资／曹玉贵，胡德朝著．--北京：中国财政经济出版社，2019.9
（中青年经济与管理学者文库）
ISBN 978-7-5095-9236-6

Ⅰ.①中…　Ⅱ.①曹…②胡　Ⅲ.①中小企业－企业融资－研究－中国　Ⅳ.①F279.243

中国版本图书馆CIP数据核字（2019）第195688号

责任编辑：潘　飞　　　　责任校对：胡永立
封面设计：智点创意

中国财政经济出版社 出版

URL：http：//www.cfeph.cn
E-mail：cfeph@cfemg.cn

社址：北京市海淀区阜成路甲28号　邮政编码：100142
营销中心电话：010-88191537
北京财经印刷厂印装　各地新华书店经销
880×1230毫米　32开　11.75印张　280 000字
2019年9月第1版　2019年9月北京第1次印刷
定价：53.00元
ISBN 978-7-5095-9236-6
（图书出现印装问题，本社负责调换）
本社质量投诉电话：010-88190744
打击盗版举报热线：010-88191661　QQ：2242791300

策划人语

题记：一个人的精神成长史，取决于他的阅读史。只有阅读能最有效地培养精神生活习惯，而好的习惯又培养性格，性格决定人生。

——我们自豪，因为我们就是创造这精神产品的人。

选择了飞翔，总能看到蓝天；选择了远航，总能感受大海。人生不仅要作出选择，也要坚持住自己的选择。学会计、当编辑是我的意外选择。人说编辑是为人做嫁衣，可是这一选择我坚持了27年，苦在其中，乐在其中，也算是有声有色。每当我把一本本好书呈献给人们的时候，我觉得我是“富贵”的人：富，不是你身上的钱财，而是你心里的满足；贵，不是你地位的显赫，而是你被人需要的程度。

书海探寻，情怀永恒

我要说，做编辑我幸运，因为我不仅是第一个读者，可以对作品“品头论足”，也可以对作品“生杀予夺”；更重要的是，这是一个很高层次的平台，在多年与名家的交往和名著的“对话”中，深深地为他们的人格和才学所感动，被作品的精彩所吸引，这不仅使我“下笔如有神”，更使我的思想和灵魂也受到一次次洗礼和震撼，得到一次次升华。对于我的作者我的书，如数家珍，作者中不乏才学和为人同样过人的多位泰斗和“颜值高责任大”的众多才子佳人；策划的作品不仅立足专业还兼顾人文，也是情怀所在，专业加人文路才会更宽。

多年的体会是，作为一名编辑，起码要“三心二意”，即“责任心、细心、耐心”和“服务意识、创新意识”。要多策划一些有分量的拳头产品，用一个选题推动一个系统工程，用一个系统工程培养一个出版社品牌。给新入职编辑讲座时我做过一个比喻：编辑两项基本功，审稿——甚至要比博导审批学生论文还要全面、细致；选题策划——要像电影导演一样做“星探”，善于发现优秀作者和挖掘好的原创作品。记不得27年来我策划和编辑了多少书，组织和策划了一大批教材、业务培训用书、通俗读物、理论专著等，有的获得过国家、省部级各类奖项，有的以其填补空白、社会热点、风格新颖、开拓尝试等特点受到读者的欢迎。20世纪90年代我开始自主策划选题，多年来每年都有新丛书问世。比如，21世纪初内部控制研究在国内刚兴起时，策划了《现代内部控制丛书》，其中《企业内部控制管理操作手册》是我鼓励作者将自己饱含心血的经过长期钻研和实践并证明卓有成效的成果奉献付梓，使得更多的人能受益于此，这无疑是对我国内部控制理论探索和实践发展的一种贡献，内部控制选题至今还是热点。2013年的《来去无尘——一位财政部长的生前事》所展现的吴波精神，与深入推进党风廉政建设相得益彰，得到中央领导同志的高度重视和重要批示。中央各大主流媒体纷纷连续报道，掀起了全社会学习吴波高尚情操的热潮。2014 年至今的前沿选题《财务云丛书》等也越来越受到业界认可。

想是问题，做是答案

众所周知，目前的图书出版业在行业竞争和纸质图书受到严重冲击的情况下，出版人无不感到莫大的危机。在这种背景下，策划一套专业图书是颇感困惑的一件事，风险更大。但即使这样我们也不能因噎废食、停滞不前，还要积极应对，继续发挥纸质图书的固有特质，挖掘出版内容和形式都精彩的原创作品，适应新形势下读者的更高需求。2017 年，我们接受新的挑战，开启新的征程，又策划《中青年经济与管理学者文库》《当代税收名家丛书》《中国税务律师系列丛书》《现代管理实务丛书》《高等院校应用型会计人才精细化培养系列教材》等，继续为扶持学术研究和总结最新成果，在高端研究与专业知识普及和应用之间搭建一座座有益的桥梁。

每一个时代的经济环境不同，理论研究和实务探索所需要解决的问题也有所差别。当前我国不仅处于经济结构调整和供给侧改革的攻坚期，同时也处于大数据和互联网突飞猛进的变革期，矛盾叠加，风险交汇，市场环境和组织模式不断演变发展、推陈出新，经济、管理、财税等领域的新理论、新思想、新方法、新工具也层出不穷。乱花渐欲迷人眼，击水三千浪几何？这些领域的研究人员被时代赋予了更艰巨的责任，也面临着更高、更多元的要求，我们不仅要具备更广阔的学术视野，而且要有更严谨的学术思维。

输在犹豫，赢在行动

《中青年经济与管理学者文库》的作者，都是我国经济与管理领域的中坚力量，也是未来的大家。他们中有些人潜心从事理论研究，有些人则深耕在实务一线，但无论现实身份如何，视野全都没有被拘泥在“象牙塔”内。他们从不同视角对市场经济的不同要素进行细致审视，然后汇聚于“财经版”这面旗帜之下，相互碰撞，彼此激荡，力求在市场经济转型升级的关键时期留下最新鲜的“中国印记”。

这些经济与管理领域的中青年学者，就是我国市场经济发展的潜力与优势，他们的研究成果，不仅将引领市场经济的各个组成环节向更科学、更先进的方向发展，而且将成为我国政府和企业在未来经济世界扮演更重要角色的支点与动力。祝愿这些中青年学者能攀上更高的学术之山，走向更远的研究之路，也期待宏观、中观、微观各个层面的市场参与者都能从这套文库中得到切实的启发与指引，在全面深化改革、增强发展活力的关键时期，发挥正能量和积极作用，为经济社会发展增添新的动力！

如果您认可，如果您有意愿，欢迎您和您的朋友加盟我们的作者队伍！在中国财经出版传媒集团的“旗舰”下，中国财政经济出版社这“老字号”，一定励精图治，谱写新的篇章。我们用“龙的精神，玉的品质”来助力您实现梦想！

策划人：樊清玉

邮箱：qingyuf@ sina. com

2017 年春

前言

长期以来，融资问题一直是制约中小企业发展的瓶颈，严重的融资约束已经成为我国经济亟须解决的棘手问题。如何破解中小企业融资难是学界一直关心并不断研究探索的重要问题之一。从内部融资角度看，对于大部分企业来说，通过获得足够的股权融资来支撑企业发展极不现实。从外部融资角度看，借贷双方信息不对称、融资风险高、信贷风险大、抵押担保困难等难题不可避免地将企业推入融资困境。

目前的相关研究，大多惯用新古典经济学的研究范式研究中小企业融资困境的成因和解决机制，主要关注经济和法律等正式制度对企业融资行为的影响，而对社会关系网络等非正式制度因素考虑不足，较少考虑其融资行为的社会“嵌入性”。实际上，中小企业融资总是深刻地嵌入具体的社会关系网络中，具有社会的“嵌入性”，必然受到诸如信任、合作、网络、关系等非正式制度潜移默化的影响，其融资能否达到预期的效果，自然也会受到上述等因素的影响。社会资本理论和工具为中小企业融资研究提供了新视角和新方法。

因此，本书研究的基本思路是：基于目前中小企业发展依然存在融资难融资贵问题，以及中小企业融资理论的不足和社会资本研究的兴起，提出中小企业社会资本影响其融资这一研究主题。在分析梳理国内外相关研究文献的基础上，阐述中小企业融资理论发展轨迹，探讨其在中小企业融资中的适用性，明确界定中小企业社会资本概念和分析维度，从而为社会资本在中小企业融资中的应用提供严谨的逻辑前提。然后，根据我国特殊的制度背景，按照不同维度的企业社会资本，运用理论分析和实证研究相结合的方法，全面、系统地分析和研究中小企业社会资本对其融资的影响以及作用机理。在此基础上，进一步分析研究不同制度环境下中小企业社会资本对其融资影响的差异性，探讨中小企业融资难融资贵形成的社会原因和解决机制，为解决中小企业融资难融资贵问题提供新方法。

本书由曹玉贵、胡德朝撰写。曹玉贵负责研究大纲及本书通撰并负责了第 1 章、第 3 章、第 5 章和第 6 章的撰写工作，胡德朝负责第 2 章、第 4 章的撰写工作。

此外，在本书的写作过程中，参考了国内外有关文献和最新研究成果，引用了一些数据和资料，但由于篇幅的限制，虽然在参考文献中已经做了注释，但难免存在遗漏，在此一并表示由衷的感谢。

由于我们学术水平有限，而且社会资本是一个不断发展的研究领域，因此尽管我们在写作中做了很多努力，但本书肯定还存在许多不足之处，诚挚地希望读者批评指正。

作者
2019 年 8 月

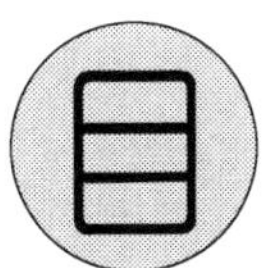

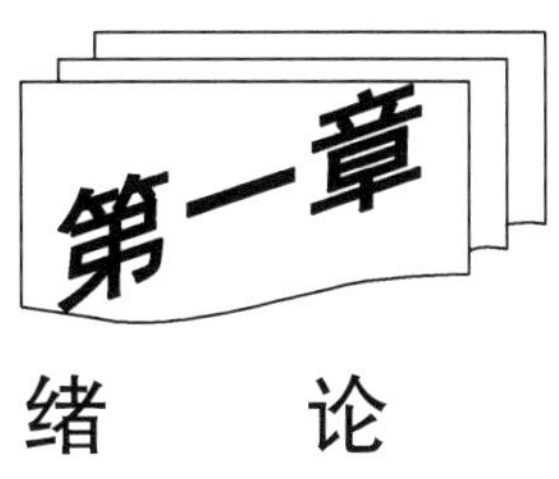

第一章 绪　　论

第一节　问题提出与研究意义

一、问题提出的背景

当前，制约我国中小企业生存与发展首要的问题依然是融资难融资贵，而融资不仅是一个经济问题和政治问题，而且是一个社会问题，社会资本在其中发挥着越来越重要的作用。本书提出中小企业社会资本与融资之间关系的研究主要是基于以下三个方面的背景：

（一）中小企业发展依然面临着融资难融资贵问题

中小企业对于一个国家经济发展的推动作用是毋庸置疑的。我国中小企业是在我国实行改革开放政策之后迅速发展起来的。改革开放四十多年来，我国中小企业在国民经济发展中作出了巨大贡献，广泛渗透在社会经济各个层次、领域和行业，在实现我国社会经济发展目标、保持经济持续发展和社会稳定、创造劳动力就业机会、完善社会主义市场经济体制以及促进科技进步等方面具有不可忽视、不可替代的作用。有数据显示，2017年我国中小企业数量高达4000万家，约占我国企业总量的99%，贡献了50%以上的税收、60%以上的国内生产总值以及80%以上的城镇就业机会，完成了70%的发明专利和80%以上的新产品开发任务，是大众创业、万众创新的重要载体。“十三五”期间，国家为扶持中小企业健康发展，从政策、投资等方面给予了大量优惠。可以预见，我国中小企业数量还会持续增长，对国民经济的贡献还会继续加大。然而，由于中小企业资产规模小、抗风险能力弱等自身原因以及市场环境不确定性大等外部因素的影响，使其在金融市场中常常处于弱势地位，融资可得性、可及性差，融资难融资贵问题成为中小企业发展中普遍存在的现象。尤其在我国这样一个信贷市场以大型银行为主导且资本市场尚不健全的国家，由于金融体制结构单一和效率低下，再加上中小企业自身因素的影响，使其融资难融资贵问题表现得更为突出。因此，如何协助中小企业突破融资困境就成为推动中小企业快速发展的关键问题。对此，国内外学者给予了很大关注，对中小企业融资难融资贵的形成原因、解决机制等相关问题进行了多角度的探讨，也产生了大量的理论和实证，并从制度、政府、银行和市场等多个方面提出了诸多政策建议。与这些政策建议相呼应，近些年来，我国政府也高度重视中小企业发展中存在的融资难融资贵问题，不断加强政策力度，采取多种措施促进中小企业融资，陆续出台了一系列支持中小企业融资的法律、法规及政策和指导意见，各级政府也一直致力于解决中小企业融资难融资贵问题。随着各级政府的积极倡导和鼓励，国有银行对中小企业的信贷政策也做出了一些积极的调整，所有制偏好正在逐渐淡化，针对中小企业的信贷品种也日益丰富，信贷环境日趋优化。毫无疑问，国家一系列扶持政策的出台和一系列措施的实施对于缓解我国中小企业融资难融资贵问题的确发挥了积极的促进作用。然而，从国内的实践看，由于中小企业自身特点导致的融资能力低下，以及资金供给者与中小企业之间存在的严重信息不对称等固有问题很难从根本上解决，再加上金融体制改革仍不完善等原因，上述为解决中小企业融资问题而提出的建议措施效果似乎并不显著，中小企业融资难融资贵问题依然突出。据世界银行2018年联合发布的《中小微企业融资缺口报告》统计，截至2017年底，我国中小微企业融资缺口达到1.89万亿元人民币，约占我国2017年GDP比例的17%。《2017中小企业融资发展白皮书》显示，98%的中小企业主要问题仍是融资难和融资贵，在新三板市场上仍有57.4%的企业没有交易。目前，反映强烈而集中的问题主要有：中小企业先还后贷压力大，过桥融资成本高，续贷时间长和贷款短期化等。这些突出问题带来的融资成本高、资金链断裂、老板跑路和民间投资下滑等一系列后果，严重威胁着中小企业的生存、金融和社会的稳定。

由此可见，融资难融资贵是一个普遍存在的关乎中小企业能否健康有序发展的重大现实问题。事实上，中小企业的融资是一种契约行为，即以现值对未来收益的一种承诺，这种契约行为既受到法律制度、金融制度等正式制度的保护，也取决于债权人对债务人的信任及双方之间的社会关系等非正式制度。中小企业社会资本作为一种隐藏在社会关系网络中的非正式制度，其内在的关系网络、信任和社会规范等作用机制不仅能够显著降低信息不对称对企业融资行为的影响，而且在一定程度上可以弥补法律制度和金融体制的不足，使得社会关系网络成员之间不再以传统的抵押担保形式作为企业融资的主要担保方式，而是以“社会关系网络、信任和社会规范”等社会因素作为企业融资的基本保障。我国的过渡型经济体制以及历史文化的沉淀导致了非正式制度在我国有着深厚的运行基础。首先，我国悠久的历史和深厚的传统文化形成了我国独特的“关系”文化，它不仅可以对当前大众日常生活产生影响，更重要的是，它会对国家整体的经济活动以及相关行为产生重要的影响。其次，我国正处于转轨经济时期，市场化程度不高，正式制度环境不完善，政府仍然控制着影响企业生存和发展的重要资源，拥有重大的市场配置权。Allen et al.（2005）提出了著名的“中国之谜”——中国的法律保护薄弱，但其经济增长却相当强劲，这似乎与 LLSV 的经济发展理论相悖。他们对此的解释是，中国存在着相应的保护替代机制，其中，“社会关系、信任、声誉和社会网络”是最重要的替代机制。他们认为，正是代表着这些关系网络和声誉机制的非正式制度，才是中国经济发展的真正动因。也就是说，在我国特殊制度环境下，中小企业融资不仅仅是一个经济问题和政治问题，更是一个社会问题。因此，如何根据我国特殊的制度背景，并结合中小企业融资特征，从社会资本的视角研究中小企业融资，或许是解决我国中小企业融资难融资贵问题的一个突破口。

（二）中小企业融资理论的局限

“嵌入性”理论认为，人们的经济行为即经济行动是嵌入社会关系网络中的，人们的经济行动既是理性的，但同时也受所处的社会结构和社会网络关系的影响和制约。经济行为作为一个制度过程，总是与经济制度和非经济制度密不可分并嵌入其中。经济活动是在社会关系网络内的互动过程中做出决定的，社会关系网络对企业经济行为具有重要影响。Granovetter（1985）认为，“行动者既不是像独立原子一样运行在社会脉络之外，也不会奴隶般地依附在它所属社会类别赋予的角色。他们具有目的性的行动企图实际上是嵌入真实的、正在运转的社会关系系统之中的”“大多数的（经济）行为都紧密地嵌入社会网络之中”“我们研究的组织及其行为受到社会关系的制约，把它们作为独立的个体进行分析是一个严重的误解”。也就是说，对于任何一个组织，由于其经济行为必然嵌入自身所处的社会结构和社会关系之中，其经济行为必然受到自身所处的社会结构与社会关系的制约和影响，因此，要理解市场问题、克服传统经济学理论的约束就必须深入研究人和组织所处的社会关系。Granovetter 进一步指出，人们的经济行为受到社会关系和社会结构的影响，而这种社会关系是一种基于信任、合作、规范等因素的持续性社会关系。在人们的经济生活或经济行为中，不是什么制度安排或普遍道德使人们相互之间产生有效率的社会互动，而是由于被置于特定的社会关系网络之中，并由此产生了相互之间的信任，在这个基础上，人们才可能产生有效率的互动。

中小企业作为存在于社会中的个体，自然深深嵌入社会关系网络之中，其经济活动总是以社会关系网络为条件，深受所嵌入的社会关系和社会结构等社会因素潜移默化的影响，并在社会互动过程中做出决定。中小企业融资作为一种最基本的经济活动，虽然表现为货币资金的运动，但更深层次体现出的是一种社会关系，更多依靠的是一种社会机制，也同样不能脱离其具体的社会背景，总是在其所处的社会结构中开展各种融资活动，利用其社会关系网络来为其融资行为服务。中小企业融资能否达到预期的效果，自然也会受到所处社会关系网络中社会关系和社会结构等社会因素的影响，是各种经济制度和非经济制度、正式制度和非正式制度共同作用的结果。或者说，中小企业的融资行为也总是深刻地嵌入具体的社会关系网络之中，具有社会“嵌入性”，必然受到信任、网络、关系等非正式制度潜移默化的影响，通过互动形成的“社会关系网络、相互信任和社会规范”等社会因素，是隐藏在中小企业融资行为背后并促使其有效运行的基本保障，是制约中小企业融资的重要因素。因此，把企业的融资嵌入具体的社会关系和社会结构中分析，具有一定的合理性和适用性。

然而，纵观我国中小企业融资实践，无论是理论研究者还是政策制定者与实践者，大部分都是基于现代融资理论研究解决中小企业融资难融资贵问题，将中小企业作为一个相对独立的研究个体来考察内、外经济因素对其融资行为的影响，而忽视中小企业的融资行为是嵌入其所处的社会结构中的事实。这种将研究的视野局限于经济和法律等正式制度对企业融资行为的影响，而对社会资本等非正式制度因素的影响往往考虑不足甚至较少涉及，忽视中小企业融资行为的社会“嵌入性”因素影响的思维定势及其所导致的社会视角缺失，是中小企业融资理论的一个重要局限。由此导致中小企业的很多融资行为难以用中小企业融资理论来解释，致使解决中小企业融资难融资贵的政策措施效果不明显，融资难融资贵的问题依然突出。也正是由于这些理论的研究视角局限于传统经济学“社会零嵌入”或“社会化不足”的研究范式，限制了人们对这一问题的认识。正如社会学家所指出的那样，经济学家过度重视交易的经济属性而忽视其社会属性，没有对人所处的社会结构给予足够的重视。“嵌入性”理论的提出，弥补了以往传统视角孤立分析问题的不足，突破了将企业作为独立个体的局限，将社会关系、信任、声誉和社会网络等非正式制度作为企业经济活动的最重要的替代机制，为社会资本理论在企业融资理论研究中的运用架起了一座重要桥梁。同时，从社会嵌入性的角度出发，将企业置身于它所处的社会关系网络以及社会背景中，既考虑各类经济制度，也关注包括企业社会资本在内的各种非正式制度因素对企业融资行为的影响，从而对现实生活中的中小企业融资行为具有更为全面的认识，也为讨论中小企业融资、解决中小企业融资难融资贵问题提供了非常契合于现实观察的直觉基础和新的分析范式。事实上，由于嵌入性思想把原来经济学中由于“经济人”假设而忽略掉的社会网络关系还原回来，不是纯粹从“经济人”角度，而更多的是从“正常人”的角度出发，因此，有着很强的现实意义，也有很多的经验证据的支撑。所以，其思想很快产生了诸多的影响，许多经济学家、金融学家利用这一工具加强对经济现象、金融现象的研究（袁鹰，2013）。基于此，本书将中小企业的融资行为嵌入其所属的社会关系网络中，以此来解决传统融资行为的过于规则和制度式的弊端，为解决中小企业融资难融资贵寻找新的分析方法和理论指导。因此，中小企业融资行为的社会“嵌入性”与中小企业融资理论的局限为本书研究的开展提供了理论需求。

（三）社会资本理论研究的兴起

社会资本是一个在社会科学的广阔研究领域中日益流行的概念。20 世纪 90 年代后期，有的学者认为社会资本仍处于“伞形概念”的生命周期起步阶段（Hirsch and Levin，1999）。不过，随着社会资本的概念逐渐被引入社会研究的各个领域和不同层面之中，最初源于社会学及经济学的社会资本研究已开始在国外逐渐升温，越来越多的社会学家、政治学家、经济学家和组织学家为了寻求解决各自研究领域中所面临问题的新方法而引入这一概念。世界银行还建立了关于社会资本的国际性网站，供对社会资本研究感兴趣的人们进行讨论。我国企业社会资本的研究起步较晚，直到 2002 年以后，企业层面的社会资本研究才呈明显的上升趋势（韦影，2007）。

已有的研究也表明，一国经济的发展，不仅仅依赖于企业或社会的物质资本和人力资本，而且在很大程度上还依赖于一种以规范、信任和网络化为核心内容的“社会资本”，从某种意义上来说，社会资本的影响甚至超过前两种资本。经济、政治等虽是解释社会发展和进步的主要变量，但影响社会发展的内在原因是多元的，大量非经济、非政治因素也起着不可忽视的作用。那些隐藏于社会结构之中的社会关系以及信任和互惠规范等社会资本逐渐被认为是经济发展的关键因素。社会资本通过社会关系网络、人与人之间以及合作主体之间的信任与互惠规范等，促进信息有效传递，增加对合作次数的预期，使合作双方从一次博弈转化为多次重复博弈。同时，通过加强经济主体的联系，增进彼此了解，促进合同的履行，从而降低交易费用，增强彼此间的合作关系。

由此可见，随着社会资本研究的兴起，国内外对社会资本的研究日益重视，用社会资本理论来解释社会、经济和政治现象已经成为这些学科的一种重要的分析范式。因此，深入研究当代西方各种社会资本理论及其应用分析，借鉴其有用的概念和理论框架，对于更好地理解和研究我国社会的现实政治经济发展具有重要的实际意义。

具体到中小企业融资，社会资本的分析范式为我们更充分地认识中小企业融资难融资贵问题提供一个新的视角。根据 Stiglitz et al.（1981）信贷配给理论，中小企业与金融机构之间因信息不对称而产生的道德风险和逆向选择被认为是中小企业遭受信贷配给的主要原因。在以后的研究中，几乎所有的破解中小企业融资难问题的研究都围绕信息不对称问题的解决而展开。由于抵押机制作为借款人的信号传递工具与贷款人的信息甄别工具，可以缓解信息不对称条件下贷款人对借款人的逆向选择与道德风险行为，所以抵押物缺乏是导致中小企业信贷配给的重要原因。由此不难归纳，信息不对称进而导致的逆向选择与道德风险问题是导致中小企业信贷约束的关键因素。事实上，在现实情况中，中小企业的金融缺口是市场失效的产物，它带来的是社会福利的净损失。市场机制之所以在中小企业金融问题上出现失效，主要原因在于中小企业金融的特殊性。而在这些特殊性中，关键的因素是中小企业融资中的信息问题远比大企业严重得多。信息严重不对称引起过高的交易成本，从而导致市场价格机制的失效。其他导致中小企业金融缺口存在的原因，如融资的规模不经济、抵押和担保等，也直接或间接产生于信息的不对称。然而，从国内的实践看，沿着这一研究思路来解决中小企业融资问题提出的建议措施效果似乎并不显著。用抵押品来替代信息在一定程度上缓解了信息不对称问题，然而固定资产少、缺少有价值的抵押品是中小企业最根本的特征之一，提供有价值的抵押品又成为一个新的棘手问题。中小金融机构服务中小企业更具有优势的依据是中小金融机构具有信息优势。然而在短视化行为下，中小金融机构依然具有大企业和大项目的偏好，不愿花费长时间来积累中小企业的信息，以至于在收集和整理中小企业信息上与大银行无异，于是，中小金融机构具有信息优势的假设就难以成立。提供信用担保很大程度只是把信息不对称问题从企业与银行之间转到了企业与担保机构之间，难以做到实质性地解决信息不对称问题。社会资本作为一种信息传递机制和社会担保机制，最重要的作用是能够实现信息获取的快速高效，并为提供信息的真实性提供保障，从而在一定程度上可以解决中小企业融资过程中信息不对称和抵押担保缺失问题，改善中小企业信贷融资市场失灵和信贷配给问题：一方面，中小企业的借贷活动多数是发生在某个特定的社会网络中，借贷交易主要是基于相互之间的信任，几乎不用抵押或者合同的方式执行；另一方面，由于在社会关系网络中的成员彼此了解，而且也因为这个网络使大家相互制约，除了利益的基础，也有一定的情感纽带，这使得由于社会资本所带来的融资对于资金供给方而言会更加安全，无论是从长期发展还是信任度上，都愿意用可以接受的较低交易成本进行交易（陈德萍、张文灵，2017）。由此可见，社会资本的作用机制恰好对应了中小企业信贷融资中由于信息不对称所导致的逆向选择与道德风险等问题。其中，降低信息不对称程度可以帮助资金贷出者辨识出信用水平相对较高的中小企业，从而有助于缓解贷款之前的逆向选择问题；而防范机会主义行为能够增加中小企业的还款意愿，从而有助于缓解贷款之后的道德风险问题。因此，社会资本研究的兴起，为本书研究的开展提供了理论契机和新的分析视角。

二、研究意义

本书主要通过中小企业社会资本与融资之间关系的研究，从非经济的视角分析制约中小企业融资发展的社会因素，以及解决中小企业融资难融资贵的社会机制，为解决我国中小企业融资难融资贵问题提供新的思路和政策建议。因此，本书的研究具有重要的理论意义和丰富的现实意义。

（一）理论意义

本书研究的理论意义可以概括为以下几个方面：

第一，为中小企业融资理论研究开辟新的视角。传统的中小企业融资理论是将企业作为相对独立的个体来研究正式制度对其融资行为的影响，强调孤立的企业发展及企业自身的作用，而将“社会关系、社会网络、信任、声誉、社会规范”等社会因素作为研究框架的外生变量，导致中小企业的很多融资行为难以用传统的中小企业融资理论来解释。事实上，中小企业融资虽然表现为货币资金的运动，但更深层次体现出的是一种社会关系，依靠的是一种社会机制，企业之间的社会关系、社会网络、信任以及社会规范等社会因素已成为制约中小企业融资的重要因素，在促进企业间信息共享、降低信息不对称性、防范道德风险等方面发挥着重要的作用。本书在已有的中小企业与融资之间关系研究的基础上，从中小企业社会资本维度，探讨中小企业社会资本对其融资的影响和作用机理，揭示中小企业融资理论中社会资本的特殊意义，在探讨如何更好地解决中小企业融资难融资贵问题的同时，为中小企业融资理论的研究开辟新的视角，并为后来的研究提供一定的借鉴。

第二，有利于形成根植于中国独特社会现实且有别于西方的中小企业融资理论。社会资本在中国问题的研究中富有价值，中国的社会状态与社会资本范式有着许多相同之处。中国是一个关系社会，中国文化强调社会关系，以关系获取资源在中国有着深厚的运行基础，这使得社会资本理论在中国能够轻易地找到理论的原形和证明依据。同时，制度环境对于中小企业融资具有重要影响，目前中国仍处于经济转型期，不同地区之间的制度环境存在一定程度的差异，这为检验企业融资行为的异质性提供了良好的机会。因此，结合我国“社会关系”色彩浓厚而又处于经济转型时期的特殊制度背景，探讨中小企业社会资本对其融资的影响以及作用机理，不仅丰富和扩展了社会资本理论在中小企业融资理论领域的研究内容，而且有利于形成一些根植于中国独特社会现实且有别于西方的中小企业融资理论，从而对中国资本市场融资实践提出更切合实际的理论指导。同时，本书的研究也为探索性与开发性理论研究提供基于中国情景的实证支持。

第三，进一步丰富和完善企业社会资本理论。社会资本具有很宽泛的概念框架，蕴含着不同的分析层面和研究视角。目前，国内学者对企业社会资本的研究大多从企业家经营者个体层面展开，对企业层面的分析较少，并且企业层面的研究视角也不尽相同。如果以个体层面的社会资本作为讨论对象，分析其对企业整体层面的影响，将低层次嵌入的个体社会资本与高层次嵌入的融资行为联系起来，这种研究逻辑可能会犯所谓的“还原谬误”，即“以微观个人层次的考察来推断企业这一相对较为宏观层次的行为及其结果的研究方式”。况且，随着现代企业制度的不断建立和完善，企业家个人的光环将逐渐消失，企业层面社会资本的搭建和积累将对企业融资产生越来越重要的影响。因此，本书基于企业层面，从企业外部联系的视角探讨中小企业社会资本的内涵和本质，无疑将进一步丰富和完善企业社会资本理论。

（二）现实意义

本书研究的现实意义可概括为以下几个方面：

第一，本书的研究可以为政策制定提供来自微观企业的理论和实践依据。囿于数据可获得性的限制，国内很多对中小企业融资问题的研究都是采用国外的数据库或上市公司的数据。国外数据库是基于国外中小企业形成的，不可避免受到其制度环境的影响，而上市公司多属于大型企业，属于中小企业的微乎其微。同时，对于中小企业社会资本与融资之间关系的实证研究也较为缺乏。因此，以往的研究一定程度上不能很好地反映我国中小企业融资的真实情况，难以形成正确合理改善中小企业融资的建议和结论。本书以面向我国中小企业的问卷调查所获数据为基础，采用统计分析的方法验证中小企业社会资本与融资之间的关系，对于指导我国中小企业如何在融资中进行恰当的行为选择、策略性地构建关系网络、有效地建立网络信任并实现有效沟通，进而提高融资便利性和经济性都具有重要的实践意义。同时，也为我国政策的顶层设计者与实践推动者制定契合于现实的中小企业融资政策和措施提供更加切合实际的建议。

第二，本书的研究为中小企业通过社会资本来解决融资难融资贵问题具有积极的指导意义。理论分析和实证检验表明，社会资本越多的中小企业，其获得资金的能力也越强，并且在正式制度环境较差的地区，社会资本的这种效应更显著。这给我国中小企业尤其是资金困乏的中小企业一定的启示：要想长期解决融资难融资贵问题，除了寻求政策上的扶持和制度上的支持外，更要与外部市场主体保持密切的联系，提升企业自身开发、维护和利用外部各种关系网络的能力，尤其要注意与银行等金融机构通过长期互动与合作来建立稳定的信任关系。企业只有培育和合理利用自身的社会资本才能及时获取企业生存和发展所需的资金资源。

第三，本书的研究为中小企业正确处理社会资本各维度之间的关系提供指导。本书研究证实，中小企业社会资本各维度间的关系对其融资便利性和经济性都具有积极影响。尽管企业社会资本的结构维和关系维是通过认知维发挥功效的，但三者缺一不可，认知维水平的提升与其他两个维度的水平是息息相关的。只有通过提升结构维和关系维的水平，认知维才能更有效地正向作用于中小企业融资。因此，中小企业在通过发展社会资本提高其融资便利性和经济性的同时，应正确把握中小企业社会资本各维度间的关系，维持企业社会资本各维度水平的均衡提升。

第二节 中小企业社会资本与融资关系研究综述

一、国内外研究现状

（一）国外研究现状

从 20 世纪 90 年代开始，以银企之间的信任和企业网络为切入口，国外一些学者开始研究社会资本对企业金融的影响问题。Coleman（1990）首先从经济学的角度考察了社会资本对融资与经济的影响。Coleman 认为，社会资本在一定程度上强化了诚信的普遍接受程度，社会资本水平反映在社会网络的水平上，其中，社会网络是用来提升制裁效果、强化信任的主要工具。也就是说，双方的信任是社会活动的均衡结果，客观上促进了彼此的相互合作。

Guiso et al.（1992）对意大利社会资本的差异进行了调查，研究发现社会资本影响居民的投资组合和贷款的可靠性。调研发现，在社会资本存量较高的意大利北部地区，由于人们之间普遍信任程度较高，人们更倾向于使用支票和投资股票这类风险较高的投资类型，这是和与生俱来的社会资本相关的。而在社会资本存量较低的意大利南部地区，居民则更多地在家族、朋友等小团体内开展经济活动和交易。尤其在教育程度较低、法治不够健全的地区，人与人之间的信任机制在社会生活中发挥着重要的作用，社会资本的这一影响更为显著。同样，Guiso（2004）研究发现，社会资本发展水平越高，社会信任水平相应越高，社会资本通过提高不同类型信贷交易活动中交易各方之间的相互信任度而对金融交易活动（如债务契约）产生最直接的影响作用，因为相互信任水平有助于在广泛、反复、持久的金融交易活动中建立紧密的社会关系网络，而社会关系网络有助于降低信息不对称程度。Goss et al.（2011）发现，社会资本的发展水平越高，债权债务双方之间的相互信任水平越高，这种高信任度的社会环境有助于降低债务代理成本。因此，银行贷款利率越低，表明社会资本能传递有关信任、团结、合作的有利信号，缓解契约双方之间的代理冲突矛盾和信息不对称问题。

Berger et al.（1994）研究发现，美国的中小企业与金融中介机制之间普遍保持着较长的业务关系，而且与主要金融机构的业务关系时间要长于与一般的银行之间的业务关系。他们还发现，中小企业与主要的金融中介机构保持长期业务关系确实为其融资带来了好处，很多中小企业的融资需求得到了较高比例的满足，通过这种长期关系获得的授信额度占到了整个中小企业融资总额的一半以上。除了相关的实证研究之外，Cole（1998）通过理论模型分析也发现，当中小企业和更多的银行打交道进而拥有多项融资途径时，金融中介机构会降低对这样的中小企业的融资的意愿。Cole 认为，因为和多个金融中介机构建立关系使得金融中介机构从中小企业获得的这种具有私密性质的软信息的价值下降了，金融中介机构也就降低了获取这种软信息的意愿，进而使得中小企业的融资可得性降低。

Chakravarty et al.（1999）进一步关注社会关系网络对企业融资行为的影响，提出了著名的“关系融资理论”：中小金融机构因在竞争性信贷市场上与大金融机构相比处于劣势，必须采取差别化战略与之竞争，即通过维持与中小企业的社会关系获取一些“软信息”，从而降低信息不对称程度。实证结果表明，中小借款者和银行间的“关系变量”对信贷可得性的影响是显著的。

Uzzi et al.（1998，1999a，1999b，2002）基于“嵌入性”理论的系列研究结果表明，个体在社会关系中相当于嵌入社会网络中，这种嵌入能够促进银企之间的信息转移，同时也使个体主动遵守网络规则，达到网络治理的目的。在关于网络嵌入对金融资本获取的研究中，他们检验了借贷双方关系网络对资本获取的机理，他们发现嵌入性的银企关系产生了独特的治理结构安排，使企业更容易获得有关银行的信息并显著影响企业资金的可获得性。

Woolcock（1998，2001）持续研究了中小企业社会资本和小额信贷之间的关系。他认为，社会资本对于中小企业获取资源是非常重要的，在资源不够充裕的前提下，特别是在经济相对欠发达的地区，社会资本可以促进资源更加有效配置，通过中小企业的业务增长，实现财富的积累。同样，Montgomery（1996）把社会资本这一概念引入小额贷款领域，他认为，借款人的故意赖账行为会损害小组中其他成员的利益，也会损害该借款人在周围社区中的声誉和信誉度，从而会大大减少他个人的社会资本。如果借款人认为贷款的数额不足以弥补由于赖账而造成的自己在社会资本上的损失，那他就不会故意赖账。Bai et al.（2006）研究发现，社会关系越紧密，越有助于企业获得较低成本的贷款、承担较少的融资担保，以及在发生资金紧张时重新和银行谈判贷款条件。Jonsson et al.（2013）研究认为，由于在既定网络关系中获取信息资源受到限制，企业家发展结构型维度的社会资本有助于公司获得债务融资，发展认知型维度和关系型维度的社会资本有助于公司搜寻金融信息，因此，企业家社会资本的发展水平越高，公司获取银行贷款资金的能力越强。

Claesse et al.（2008）研究认为，社会关系中的“政府关系”对企业获取贷款具有很强的辅助功能。他们通过对巴西企业的调研发现，每次选举后提供政治献金的企业从银行获得的贷款都有大幅度的提升。Houston（2014）研究发现，当债务公司的董事会成员拥有政府关系网络背景时，银行贷款成本显著更低，尤其是对于那些对政府采购的依赖程度越高、关系型借贷水平越低（银企关系网络越弱）、信用评级越低、对外贸易的竞争性越强、经历过金融危机的债务公司而言，政府关系网络和银行贷款成本之间的这种负相关关系将变得更加显著。

（二）国内研究现状

国内学者在对中小企业社会资本与其行为相互关系分析方面，我国台湾学者做了有意义的开创性工作，比较深入地研究分析了社会资本与中小企业行为的相互关系。陈介玄等（1990）、陈介玄等（1991）分别考察了我国台湾中小企业人际关系对企业行为的影响，提出了“情感与利益加权关系”的模式，认为情感取向会对利益取向关系进行加权式的影响，这种影响的直接结果是，利益行为将不可避免地嵌入社会关系网络之中。陈东升（2001）的调查发现，企业间资金融通的合作在华人中小企业间的频率最高，达到31.9%，而且种类也比较繁多，在13种方式中占据6种，接近一半的水平。在企业间金融资产合作方面，罗家德（2001）则通过对华人中小企业民间融资组织的考察，指出在金融资产合作方面，华人中小企业之间建立了大量基于社会资本结构的民间融资组织，基本表现出民间金融和现代金融并存的二元结构。在民间金融方面，台湾社会主要存在四种类型，即私人借贷、标会、储蓄互助社和信用合作社，其中，不同的社会关系在相应的社会组织中对民间融资起到了不同的重要作用。

李路路（1995）以私营企业为对象，研究了社会资本对我国私营企业贷款的影响。研究表明，那些积累起更多社会资本的私营企业企业家能获得比其他企业家更多的企业经营所需要的资源，如私营企业主的亲朋好友的职业地位越好，其获得的贷款就越多。戴建中（2001）根据全国工商联机构 1997 年对私营企业的调查数据分析发现，私营企业的成功主要依靠社会关系网络，网络成员占有的资源层次越高，对私营业主的影响就越大。私营企业在向金融机构贷款时，有 13% 的企业需要动用其社会网络中的各层干部资源。陈勇江等（2007）对浙江 343 家民营企业进行了问卷调查，结果发现：通过企业家社会资本实现的初始资本占了全部初始资本的 76.8%。其中，由企业家的个人社会资本完成的个人信贷占 21.1%，自有资本占 33%，由企业社会资本实现的企业内部集资占 17%，企业之间的关系网络社会资本、企业与中介组织之间的关系网络实现的企业借贷与社会借贷占 5%。李传宪等（2016）以 2011—2013 年沪深两市的民营企业为研究样本，对社会资本与债务融资特征的关系进行了实证分析。研究结果表明：社会资本能给民营企业带来利益，在债务融资方面体现为融资能力、融资间隔与融资额度等。民营企业的社会资本增强了企业的债务融资能力，缩短了企业的债务融资间隔，减少了企业的贷款融资额度。周宇亮（2017）认为，我国企业在发展过程中，社会关系起到了至关重要的作用。具体而言，在贷款过程中，需要利用社会网络的企业所占比重达到了 13%，因此，私营企业要想得到长足发展，就必须将社会关系网络作为强大的后盾。通过调查所得的信息可以看出，私营企业的贷款可获性与社会关系密切相关。杨灵晰（2018）针对中小企业信息不对称和代理问题所造成的“二次配给”这一现象进行研究后得出结论，中小企业要想以最少的审查本金入驻信贷市场，那么必须获得较多的社会资本来维持企业融资。中小企业形成社会资本有利无弊，不仅能为信贷市场降低信贷标准，还能加强企业间的紧密联系，最终营造一个良好的融资环境。

王霄（2005）探讨了社会资本对中小企业进行关系融资和民间合作融资的作用机理。他指出，中小企业在遭受银行信贷配给时，其自身的社会资本为关系融资建立了信息的传递渠道和甄别机制，在很大程度上降低了信息不对称性程度和银行的贷款审查成本，也降低银行对抵押品的要求，从而有效地增加了中小企业信贷融资交易的实现。对于民间合作融资，当社区信用融资合作组织嵌入既有的关系网络中即二重嵌入时，社会惩罚机制将使违约者后续在诸多方面付出巨大的代价，不仅失去再融资的机会，还将被排除于社区的经济文化活动之外，面临经济效益的损失，在社区中多年建立的尊重、信任和声誉也不复存在，即遭受既有社会资本的没收。因此，在那些社会资本水平较高的地区，违约的门槛越高，违约的概率则越低，信用合作组织的效率也就越高。姚铮等（2013）的研究结果表明，对于小微企业而言，人际关系能在很大程度上提高企业的贷款可获性，甚至可以说，人际关系是社会网络中提高贷款可获性的核心因素。林民书等（2015）提出，融资成功的人大多具有良好的社会关系网，这为企业增加了抵挡危机、获得发展的可能性。

阎竣（2008）构建了信任与融资结构之间的理论模型，实证分析表明，私营中小企业主的人际网络和信任差序格局是影响融资可得性的因素，两者之间存在明显的正向关系。尤其企业主的政治参与与国有银行贷款获取之间存在正相关性，企业主拥有政府背景或政治关系时往往能给企业带来融资的便利，私营中小企业主通过先天和后天的“圈子”获得资金。杨向阳等（2016）在对企业经营过程分析时得出结论，即企业政治关系资本与商业关系资本的存在能够将企业经营过程中所有重要的信息资料快速传递给投资者，以此来坚定投资者提供资金的决心。周丽萍（2018）在研究企业贷款过程中发现，有过从政经历或正居于政府职位的企业高管能够提高企业获取贷款的概率，并可以利用政治关联这层关系为企业进行间接担保。基于银行对政府的信任，企业申请贷款的门槛会相对降低。

产业集群的社会资本也是中小企业社会资本的重要组成部分，它有助于集群内中小企业获得贷款。张荣刚等（2006）把社会资本的网络机制运用到中小企业集群中进行分析，其认为产业集群的紧密性网络结构使得在集群中的中小企业的资金压力得到有效的缓解。他们通过对广州某地中小企业集群的实地调查表明，该地区中小企业的创业资金中有 30.6% 是通过社会网络获得，并认为非正规金融是中小企业获取资金的主要渠道。吴小瑾等（2008）从集群关系网络和集群文化传统两方面，研究了关系网络和集群文化等类型的社会资本影响中小企业融资行为的机理，他们认为，集群文化和集群网络可以影响中小企业的融资行为。类似地，吴晶晶等（2016）也认为，中小企业的融资行为受到集群文化和集群网络的影响，集群文化的开放程度与社会信任程度成正比，保守、封闭的文化会降低社会信任度，开放的文化则有助于提高社会信任程度。因此，中小企业要注重集群文化对于企业融资的影响，尽可能地提高信息的透明度，同时增强网络结构的紧密程度，从而提高企业融资的便利性。魏守华等（2002）认为，集群内中小企业由于地域的接近性和产业的关联性，使得整个集群相对稳定，产业环境公开透明，从而能提供真实的企业信息，有效缓解银企间信息不对称的程度，提高贷款的可得性。王越等（2008）也关注到中小企业发展所依赖的环境特质——集群效应，以网络结构、信任合作、环境认知作为社会资本的测量维度，提出了社会资本促进集群网络关系，而集群网络关系又能促进企业非正规融资的递进路线。他们认为，社会资本的社会认知资本、社会结构资本能够强化中小企业的集群网络关系，而集群网络关系又主要通过人情网络、生产合作网络、机构合作网络等因素，促进中小企业的非正规融资行为。社会资本从事前、事后两个阶段影响中小企业的融资行为。

银行与中小企业长期紧密的合作关系也是企业社会资本的重要组成部分。银企关系的紧密有利于满足中小企业融资需求，长期的合作关系使银行积累了大量关于企业的信息，缓解了信息不对称问题，同时，长期的合作关系也加强了银行对企业的信任，提高了银行对企业的授信概率。罗正英等（2011）以深交所中小企业板上市公司在上市前的数据作为研究样本，选择三个衡量银企关系密切程度的代理变量分别为银行平均贷款合同数、高层是否曾有银行工作经历和是否获得长期借款，经过研究发现，银企关系的密切程度对中小企业的信贷融资可得性具有显著正向影响。何韧等（2012）以全国 23 个大中城市的企业为调查对象，实证研究了我国不同地区、制度、环境背景下中小微企业银企关系特征对企业信贷可得性的影响。结果表明，中小微企业保持较多的关系银行数量能够显著增加其信贷可得性。同时，经济发展水平和法治化环境的改善对中小微企业长期银企关系的正向贷款效应也具有显著促进作用。史达（2016）在厘清企业与外部资金提供者的网络交换关系的过程中，采取“嵌入性”方法来分析其对企业资本结构带来的影响，并提出企业要想提高资金可获得概率并且减少企业在资金筹资过程中的各种费用，企业与金融机构间的关系以及社会网络起着至关重要的作用。

当然，关于中小企业社会资本与融资之间关系的研究还有很多，研究的角度也不尽相同。如戴亦一等（2009）研究了社会资本对企业负债融资结构的作用，认为在社会资本发展较好的地区，企业更容易获得长期负债，而且企业可以使用较少的抵押物获得债务融资。沈艺峰等（2009）以沪、深两市 47 家房地产上市公司作为研究样本，对企业社会资本对企业融资结构的影响进行了实证分析，他们认为企业社会资本对企业债务融资能力的影响主要体现在短期债务上，企业社会资本越大，企业融资结构的财务弹性越大。

二、中小企业社会资本与融资之间关系研究评述

以上从中小企业社会资本与融资之间关系方面对国内外相关领域的研究进行了较为系统的梳理。然而，由于相关研究的数量实在庞大，因此，在对中小企业社会资本与融资之间关系研究领域的文献综述中，并没有试图将所有研究进行介绍，而是在基本的理论框架下，主要关注与本研究直接相关的研究成果。就现有的研究文献来看，在受到配给约束的情况下，研究中小企业的社会资本对融资的影响已逐渐获得国内外学术界的关注，也产生了大量的理论和实证，这为以后中小企业社会资本与融资之间关系的研究奠定了良好的基础，但现有的相关研究仍然存在不足，主要表现为：第一，关于中小企业社会资本与融资关系的研究目前主要从网络关系和信任关系两个方面解释问题和建立模型，并且主要从银企关系、政治联系等单一网络关系对企业社会资本与融资之间的关系进行描述，缺乏对企业社会资本对融资作用机制的全面深入分析。本书将根据中小企业社会资本的构成要素，系统阐述中小企业社会资本的作用机制，并采用动态博弈分析方法进行理论推导。第二，研究对象目前大多为上市公司，即使涉及中小企业，也是在企业集群环境中研究中小企业社会资本对融资行为的影响，研究对象具有一定的特殊性，其研究对中小企业融资的指导作用缺乏普适性。本书将选取我国中小企业为研究样本，采用大样本研究方式，寻找大样本下中小企业社会资本对融资影响的普遍规律。第三，已有的关于中小企业社会资本与融资之间

关系的研究，较少考虑制度环境的影响。社会资本与制度环境有着天然的联系，社会资本的形成是由企业所处的制度环境所决定的，制度环境是中小企业社会资本发挥作用的关键。本书将引入制度环境变量，全面分析不同制度环境下中小企业社会资本对融资影响的差异性。第四，已有研究缺乏区分企业社会资本不同维度对其融资行为的影响，以及深入地了解企业社会资本不同维度作用的差异性和贡献度。本书将从社会资本结构维度、关系维度和认知维度三个方面探讨社会资本与中小企业融资之间的关系。

第三节　主要研究内容与方法

一、主要研究内容

（一）研究思路

本书研究的基本思路是：基于目前中小企业发展依然存在融资难融资贵问题，以及中小企业融资理论的不足和社会资本研究的兴起，提出中小企业社会资本影响其融资这一研究主题。在分析梳理国内外相关研究文献的基础上，阐述中小企业融资理论发展轨迹，探讨其在中小企业融资中的适用性，明确界定中小企业社会资本概念和分析维度，从而为社会资本在中小企业融资中的应用提供严谨的逻辑前提。然后，根据我国特殊的制度背景，按照不同维度的企业社会资本，运用理论分析和实证研究相结合的方法，全面、系统地分析和研究中小企业社会资本对融资的影响以及作用机理。在此基础上，进一步分析研究不同制度环境下中小企业社会资本对融资影响的差异性，探讨中小企业融资难融资贵形成的社会原因和解决机制，为解决中小企业融资问题提供新方法。

（二）主要研究内容与结构安排

根据以上研究思路，本书拟从三个方面研究中小企业社会资本与融资之间的关系：(1) 在全面分析已有研究成果的基础上，界定中小企业社会资本的基本内涵和分析维度，分析中小企业融资理论的发展脉络。在此基础上，从理论上分析中小企业社会资本与融资之间的关系。(2) 在上述理论分析的基础上，实证检验中小企业社会资本结构、关系、认知三个维度与中小企业融资之间的关系，验证三个维度对中小企业融资的影响。(3) 将制度环境作为调节变量，研究制度环境对中小企业社会资本与融资之间关系是否具有显著影响。具体结构安排如下：

第一章“绪论”。首先提出本书研究的背景和意义，然后分析国内外关于中小企业社会资本与融资之间关系研究的现状，总结研究中存在的问题和不足，找准本书研究的切入口，接着阐述本书研究的主要内容和研究方法，并初步总结本书研究的创新点。该章是全书的纲领。

第二章“相关概念界定与理论综述”。分析中小企业融资理论发展脉络，明确中小企业和中小企业社会资本的基本含义与基本特征，界定本书的研究范围。主要研究内容包括：分析比较国内外关于中小企业概念的不同理解，归纳其基本特征，在此基础上明确界定中小企业的基本概念；按理论发展脉络对中小企业融资行为的表现和机理进行文献综述，并对传统融资理论对中小企业融资问题研究的适用性加以评述；根据社会资本概念的发展轨迹和不同解释，对社会资本的内涵和基本特征进行分析比较，借鉴社会资本“资源说”理论观点，提出本书对中小企业社会资本概念的理解，并确定中小企业社会资本的分析维度，为本书的后续研究提供概念基础和理论基础。

第三章“中小企业社会资本融资作用机制分析”。分析中小企业社会资本对于中小企业融资影响的作用机理。主要研究内容包括：首先介绍本书研究的理论前提，即经济行为（融资行为）的社会“嵌入性”，包括“嵌入性”的内涵、分类及对本书的研究意义；根据社会嵌入性理论，从社会资本构成要素，即社会网络、社会信任和社会规范三个方面，分别分析社会资本对中小企业融资影响的作用机理，以及社会资本发挥作用的前提条件；应用经济博弈论，按照社会网络、社会信任和社会规范的作用机制，进一步阐明社会资本影响中小企业融资的机理及影响效应。

第四章“中小企业社会资本影响融资的实证研究”。在上述理论分析的基础上，实证检验中小企业社会资本对中小企业融资的影响。主要研究内容包括：在对相关文献综述的基础上，通过逻辑推理和理论演绎，构建社会资本影响中小企业融资的概念模型，并按照社会资本的结构维度、关系维度和认知维度三个分析维度提出社会资本对中小企业融资便利性和融资经济性影响的理论假设，构建中小企业社会资本与融资之间关系的实证检验模型；按照已有研究文献并结合本书研究目的，设计调查问卷和研究变量测量题项；通过问卷调查取得的数据，在对数据进行信度和效度分析的基础上，综合运用统计分析方法对中小企业社会资本与融资之间关系模型进行实证检验，并对结果进行分析和讨论。

第五章“制度环境对中小企业社会资本与融资关系的影响”。探讨不同制度环境下中小企业社会资本对中小企业融资的影响是否存在显著差异，分析研究制度环境与社会资本之间的替代或补充关系。主要研究内容包括：明确制度环境的含义，研究分析制度环境对于中小企业融资的影响；提出制度环境对于中小企业融资以及对于社会资本与融资之间关系影响的理论假设，构建制度环境影响中小企业社会资本与融资之间关系的实证检验模型，并对相关研究变量（如制度环境）的测量内容进行明确；

采用第四章问卷调查获取的数据对检验模型进行实证分析，进一步检验在不同制度环境下中小企业社会资本结构、关系和认知三维度对中小企业融资便利性和经济性的影响是否存在显著差异。

第六章“研究结论与展望”。总结本书的研究结论，说明本书研究存在的不足和需要进一步解决和研究的问题。

本书的创新之处主要体现在以下几个方面：

第一，在解决中小企业融资难融资贵问题方面，国内外学者提出了诸多政策建议，但实施效果并不明显。事实上，中小企业的融资行为是一种契约行为，即以现值对未来收益的一种承诺，这种契约行为既受到法律制度、金融制度等正式制度的保护，也取决于债权人对债务人的信任及双方之间的社会关系等非正式制度。非正式制度不仅在宏观层面影响着经济、金融发展，在微观层面也影响着企业的融资决策。本书将中小企业融资与社会资本等非正式制度相结合，从社会资本的视角研究中小企业融资问题，分析视角较为独特，不仅有助于拓展中小企业社会资本理论和中小企业融资理论的研究范围，而且也成为解决中小企业融资难融资贵问题新的突破口。

第二，关于中小企业社会资本与融资的研究，目前更多从社会资本整体出发研究两者之间的关系。实际上，从构成要素上看，社会资本包括网络、信任和规范，从分析维度上看，社会资本包括结构维度、关系维度和认知维度。同时，中小企业社会资本结构维度、关系维度和认知维度对于中小企业融资的影响具有差异性。本书从中小企业社会资本构成要素（即网络、信任和规范）的角度，探讨中小企业社会资本对融资的影响及作用机理。基于社会资本的结构维度、关系维度和认知维度，实证检验中小企业社会资本对中小企业融资的影响，细化了社会资本研究的思路，不仅有利于更深入地分析中小企业社会资本对融资影响的作用机制，而且对于解决中小企业融资问题也具有十分重要的实际意义。

第三，现有研究或是从新制度主义出发，或是从社会资本理论出发，却较少讨论制度环境与社会资本之间的替代或补充作用。鉴于社会资本与制度环境之间交互影响效应的重要性，本书引入制度环境因素，将社会资本、制度环境与中小企业融资研究相结合，并基于我国制度环境存在显著区域性差异的现实背景，考察了中小企业社会资本对中小企业融资的影响是否依赖于制度环境，分析探讨了制度环境对中小企业社会资本与融资之间关系的影响。这不仅有利于更深入地理解中小企业社会资本与中小企业融资之间关系背后更深层的制度因素，同时也达到了将国外相关中小企业融资理论进行本土化的目的。

第四，中小企业融资实际包含了融资交易双方之间的博弈关系，融资交易双方之间的网络关系、信任关系以及彼此之间形成的社会规范都是决定融资交易是否达成的重要因素。本书基于经济博弈论，在融资交易双方构成的社会关系网络内，分别构建社会信任和社会规范对融资交易双方之间关系影响的博弈模型，剖析社会资本构成要素对融资交易双方选择策略的影响效应。

二、研究方法

本书主要采用理论分析和实证分析、定性分析和定量分析相结合的研究方法，并遵循“发现问题与文献阅读→访谈→理论框架构建并提出研究假设→问卷形成与数据收集→统计分析证实或者证伪假设→形成结论”的研究思路，对中小企业社会资本与融资之间关系进行理论分析和实证研究。本书的研究方法具体包括：

第一，理论分析方法。主要运用文献研究、比较研究、理论归纳和演绎等方法对中小企业社会资本与融资之间的关系进行理论研究。本书在对国内外社会资本、中小企业融资以及社会资本和中小企业融资关系等文献进行梳理的基础上，进行理论归纳和逻辑推理，厘清相关领域的研究脉络，界定中小企业和中小企业社会资本概念，并分析中小企业社会资本特征及分析维度；系统梳理和总结有关社会资本度量方法文献，通过对各类社会资本度量指标进行比较分析，结合社会资本数据的可获得性，探索适合我国国情的社会资本度量方法；阐释中小企业融资理论发展和存在的缺陷，确定中小企业融资的社会资本分析视角，并在总结国内外学者对企业社会资本维度构成观点的基础上，选择企业社会资本由三个维度构成这一较为全面的理论观点，建立中小企业社会资本影响中小企业融资的概念模型。用规范分析的方法界定了制度环境的概念，分析了制度环境对中小企业社会资本与融资之间关系的影响，并提出了相应的理论假设；应用模型分析法，根据经济博弈论阐述社会关系网络、社会信任和社会规范对于中小企业融资的作用效应。

第二，实证分析方法。主要应用问卷调研和统计分析的方法，对中小企业社会资本与融资之间的关系进行实证分析。本书在文献分析、专家咨询和企业调研等基础上形成初步问卷，选取部分企业进行实地访谈和问卷预试，并针对出现的问题和不足进行修改和调整，最后确定最终问卷。通过选取样本、发放问卷等工作获取相关资料和数据，对本书研究的理论模型进行检验。应用 SPSS 和 AMOS 统计软件，对问卷调查所获数据进行分析，具体包括描述性统计分析、信度和效度分析、探索性因子分析、相关性分析、共线性分析、内生性检验和多元回归分析技术等。其目的在于检验通过理论归纳和逻辑推理建立的理论模型，分析研究各变量之间的方向与相关强度，力图把规范分析建立在真实、具体的实证分析的基础上。

相关概念界定与理论综述

第一节　中小企业概念界定与融资

一、中小企业概念界定

（一）中小企业概念界定方法

中小企业的概念在世界各国中的界定并不完全相同，不仅不同的国家或地区对中小企业的界定标准不尽一致，即使同一国家或地区在经济发展不同阶段针对不同类型的行业也会采取不同的界定标准，而且，随着经济发展进程的推进也会不断地进行动态调整。世界各国或地区对中小企业概念的界定一般采用定性与定量两种基本方法。

1. 中小企业概念界定的定性分析方法。中小企业概念界定的定性分析方法主要以企业经营管理本质特征进行界定，其判断指标主要包括：企业所有权和经营权的归属、内部经营管理方式、自主经营程度、企业的融资方式及企业在所处行业中的地位等。如美国1953年颁布的《小企业法》规定：凡是私人拥有、进行独立经营、并在某行业领域不占支配地位的企业均属小企业。20世纪70年代，英国博尔顿曾提出，小企业应具备三个条件，即占有较少的市场份额，影响力较小；没有定型的管理机构；不受外界控制，决策自由。20世纪80年代，美国经济发展委员会提出，小企业至少要满足以下条件中的两项特征：（1）企业所有者和经营者均为同一个人。（2）所有者个人或小团队拥有所有权并提供企业运营资金。（3）企业生产销售的产品主要在当地进行销售。（4）与同行业的大企业相比规模较小。欧洲对于中小企业的认定不同于美国，比较权威的是德国政府颁发的《中小企业结构政策的指导方针》对中小企业的定义：中小企业一般不从金融市场筹措资金，所有者进行相应的管理并承担全部的市场经营风险。

我国学者对中小企业的定性描述主要围绕独立性、市场与行业优势、经营范围和融资局限等方面来展开。李玉谭（1992）认为，中小企业是指相对于大企业来说经营规模比较小的经济单位，其具备四个特征：一是不影响大企业获得垄断利润。二是企业所有者也是经营者。三是以商业赊销、银行融资和自身积累来筹措资金。四是经营范围局限在地方上。罗丹阳（2009）将中小企业定义为：生产规模小，在市场上占有较小份额，主要的所有权和控制权集中在企业所有者及最密切的合伙人手中，企业资源配置方式及配置方向完全取决于企业控制权的拥有者，企业行为体现了企业所有者个人的意志和利益。由此可见，中小企业概念界定的定性分析主要依照其控制方式和经济特征展开。从企业的内部来讲，主要考虑所有权和控制权的集中程度、管理方式；

从企业的外部来讲，主要考察它的市场地位和经营半径。这些是其区别于大企业的最根本的地方，不仅充分表明了中小企业的本质属性，而且也反映了中小企业出现种种问题的基本原因所在。控制权与所有权的高度集中使中小企业的决策科学性受到影响，由于没有很好的纠错机制以及市场份额较低导致对市场的把握能力较弱，中小企业经营整体上表现出较高的风险性。

2. 中小企业概念界定的定量分析方法。中小企业概念界定的定量分析方法主要运用若干数量指标衡量企业规模的大小，主要参考并广为接受的指标包括：从业人员数量、资产规模（资本总额）和营业额等。常见的划分方法有两种：一是从业人员数量、资产规模和营业额标准相结合进行划分；二是任选从业人员数量、资产规模、营业额进行单独标准划分。在有些国家或地区，三种指标均需要满足一定的标准，有的只要求满足两种，而有些只需要满足一种。例如，美国的界定标准中只对从业人员数量进行了规定，以 500 人为限，500 人以下就是中小企业，而日本和中国台湾采取了从业人员数量和资产规模这两个指标，欧盟则是对三项指标都进行了明确的规定。

很显然，仅仅定性地对中小企业进行描述是不够的，定性界定的缺点在于没有具体的数量界限，区分边界模糊，易于导致政策操作上的随意性。与定性界定相比较，定量界定则更为直观，而且数据选取容易。为了便于统一管理，大多数国家都以定量的标准来对企业规模进行划分。为了确定哪些企业属于无法从其他渠道获得优惠贷款从而可以获得长期资金帮助的小企业，美国小企业管理局规定了具体划分小企业的量化标准。1981 年英国颁布的《公司法》也从量化的角度对中小企业的规模标准予以了界定。当然，也有少数国家（如加拿大、德国、英国、以色列等）同时采用定性界定和定量界定相结合的方式。但无论采用定量标准还是定性标准，各国都会根据本国经济发展的需要制定较为合适的标准，呈现出多样性、动态性的特点。表 2－1 收集了部分工业化国家和地区在界定中小企业概念时指标的选用情况。

表 2－1　部分国家和地区界定中小企业概念的指标选用情况

	A	B	C	D	E	F	G
美国	√	—	—	√	√	—	√
英国	√	—	—	—	√	√	—
欧盟	√	—	√	√	—	—	—
日本	√	√	—	—	—	—	—
韩国	√	—	√	—	—	—	—
新加坡	√	—	√	—	—	—	—
中国香港	√	—	—	—	—	—	—
中国台湾	√	√	—	√	—	—	—

注：A. 从业人员数量；B. 实收资本；C. 资产规模；D. 年营业额；E. 所有权经营权归属；F. 融资方式；G. 所处行业地位。

由表 2－1 统计结果可以看出，多数国家或地区在界定中小企业的概念时主要采用定量分析方法而非定性分析方法。如欧盟主要通过对从业人员数量、营业额、资产规模等定量指标的总体状况来界定中小企业。欧盟规定：从业人数不超过 250 人，或营业额不超过 5000 万欧元，或资产总额不超过 4300 万欧元的为中型企业；从业人数不超过 50 人，或营业额不超过 1000 万欧元，或资产总额不超过 1000 万欧元的为小型企业；从业人数不超过 10 人，或营业额不超过 200 万欧元，或资产总额不超过 200 万欧元的为微型企业。

有些国家把定性分析方法与定量分析方法共同使用，目的在于使政府的中小企业扶持政策在实施时获得更大的弹性空间。例如，目前美国规定，雇工人数不超过 500 人的企业即为中小企业。这种简单明了的界定标准有利于让各个不同的部门形成统一认识，协调行动。但它不能反映不同行业的不同特征，也限制了政府制定政策时的灵活空间。因而，在实践中有些部门可能采取相应的变通措施，如规定服务业中雇工人数不超过 100 人的企业为中小企业，以符合服务业的行业特征，有时采用“一个独立拥有和经营并且在其经营的行业中不占支配性地位的企业”这样的定性界定标准以增加政策的灵活性等。这一定性规定在 1966 年美国小企业管理局对美国汽车公司提供帮助时，发挥了重要作用。为了使美国汽车公司获得向政府一些项目投标的资格，小企业管理局以该企业在其所处行业中不占统治地位为由，将其划归为小企业，赋予其投标资格，尽管美国汽车公司是当时美国的第 63 大制造商，拥有 32000 名雇员和 9.91 亿美元的年销售额。这在一定程度上也说明，美国对中小企业的概念弹性比较大，在特殊情况下往往灵活放宽。被美国小企业法认定为小企业的企业规模未必是小的，实际上也可能是一个大企业。美国对中小企业界定的灵活性还体现在不同的扶持法规帮助中小企业克服的障碍不同，因而各部门立法对“中小企业”的界定具有很大的区别。欧盟的界定标准与美国有所不同，欧盟在采取定量标准作为主要界定指标的同时，也以定性指标进行补充，并且没有对行业进行细分，更多通过对从业人员数量、营业额、资产规模的总体状况来界定。

有些国家对中小企业概念的界定采用了复合标准，主要为政府制定政策时增加伸缩余地。例如，日本中小企业界定标准的一个主要特征就是采用了复合标准，即从业人员和资本额的复合，而且符合任何一个条件的企业便可视为中小企业，这样就增加了政府制定政策时的伸缩余地。欧盟前身欧共体1989年从职工人数、固定资产及被大企业持有股份比例三个复合标准对欧洲中小企业进行概念界定，但并没有得到欧盟成员的普遍认可。后来，欧盟各成员国根据自身的企业结构分别对中小企业进行不同的界定，这破坏了企业间的正常竞争，且不利于欧盟实施针对中小企业的促进项目。为改变这种各自为政的状况，欧盟于1996年又重新制定了中小企业的界定标准，即雇员人数单一标准，并对中小企业作进一步细分。到1998年，为增加政策灵活性，欧盟再次采用复合标准（但不同于第一阶段的复合标准），这一标准沿用至今。欧盟中小企业界定标准的复合性也增加了政府政策的伸缩空间。

在定量方法的指标选取上，从业人员数量是被世界各国或地区普遍选用的指标，其次是年营业额，这两项指标具有统计简便、包容性强、易于比较等优点，同时也能够反映出产业结构和市场结构的特点。不同国家或地区在同一指标的量的规定上也明显不同。严格或宽松很大程度上与该国家或地区中小企业政策中扶植方式的特点相关，欧美国家的中小企业扶植政策相对消极，主要致力于确保市场机制的自由运作，消除中小企业发展面临的障碍等，界定标准较为宽松。而亚洲各国或地区，尤其是日本、韩国和中国台湾等，因政府积极介入对中小企业的扶持，优惠政策颇多，相应地，中小企业的界定标准也较为严格。另外，各国经济规模的大小、发展的程度等也是影响量的指标确定的因素。以从业人员数量指标为例（从业人员数量是各国或地区界定中小企业规模普遍选用的指标），在丹麦，从业人员200人以上的企业是大企业，在意大利和法国，中小企业从业人员的上限为500人，而在美国的某些行业，比如飞机制造业，从业人员在1000—1500人的企业仍属小企业。丹麦全国拥有400家大企业，若以美国的标准衡量，则没有一家属于大型企业（梅其君，1999）。

另外，任何国家或地区对中小企业规模的界定标准都不是一成不变的，而是随着经济的发展及社会变化而不断变动的。1940年，日本把从业人数在100人以下的工业企业称为中小企业；第二次世界大战后，把从业人数在200人以下的企业称为中小企业；1950年又规定中小企业的资本在100万日元以下，或者从业人员在300人以下；1963年制定《中小企业基本法》，规定了不同行业划分中小企业的标准；1973年修改后的《中小企业基本法》又重新规定了划分中小企业的标准。台湾中小企业的界定标准也是随着经济发展的阶段变化而不断变动的。为了积极有效地扶持中小企业的发展，中国台湾于1967年公布了《中小企业辅导准则》，对中小企业第一次给予明确的定义，其后在1973年、1977年、1979年、1982年以及1995年，台湾有关方面根据经济发展的需要以及各个时期的中小企业发展情况，先后对《中小企业辅导准则》进行了多次修改，而中小企业的定义也相应有所变化。1996年，台湾经济部中小企业处委托中华经济研究院所作《中小企业认定标准之研究》的报告中，又提出了台湾中小企业界定的新标准。可见，中小企业界定的标准是随着时间的推移而需要不断调整的。同时，企业规模的大小总是随行业的不同而有所不同，不论采用什么样的标准，中小企业的实际规模总与行业差别有关，中小企业界定的标准应能充分反映每个行业的特点。至于以资本额或营业额作为界定标准的，行业间的差异就更为显著。

（二）我国中小企业概念的量化标准

我国中小企业概念的量化标准从20世纪50年代起大致经历了六次划分、调整和修订。在前五次划分标准中，企业被划分为大型企业、中型企业和小型企业，这种划分方法与日、韩等亚洲国家相类似。其中，20 世纪 50 年代，我国主要是根据企业职工人数来划分企业类型，把企业分为大型、中型、小型企业，企业职工在 3000 人以上为大型企业，500—3000 人为中型企业，500 人以下为小企业。1962 年，将企业划分标准改为按企业的固定资产价值。1978 年，为了加强基本建设项目的管理，国家计委根据企业的年综合生产能力对企业类型进行了重新划分。1988 年对 1978 年的标准进行了修改和补充，重新颁布了《大中小型工业企业划分标准》，按不同行业的不同特点作了分别划分。我国改革开放以来，中小企业发展迅猛，在促进经济增长、解决就业、方便人民生活等方面作出了重大贡献。随着市场经济体制在我国的逐步建设，1999 年，我国在保留四个层级的基础上，又对企业类型进行了重新分类，将销售收入和资产总额作为主要考察指标。之后，中小企业在我国经济社会发展中的作用更加重要，但由于长期以来中小企业在发展中缺乏专门的法律保障和扶持，中小企业遇到了融资难、技术设备落后、信息不畅和人才匮乏等问题。为解决以上问题，2003 年，我国颁布并实施了《中小企业促进法》，同时国家有关部门借鉴世界各国的普遍做法，结合我国国情及行业特点，制定了我国《中小企业标准暂行规定》，将中小企业划分标准改为企业职工人数、营业收入和资产总额，中小型企业必须同时满足这三个指标，可谓指标多重。正因为中小企业划分指标多，无论是对政府还是对银行而言，通常所说的中小企业都是很笼统很模糊的概念，使政府和银行在处理和解决中小企业发展中的问题时工作思路和做法难以达成一致，最终导致中小企业融资难等问题。为了解决中小企业融资难的问题，2011 年，根据《中华人民共和国中小企业促进法》和《国务院关于进一步促进中小企业发展的若干意见》，工业和信息化部、国家统计局、国家发展改革委、财政部等部委联合印发了《关于印发中小企业划型标准规定的通知》（工信部联企业〔2011〕300号），明确规定了我国中小企业的界定标准，这也是我国目前采用的最新的中小企业界定标准。

新的中小企业界定标准具有以下特点：第一，采取分行业制定界定标准。不同的行业其资本有机构成不同，技术特征各异，中小企业界定标准对此应有所体现。该标准对工业企业、建筑业、批发业等14个行业分别制定了中小企业界定标准，这样就考虑了不同行业的具体特征，从而增强了政府对中小企业从宏观上分类指导的针对性和有效性。第二，采用了复合标准界定中小企业，即依据从业人员数量和营业收入或资产总额的复合，而且规定符合任何2个条件的企业便可视为中小企业（微型企业只须满足所列指标中的一项即可）。这样不仅能够反映经济现实，而且更能增加政府制定政策时的伸缩空间，因而应该是一种更为合理的做法。第三，按照不同类型制定界定标准。中小企业是一个集合概念，涵盖了中、小、微三种类型，具有不同的功能特征。该标准将中、小、微三种类型企业的界定标准分别列出，这样就可以制定专门针对不同类型中小企业的扶持政策，从而在一定程度上增加了政策的选择空间。

（三）本书关于中小企业概念的界定

由于本书主要研究中国情境下中小企业社会资本对融资的影响，因此本书采用工信部联企业〔2011〕300号文件中的中小企业界定标准。同时，为考虑企业的法律地位，本书对中小企业的选择只限于通过工商注册的有限责任公司，对于一般的工商个体户等，由于其融资长时间以来基本通过自身的积累或家族等关系，相对而言社会资本结构较为简单，因而不作为本书的研究对象。另外，中小企业是一个集合概念，涵盖了中、小、微三种类型。其中，中型企业具备一定的营收能力，融资能力相对较强，而小型和微型企业还基本处于生存期或初始发展期，融资能力有限，因此，中小企业融资难问题主要集中体现在小型和微型企业上。基于此，本书在以后的研究中所指的中小企业也更多的是指小型和微型企业。与大型企业相比，中小企业具有如下特点：第一，从中小企业组织形式看，大多数中小企业一般采用有限责任公司制，而且股东之间相互关系较为密切，他们往往是以人缘、地缘、血缘关系为基础，以长期固定规范为纽带建立的关系人，如亲戚、朋友等。人际信任就成为中小企业融资中起决定作用的信任因素。第二，从中小企业的治理结构来看，大多数中小企业的所有者与经营者合二为一，作为所有者和经营者的企业家作用更为突出，企业家的个人能力成为维系中小企业生存与发展的关键因素，对企业发展和融资决策具有较大的影响力和决定力。第三，就信息透明度而言，由于中小企业内部治理结构特殊，内部管理制度不健全，管理规范性差，导致其向外部披露的财务报表真实性差，无论是“事前”还是“事后”信息均缺乏透明度，这在信贷市场上必然带来更加严重的逆向选择和道德风险问题，进而形成“信贷配给”现象。第四，资产规模较小，抵押、担保资产不足。由于中小企业资产规模较小，企业家的个人声誉较低，很少甚至不能提供抵押担保物品，这造成中小企业难以通过抵押、担保等形式获得银行信贷资金。

二、中小企业融资特征分析

根据相关理论研究，企业最优的融资顺序应该是：内部融资、外部债权融资和外部股权融资，中小企业大体上也遵循这一基本的融资顺序。但由于中小企业受其自身特点的影响，其融资也表现出与大型企业不同的融资特征。主要包括：

（一）在融资渠道选择上，中小企业更多地依赖内源性融资

所谓内源性融资，是指企业通过自身生产经营活动获利并积累所获得的资金，其本质是企业将自身内部的积累转化为投资的过程，主要包括公积金、固定资产折旧与分摊以及未分配利润形成的留存收益等。目前，我国金融市场发育还不十分完善，外源性融资还受到诸多条件的限制，不仅门槛高而且政策严。当中小企业尝试对外融资时，由于自身固有的缺陷，往往很难达到外部融资所要求的标准和条件，这就决定了中小企业首先选择内源融资的方式，这也是目前大多数中小企业最重要、最普遍的融资方式，更是当前我国大多数中小企业比较现实的选择。Ang（1991）认为，中小企业融资应首选内源性融资，再者是所有者权益，最后才选择外源性融资或股权融资。Howorth（2001）研究发现，多数样本企业不会考虑外部融资，有些中小企业更喜欢内部集资或简单的合伙制形式，而不会使用任何长期债务融资。事实上，内源性融资也是发达国家中小企业较为青睐的一种融资方式，在中小企业融资中占有重要的地位。有数据显示，1990—1994 年，美国内源性融资比例高达 82.8%，日本为 49.3%，德国为 65.5%。

但由于内源性融资源自于企业经营积累与计提的累计折旧，因此，先天地受制于企业的盈利能力以及资本积累，企业通过内源性融资所能获得的资金规模相对较小，不能完全满足中小企业生存与发展的需要。尤其是步入高速成长阶段以后的中小企业往往对于资金的需求日益增大，仅仅依靠内源性融资根本无法满足其资金需求。同时，发达国家之所以偏重内源性融资，并不是依赖一般认识到的资本积累，而是通过发达的金融市场来开展内源性融资，比如应收账款的票据贴现，通过抵押、质押资产进行资产管理融资。相比较而言，我国金融市场机制并不完善，内源性

融资还是依赖于中小企业自身的资本积累，这就给我国中小企业的发展带来相应的融资约束，极易导致中小企业融资难融资贵问题。

（二）在外源融资方式的选择上，中小企业更多选择间接融资

外源性融资是相对于内源性融资而言的，是指企业通过各种方式从企业外部筹集的资金，也是中小企业壮大之后必须采用的资金弥补手段。按照资金交易是否通过金融中介，可以将外源性融资分为直接融资和间接融资。其中，直接融资是指没通过金融中介机构进行的融资，如债券融资和股票融资及商业信用等；间接融资是指通过金融中介机构进行的融资活动，如银行借款、非银行金融机构借款和融资租赁等。整体而言，我国中小企业在外源融资方式的选择上更多地采取间接融资方式。这主要是因为：我国目前虽已形成了全国性的资本市场，但其主要是为大型企业提供融资交易场所，缺乏地方性的资本市场。2004 年，深交所虽启动了中小企业板块，为一批中小企业提供了融资支持，但其市场容量有限、上市条件苛刻，仍有大量的中小企业徘徊在板块之外。由此可见，上市门槛阻碍了更多的中小企业进行公开股权融资，即使相应的上市板块得到进一步发展，可以进行上市融资的中小企业也是少数；对于风险投资和非上市股权交易来讲，中小企业所有者对控制权的高度重视阻碍了这种外部股权融资方式的发展。因此，中小企业外部股权融资渠道不管是从供给方还是从中小企业的需求方来讲，都不是满足中小企业资金需求的重要方式，利用这种直接融资方式融资也就很难有效地满足中小企业的实际融资需求。另外，我国企业证券发行采用“规模控制，集中管理，分级审批”的方法，中小企业很难通过公开发行债券的方式直接融资。因此，我国中小企业进行债券融资的可能性在短期内更是微乎其微。然而，与公开市场上发行股票和债券相比，银行贷款等间接融资门槛相对较低，不需要向社会公众公布财务信息，融资费用相对较少，也不会导致企业股权结构的变动，并且由于银行贷款等间接融资的金额、利率和期限等合同条款是由融资双方谈判决定的，而且可通过事后再谈判加以调整，因而它比规则严密的证券市场更易于满足中小企业灵活多样的融资需求。因此，当中小企业需要外源性融资时将会更多地选择间接融资，尤其是银行贷款融资。Brewer et al.（1997）的研究表明，中小企业比大企业更依靠银行贷款。Cole et al.（1998）的研究也表明，银行仍是中小企业信贷资金的主要来源。杨思群（2000）认为，我国中小企业的外源融资更多的还是依靠金融中介的债务融资，而发展股权融资并非当务之急。据统计，截至 2016 年 8 月，人民币贷款增量占社会融资规模增量的比重为 54.42%，虽然较 2004 年的 79.2% 明显下降，但是依然在融资渠道中占据主导地位。渣打银行联合中国社科院的调查显示，94% 的中小企业在有融资需求的时候会首选银行。由此可见，由于我国资本市场发展相对滞后、成熟度较低，导致大多数中小企业的外部融资主要来自银行的信贷融资，造成中小企业对银行信贷融资的过分依赖，从而也恶化了中小企业融资难融资贵问题。

（三）在间接融资渠道的选择上，非正规金融的作用日益凸显

尽管中小企业对银行信贷融资的依赖程度非常高，但由于中小企业资质一般或缺乏充足的抵押物，使其很难从银行得到贷款融资，即使得到，贷款利率通常也要在基准利率之上进行较大幅度的上浮。据统计，我国银行业对中小企业贷款的投放不足其贷款总额的 1%，远远低于经济发达国家（李春光，2010）。这主要是因为：银行是通过经营货币商品而追求利润的现代企业，在其经营中首先考虑的是降低风险、扩大利润，从而实现效益最大化。因此，银行在审批贷款时，更多的是考察借款企业的规模、

财务报表、抵押资产及以往的信用记录是否良好等“硬信息”，以此来降低借贷风险。中小企业由于其自身经营的特点，如规模小、信用记录短、没有完整的财务报表、缺乏抵押资产等，往往不能达到银行审批贷款时所要求的条件，中小企业从银行等正规金融机构获得融资将面临较大的约束。并且由于中小企业缺乏企业财务报表等易于传递的“硬信息”，相对于大企业，其信息不对称程度更为严重，很可能导致信贷市场上中小企业的逆向选择和道德风险。为了规避这种风险，银行必然从利益最大化原则出发，对中小企业进行信贷配给。上述银行信贷融资的约束进一步加剧了中小企业融资的困难。在这种背景下，中小企业为解决融资困难，不会也不可能完全依靠正规金融渠道获得金融支持，从而更多地求助于发放贷款标准较低且融资手续较为简单灵活的民间融资等非正规金融。大量调查数据表明，非正规金融在发展中国家和地区是一个普遍存在的现象，甚至在一些已经实现了金融自由化的国家和地区，非正规金融仍然不同程度地存在着。非正规金融的存在对企业成长及经济发展发挥了显著作用，并已经成为发展中国家和地区中小企业不可或缺的融资方式。特别是，对于中国等新兴市场国家而言，由于正规金融不发达，非正规金融的作用更加凸显。据中国企业家调查系统（2011）调查发现，在2009—2011年3年中，有2/3的民营企业曾经通过民间借贷进行过融资，以民间金融活动较为活跃的温州为例，温州的民间资本存量大致在6000亿元，89%左右的家庭和57%的企业都曾经参与过民间借贷活动。但由于民间融资利率水平较银行信贷融资高，非正规金融虽有效缓解了中小企业融资困难，但同时也切实增加了中小企业的融资成本和融资风险。因为一旦其后续资金出现问题，中小企业倒闭的可能性就会大大增加。

上述分析表明，内源性融资虽然在中小企业融资中占有重要地位，但由于内源性融资先天受制于企业的盈利能力以及资本积累，使得中小企业融资更多地依赖于银行的信贷融资。同时，企业还通过非正规金融筹集资金，非正规金融作为正规金融的有益补充，已成为中小企业融资的另一重要渠道，这既是企业经营灵活性的要求，同时也是融资约束下的被动出路。本书讨论的中小企业融资主要是指中小企业的银行信贷融资，有时也包括非正规金融融资。

三、中小企业融资中的信息不对称

一般来说，与大企业相比，中小企业总体处于信息不透明状态，使得中小企业很难向资金供应者有效传递真实或有价值的融资需求信息。同时，资金供应者也很难鉴别中小企业传递信息的真实度。在无法达到信息对称的情况下，信息不对称的负面作用是很大的。信息不对称通常是指在社会各种经济活动的交往中，交易双方所掌握的信息量或信息准确性不对等。新古典经济学假设信息是免费的，市场信息是完全的，通过价格调整可以使市场出清。然而现实中，信息不对称问题严重，市场失灵便是常态。原因在于现实中的信息是有偿的，通过穷尽市场信息来抵制交易中的机会主义行为由于成本过高而缺乏可行性。在 20 世纪 70 年代，美国经济学家 Akerlof（1970）通过研究二手车市场成交量不足的现象，提出了信息不对称理论，其本质内涵是信息直接影响着参加市场经济活动的交易双方的行为。在现实的经济市场中，信息不对称是普遍存在的，而且从事交易双方在参加市场经济活动中对信息的拥有量是存在差异的，信息拥有量较为丰富的一方通常在交易中处于比较有利的地位，而信息贫乏的一方则往往处于劣势地位。信贷市场尤其中小企业信贷市场是一个典型的信息不对称市场。信贷市场的信息不对称是指借贷双方不同当事人不能拥有一致对等的信息，借款人对自己的经营状况、资金用途及风险状况等真实情况有比较清楚的认识，而银行则较难获得这方面的真实信息。根据信息经济学的分析框架，信贷市场的信息不对称与其他市场一样也会导致逆向选择和道德风险，并进一步引起市场资源配置格局和效率的变化。所谓“逆向选择”，是指借款人利用信息优势隐瞒自身的风险程度，使银行等金融机构签订不利的信贷合同。它是由借贷双方在签订贷款合同之前的信息不对称引起的，属于事前机会主义行为。所谓“道德风险”，是指借款人和银行签订合同后，利用信息优势不履约，或不按照与银行的协议，或不按对银行等金融机构的承诺使用资金，它是由借贷双方在签订贷款合同之后的信息不对称引起的，属于事后机会主义行为。在信贷市场，金融资源配置达到最佳均衡状态的前提条件是：完全对称的市场信息、自由流动的市场生产要素和完全竞争的市场状态。如果信息是对称的，金融市场的价格杠杆——利率将是信贷市场唯一的决定性因素，可以自发地调节资金的供给与需求，市场最终可以在均衡的利率水平上出清。但在现实的信贷市场上，由于普遍存在市场竞争不完全和银企之间信息不对称，利率并不能完全引导银行的信贷供给。这主要是因为，在市场竞争不完全和信息不对称的信贷市场上，银行等金融机构的期望收益取决于贷款利率和借款人还款概率两个方面。由于信息的不对称，处于信息劣势的银行等金融机构在提供贷款时不仅关心利率水平，而且关心贷款的风险。由于银企之间信息不对称，银行等金融机构对中小企业普遍缺乏信任，反映在贷款利率上就会索要较高的风险补偿，当银行等金融机构采取提高利率来规避中小企业由于信用缺失而造成的风险时，就会出现利率的提高使低风险的企业退出市场（逆向选择现象）或者使企业投资更高风险的项目（道德风险现象），从而造成利率的提高可能降低银行等金融机构的预期收益，因为那些愿意支付较高利息的企业正是那些预期还款可能性低的企业。为了避免这种情况，银行等金融机构要求企业提供担保、抵押品等贷款条件，但由于中小企业资产规模较小，抵押担保物品很少甚至没有，因此银行等金融机构宁愿选择在相对低的利率水平上拒绝一部分贷款要求，而不愿意选择在高利率水平上满足所有借款人的申请，于是信贷配给现象就出现了。信贷配给的存在限制了中小企业融资渠道的扩展，增加了中小企业获取信贷融资的难度：一方面，中小企业缺乏像大型企业那样规范的财务报表等“硬信息”，同时在向银行业传递基于人际关系沟通的“软信息”时，又受到区域和时间累积的严重局限。因此，在银行无法对中小企业信贷进行事前科学考察和论证、事中严格监管和事后严厉惩罚的情况下，对中小企业来说，提供低成本、高收益的虚假信息比提供高成本、低收益的真实信息有更大的负面激励作用。既然银行无法鉴别企业申贷信息的真假，那么作为理性的贷款人，在信贷之后进行“逆向选择”也是符合经济学对人的基本假设以及经济人的相机决策行为准则的。另一方面，由于中小企业存在信息不对称，因而银行业无法有效对中小企业信贷之后的履约行为进行动态跟踪监管，同时又无法对违约后的中小企业实行严厉的惩戒，那么对申请到贷款的中小企业来说，变更信贷资金的用途或者隐瞒信贷资金创造的利润，甚至利用假破产恶意逃废银行债务的行为也就成了屡见不鲜的事件，这就是信贷利益博弈过程中难以制约的中小企业的“道德风险”行为。正因为如此，银行为了防控信贷风险而对中小企业采取“惜贷”行为就不难理解了。

Stiglitz et al.（1981）较早注意到了信息不对称在中小企业融资中的显著影响，提出了信贷配给理论。他们认为金融市场普遍存在信息不对称问题，银行等正规金融机构无法甄别出哪个贷款申请人是安全借款人，哪个是风险借款人。在存在超额信贷需求的情况下，银行等金融机构出于资产安全性的考虑，对贷款申请者实行信贷配给。相对于大企业而言，中小企业由于信息不对称程度更为严重，因此也就成为银行信贷配给的主要对象。自此以后，理论界普遍认为信息不对称问题是造成中小企业融资困境的最主要成因，后续关于破解中小企业融资难问题的主要研究思路几乎也都是沿着如何克服信息不对称问题而展开的，本书也遵循这一思路。也就是说，本书将以如何解决中小企业与银行等金融机构之间的信息不对称为出发点，从社会学的角度，研究中小企业融资难融资贵问题。

第二节　中小企业融资理论

关于中小企业融资理论的研究主要分为三类：一是资本结构理论，着重研究企业的融资方式问题，探讨各种融资方式的优缺点、应采用的融资顺序以及与企业生命周期的关系。二是不对称信息下信贷配给理论，因为中小企业融资难问题一定程度上表现为全面了解中小企业的相关信息比较困难，这一理论主要从信息不对称条件下的市场行为方面审视中小企业的融资行为。三是融资渠道选择理论，主要研究融资来源渠道，如关系型融资和非正规金融等理论，这方面的研究对解决目前中小企业融资困境更具有现实意义。本节对中小企业融资的理论回顾主要从这几个方面展开。

一、资本结构理论

最初关于资本结构的研究可以追溯到21世纪50年代的西方，研究的初衷主要是围绕如何确定企业最优资本结构使其市场价值达到最大化。由于各种融资方式的资本成本、净收益、税收以及债权人对企业所有权认可程度等存在差异，在给定投资机会时，企业就需要根据自己的目标函数和收益成本约束来选择合适的融资方式，以确定最佳的资本结构，达到企业市场价值最大化。因此，如何通过融资方式的选择实现企业市场价值最大化，就成为资本结构理论研究的重要内容。从资本结构研究的历史发展轨迹来看，一般将MM定理之前的资本结构理论称为传统资本结构理论，而将MM定理以及在MM定理基础上发展起来的资本结构理论统称为现代资本结构理论（潘敏，2002）。

（一）传统资本结构理论

传统资本结构理论主要以Durand为代表，1952年，Durand的论文《企业债务和股东权益成本：趋势和计量问题》，拉开了企业资本结构理论研究的序幕。他从资本成本角度研究了债权和股权两种不同融资方式所产生的资本成本，进而研究资本成本对企业价值的影响。他们认为，企业融资问题是企业最优资本结构及其投资决策问题，并且假设所有投资项目具有可预测的利润率，因而企业的总利润取决于与资本结构相关的资本成本，引出的结论是最优资本结构导致最大的资本积累。传统资本结构理论主要包括：净收益理论、净经营收益理论和折中理论。

1. 净收益理论。净收益理论是以投资者可以用一个固定不变的比例投资或者估价企业的净收入，并且企业可以以一个固定利率筹集到所需的全部债务资金为假设前提。该理论认为，企业可以通过改变资本结构（提高财务杠杆程度）来降低企业资本成本，最终实现企业价值最大化的目标。负债程度越高，企业的价值越大。这是因为债务利息和权益资本成本均不受财务杠杆的影响，无论负债程度多高，企业的债务资本成本和权益资本成本都不会发生变化。因此，只要债务资本成本低于权益资本成本，那么负债程度越高，企业的加权平均资本成本就越低，企业的净收益或税后利润就越多，企业的价值就越大。当负债比率达到100%时，企业加权平均资本成本最低，企业价值达到最大。净收益理论有一个重要假设，即当财务杠杆提高后，融资风险没有增加，而且债权人和投资者都不认为企业的风险会随之增加，只有这样才能是企业的权益资本价值和负债成本价值同步上升，使企业市场价值达到最大。但是，随着财务杠杆的增大，融资风险和融资成本必然增大，因此这种假设很难成立，理论与现实有较大差距。

2. 净经营收益理论。净经营收益理论认为，企业资本结构与企业价值无关。也就是说，不论企业的财务杠杆如何变化，企业加权平均资本成本都不会发生变化，因而，企业的总价值也不会发生变化。这是因为企业利用财务杠杆时，即使债务资本成本不变，但由于加大了权益的风险也会使权益资本成本上升，负债融资带来的节税收益完全被权益融资的成本所抵销，这种对应关系表明，股权资本与财务杠杆（负债）之间呈线性关系，企业的价值与企业的资本结构无关。按照这种理论，不存在最优资本结构，筹资决策也就无关紧要。可见，净经营收益理论和净收益理论是完全相反的两种理论。

3. 折中理论。折中理论是介于净收益理论和净经营收益理论之间的一种理论，实质上是对净收益理论和净经营收益理论这两种极端理论的折中。该理论认为，企业利用财务杠杆尽管会导致权益资本成本上升，但只要没有超过一定的限度，则权益资本成本的上升就能被债务的低成本所抵销，这样企业就能获得因加权平均成本降低所带来的好处。但是，超过这个限度，债务的低成本将不能抵消权益成本上升而使加权后的平均成本增加，并且债务成本也会随着企业负债率的增加而增大，企业的加权平均资本成本的上升也随之加快。可见，最优的企业资本结构就是企业的加权平均成本由降低转为上升的那一个转折点上，只有在这点上企业的负债比例和企业加权平均成本才是最低的。由此可以看出，净收益理论重视财务杠杆效应而忽视了财务风险，净经营收益理论又过分夸大了财务风险，折中理论则忽略了负债比率同权益资本成本之间的关系，而且三种理论都建立在经验推断的基础上，没有经过科学的数学推导和统计分析，并且在理论上缺乏行为意义和实证支持，因此，该理论并没有得到进一步的发展。

（二）现代资本结构理论

现代资本结构理论是指 MM 理论及以后的企业资本结构理论，主要探讨企业资本结构中最优的资产负债比率是否存在，或者最优的资产负债比率如何决定等问题的资本结构理论。这些理论以 MM 理论为出发点，围绕 MM 理论中心命题的成立与否，对负债融资的避税效应和破产成本、个人所得税和负债市场均衡等因素对资本结构决定的影响进行了探讨。具有代表性的理论主要有：MM 理论及其修正、静态权衡理论、融资次序理论、代理成本理论和生命周期理论。

1. MM 理论（Modigliani 和 Miller）及其修正。MM 理论是在质疑传统资本结构理论的基础上提出的。1958 年，Modigliani 和 Mille 在《美国经济评论》上发表了题为《资本成本、公司财务与投资理论》的经典论文，开启了现代资本结构理论研究的先河，引发了学术界对资本结构理论的大讨论。根据 MM 理论的解释，在完全的资本市场条件下，若不存在企业所得税、破产成本和代理成本等，在动态中负债的低成本会被上升的权益成本所抵销，从而使得企业的资本结构与企业市场价值无关。具体来说，首先，任何企业的市场价值都是其预期税息前利润与该企业或该行业风险相符合的风险报酬率的商，与是否利用负债无关。其次，风险报酬率的大小与负债融资结构相关，也就是说，如果企业从全部权益融资到慢慢采取追加部分利用负债融资的过程中，其企业价值计算的分子（预期税息前利润）增加的同时，分母（风险报酬率）也会因为负债的增加而上升。因此，在上述一系列假设前提的约束下，都只是改变企业价值在股东与债权人之间的分配比率，企业的价值与资本结构无关，而与企业资产的盈利能力相关。或者说，在完全竞争资本市场假定的前提下，企业的融资方式选择以及由此导致的资本结构变化，对企业价值不会产生影响，也不存在最优资本结构。这就是著名的“MM 理论”，也称资本结构无关论。Modigliani 和 Miller 提出的 MM 理论，为分析企业融资问题提供了一个有用的起点和基础，也标志现代资本结构理论的开端。在完全竞争的资本市场等严格假设条件下，MM 定理无疑是正确的，但问题是完善竞争资本市场的假设是不现实的，现实中存在着企业所得税和各种交易成本，因此尽管 MM 理论在理论上是正确的，但在现实中是不成立的。因此，自从 MM（1958）以来，学术界对税收如何影响债务的税收利益进而如何影响资本结构的问题进行了广泛探索，经历了从考虑公司所得税到同时考虑公司所得税、个人利息税和股权收入税的过程。Modigliani 和 Miller 也意识到其理论的非现实性，1963 年，为了缩小理论假设与实际的巨大差距，在其《公司所得税与资本结构：一项修正》（Modigliani and Miller，1963）论文中，他们放松 MM 定理中的无公司所得税假定，将公司所得税因素导入其理论分析中，对 MM 理论进行了修正，得出使企业市场价值最大化的最优资本结构应该全部为债务融资的结论，也就是修正的MM理论。他们认为，由于债务融资所产生的利息费用在企业计算应纳税所得额时可以列示，而股东的红利却必须在税后利润中发放，因此，债务融资具备一定的避税特性，企业价值会随着负债增加而增加，当负债达到100%时企业价值最大，从而得出了负债融资有利，负债比例越高越好，资本结构与企业价值有关的结论（Modigliani和Miller称之为债务融资的“税盾效应”）。但在修订的MM理论中，对税收因素的考虑还是过于简化。在这方面的深入研究导致了税差学派的形成，该学派主要从影响资本结构的两类税收差异出发，研究税收因素对企业资本结构的影响。两类税收差异主要包括：一是企业所得税、个人所得税和资本利得税之间的差异，二是在累进税制下，非线性税率所形成的差异。Farrar et al.（1967）根据美国企业所得税、个人所得税和资本利得税三个因素组合的四种情形，分析了税收制度的影响。Stapleton（1972）认为，正是由于税收差异，而不是不确定性的存在，才最有可能使得资本成本成为财务政策的函数。1977年，Miller发表了题为《负债与税收》的论文，将企业所得税和个人所得税因素同时引入MM理论中，深入探讨了税制对企业资本结构的影响，提出了回归的MM理论，即米勒模型。在没有引入债务违约风险的情况下，他描述了企业债务的全市场供需均衡。假设股权收入税率为零，如果个人所得税为累进制，并且个人所得税最高边际税率大于企业所得税率，那么市场一定存在内点均衡。在均衡状态下，边际投资者的利息收入产生的个人所得税正好冲抵公司债务融资节省的税收支出，企业的资本结构不影响企业市场价值。该结论有助于解释实践中相似的企业为什么具有迥异的债务比例。对美国数据的大量实证研究表明，债务的净税收利益相当可观，对资本结构的选择具有重要影响。债务的个税劣势虽然能够对冲掉一部分公司税的优势，但是其数量远低于边际投资者的边际税率（Graham，2003）。

2. 静态权衡理论。修正后的MM理论强调了负债的“税盾效应”，主张企业所需资金应完全采取负债融资方式。但是，现实中100%利用负债融资的企业几乎没有，因此，修正后的MM理论仍不能较好地解释企业融资的现实。另外，Schwartz et al.（1967）、Scott（1972）等研究也表明，由于企业所属的行业特征不同，不同行业的企业在决定资本结构时，往往选择与本行业相适应的资本结构。

为克服MM理论与现实的矛盾，建立能够合理解释企业融资行为的资本结构理论体系，研究者开始关注负债融资的破产成本，将负债的破产成本引入MM理论的分析体系中，认为企业的最优负债应由负债的避税效应和负债的预期破产成本这两种效应来均衡决定。Myers（1984）指出，企业选择什么样的资本结构取决于它要达到的目标，其中包括要在负债的收益和成本（即高负债可能带来的破产可能性增加）之间进行取舍。这就是既要看到负债融资的好处，又要考虑负债融资风险的“静态权衡理论”（STO）。静态权衡理论基本思想来源于Modigliani和Miller的修正模型，可以看作MM理论修正版的一种扩展形式。该理论认为税收制度和破产制度导致了资本市场的不完备，以及交易成本为正。所以，最优资本结构应当建立在税收利益和破产成本相互权衡的基础上。Baxter（1967）最初在资本结构理论的研究中分析了负债的破产成本问题，他指出，财务杠杆的提高会加大破产的可能性，而破产成本的存在又会减少企业的总价值。Baron（1974）运用随机支配理论证明了引入破产成本之后“MM定理将被表明是可以成立的”。

Miller（1977）的市场均衡模型对静态权衡理论产生了很大

的冲击，其指出，在一定条件下，企业负债的税收利益正好被个人负债的税收付出所抵销。而修正后的权衡理论把 Miller 的市场均衡模型与权衡理论协调了起来。Angelo et al.（1980）、Bradley et al.（1984）将负债的成本从破产成本进一步扩展到代理成本、财务困境成本和非负债税收利益损失等方面。同时，又把税收利益从原来的负债税收利益引申到非负债税收利益方面。这实际上扩大了成本和利益所包含的内容，把企业最优资本结构看成在税收利益与各类与负债相关成本之间的权衡。Bradley et al.（1984）表明，无论是财务困境成本或非债务税收利益的增加，都将导致企业最优负债水平的降低。

按照资本结构权衡理论，盈利高的企业负债税盾作用大，负债率和企业盈利性应当呈正向关系。在以后的研究中，人们发现很多现实的融资结构无法用权衡理论来解释。Graham（2000）发现，盈利性很好的大企业对债务的使用是很保守的。Titman et al.（1988）、Rajan et al.（1995）、Fama et al.（2002）都发现，负债率和盈利性指标呈负向关系。Baker et al.（2002）认为，权衡理论预测市场价值或账面价值比率变动的影响是暂时的，负债率和市场价值或账面价值比率呈负向关系，资本结构是企业选择权益市场时机的累积结果。

由于资本结构静态权衡理论很难解释很多实际现象，学者们开始研究动态的权衡理论。Fischer et al.（1989）、Goldstein et al.（2001）提出了投资和分配原则外生情况下的动态权衡模型。Brennan et al.（1984）、Titman et al.（2003）则分析了投资内生情况下的动态权衡模型，假设债务的税收利益是固定不变的。而Hennessy et al.（2005）则认为债务的税收利益是变化的，同时他们认为不存在所谓的目标负债率，企业负债率的形成是路径依赖而且是带有时滞现象的，负债率与滞后现金流呈负向关系。

关于MM理论及其修正理论对于中小企业的适用问题，Angle（1991，1992）认为，由于企业规模及发展阶段带来的特殊性，就负债的税盾效应而言，中小企业普遍缺少负债动机。这是因为：一方面，大多数中小企业的组织结构为独资和合伙企业，企业的息税前利润完全等同于企业主的个人收益，归企业主所有，企业所得税与所有者个人应纳所得税额紧密结合在一起，企业所有者很难有积极性去选择债务融资进行避税。另一方面，采用债务融资时，金融机构、家族成员、亲戚等企业的债权人会在贷款中采取一些弱化有限责任的手段，使破产成本至少在局部上会依附于个人，由企业所有者个人独自承担。因此，中小企业的最优资本结构将最大限度地决定于个人层面。此外，由于相关的企业税即为所有者的个人税，中小企业若以债权融资的方式避税，必须支付较高的贷款利息，以补偿债权银行或债权家族成员因借款而衍生额外的资本利得税，因此尽管避税收益有所增加，但企业所须支付的利息累计往往要大于企业由借债所获得的避税收益，再加上中小企业的盈利性一般逊于大型企业，而承担的借贷成本又高于大型企业，当中小企业所有者在进行筹资决策时，较少会考虑负债的税盾效应而去选择债务融资。Petersenm et al.（1994）观察到，中型企业的负债中银行贷款只占约50%，而规模较大的企业银行贷款比例可能达到62%。Andersen（2006）考察了3000多家历史悠久的美国中小私营企业，发现34.3%的企业从来没有向外部举债的经历，34.2%的企业的债务权益比率低于25%。而拥有较多抵押或担保贷款的企业，其经营破产倒闭的可能性反而较大，自我融资比较多的企业却具有更高的成功率（Berger and Udell，1995）。这为中小企业在融资结构决策中较少考虑税盾效应提供了实践证据。

3. 代理成本理论。代理成本理论是指企业内部和外部投资者之间潜在的冲突决定着最优的资本结构，即企业要在代理成本和其他融资成本之间进行取舍。它实际是企业契约理论中委托—代理理论在企业融资理论的具体应用，也是对权衡理论的进一步拓展。它试图通过信息不对称理论，从企业内部治理角度对资本结构问题进行分析。这样就把传统资本结构的权衡难题转化为结构或制度设计问题，从而给资本结构理论问题开辟了新的研究方向。Jensen et al.（1976）首先创新性地通过代理理论对企业资本结构进行研究，提出了企业资本结构的代理成本理论。其基本观点是：在信贷市场上，与企业融资有关的委托—代理关系主要表现为企业所有者与经营者之间的委托—代理关系和外部投资者与企业之间的委托—代理关系。由于信息不对称和契约的不完备导致了委托人和代理人行为目标不一致，从而产生两种代理成本：企业所有者与经营者之间由于信息不对称而产生的由企业所有者承担的内部融资代理成本（第一类代理成本）和外部债权人与企业之间由于信息不对称而产生的并由外部债权人承担的外部代理成本（第二类代理成本）。由于两种代理成本的存在，企业在进行融资决策时，除了要考虑是否能保持企业的独立性和获得预期的现金流量外，还要考虑企业所付出的代理成本。企业的独立性与企业从外部获得融资的比重成反比，与企业因信息不对称所产生的外部融资代理成本成正比。同时，企业主对企业控制权的掌握程度直接影响着企业其他非外部融资的代理成本。这样，企业如何平衡内部融资和外部融资所带来的利弊就成为企业要面对的一个重要问题；而企业最优资本结构的确定就取决于内部融资和外部融资的比例关系，即均衡的企业所有权结构是由股权代理成本和债权代理成本之间的平衡关系决定的，企业最优资本结构就是使得两种融资方式的边际代理成本相等，从而总代理成本最小的资本结构。

因此，许多研究者沿着股东与管理者之间的冲突以及股东与债权人之间的冲突，继续从代理成本角度研究企业的融资行为与资本结构。Jensen（1986）认为，企业引入债务，可以减少管理者可挥霍的自由现金流。因此，债务可以缓解股东与管理者之间的冲突，从而降低管理者过度投资的倾向。Stulz（1990）认可Jensen的观点，同时又提出，债务还同时减少了企业进行有利投资的可用资金。债务在降低管理者过度投资倾向的同时，又会造成企业投资不足的问题。因此，Stulz（1990）认为，有众多发展机会的企业通常具有较低的资产负债水平。Harris et al.（1990）讨论了在一定情形下企业外部投资者希望公司破产，但企业经营者却希望继续经营下去的冲突。在这种情形下，如果企业增加债务形式融资的比例，则可以缓解这种冲突。因为债务能够赋予投资者在企业无法偿还利息和本金的时候，强制企业破产的权利。但在另一方面，过量的债务融资会使企业更容易陷入破产的境地，企业破产会招致大量的调查成本。因此，企业在一定的债务水平下才能够达到最优资本结构。

随着代理理论的发展，学者们注意到，影响经理—股东代理问题的不仅是债务水平的选择问题，债务的期限选择在降低代理成本方面也起着重要作用。由于短期债务一直处于更新状态，Stulz（2000）认为，短期债务提供了一种监督经理的强有力的工具。Rajan et al.（1995）认为，短期债务降低了债权人对经理的监督成本，于是，为自己打算的经理将偏好长期债务，即使长期债务将带来更高的代理成本。

不同的企业在信息不对称条件下选择企业融资委托—代理形式基本上是相同的，区别在于中小企业信息不对称的问题更加严重。这不仅严重影响了企业的融资能力和融资条件，更可能影响到企业的融资需求。同时，从企业的融资角度来看，由于中小企业所有权和经营权相重叠的情况很普遍，企业所有者与管理者信息不对称程度较低，所有者与经营者之间的利益冲突较小，因此，第一类代理成本较低，通常内部融资比例的升降不会引起这类代理成本的变化。但由于中小企业与外部债权人之间存在着较为严重的信息不对称，债权人与经营者之间的利益冲突较大，外部债权人面临的代理成本问题也更加突出。因此，在信息不对称的情况下，外部债权人必须对代理成本与投资期望收益进行权衡，以便做出最优决策。Brau（2002）从银行角度对此进行了实证，他认为“中小企业内部代理成本与银行给出的贷款利率和提出的抵押品标准都不具备相关性，银行更多地应该重视与企业之间的关系以及企业自身的信用能力。”也就是说，中小企业内部代理成本的存在与否，既不会影响银行对它的贷款利率，也不会影响银行的抵押品要求。换句话说，在向中小企业发放贷款时，银行并不关心第一类代理成本的问题。相比之下，由于中小企业自身的特点，使得其与外部融资者间信息不对称的情况比大企业更为严重，外部资金提供者所需要面对的第二类代理成本问题更加凸显。在这种情况下，银行在发放贷款时首先要权衡银行自身对投资收益的期望和中小企业的信息不对称所带来的代理成本之间的关系，才能做出最佳的信贷决策。因此，对中小企业来说，可以把银行对企业的投资行为视为反映中小企业市场价值的信号，并且为了能够进一步使银行或其他利益相关者作出无论从财务还是从市场的角度都有利于中小企业融资的决策，中小企业可能会采取一些刺激性的措施。这种用信号传递理论去解释中小企业资本结构的方法形成了解释中小企业资本结构的新框架，即企业资本结构的信号传递理论。

Campbell et al.（1990）利用这种理论框架分析了中小企业融资行为在严重信息不对称条件下的特点。他们认为，中小企业所有者往往由于担心控制权被稀释而排斥外部权益融资，然而，在严重的信息不对称条件下，为了向外部传递有利于企业进一步融资的信号，中小企业又会愿意采用公募的方式筹集资金，这主要是出于对市场策略的考虑，也是中小企业通过这一方式向外界传递有利于其进一步融资的信号，这样做的目的是利用金融中介机构（投资银行或其他融资代理机构）的声誉为企业起到重要的确认作用。但是，由于中小企业规模小，公开募集所伴随的高额发行成本对于中小企业而言往往不堪重负，私募则不失为一种较好的替代方法。因此，在一定条件下，从投、融资过程的委托—代理关系来看，企业代理方出于对企业形象识别、外部市场策略和后续融资机会发展的考虑，有积极性通过外部权益融资等融资方式向委托方（投资人）传递有利于自己进一步融资的形象信号。

4. 融资次序理论。融资次序理论是 Myers（1984）提出的，其主要观点是：企业在进行融资时会表现出一定的次序规律，即首先会选择内源融资，其次才会选择外源融资，在进行外源融资时又会首先选择债务融资，而后才是外部的股权融资。至于为什么企业在融资时出现这一规律现象，Myers 认为是每一种融资方式所需要的信息条件和所传递的信号不同，进而使得融资形式本身的成本和对企业的价值影响存在差别。内部融资所需要的信息最少，成本也最低，所以会被企业优先选择，而外部股权融资需要的信息条件最为苛刻，成本也最高，因此会是企业融资需求满足的最后选择。实际上，在外部投资者与内部人之间存在不对称信息的情况下，企业的股票融资很容易被市场误解，发行股票融资往往被认为前景欠佳，所以，股票融资方式（即增发新股时）总会导致股价的下跌。因此，Myers 认为，为了降低外部融资的成本，企业的筹资偏好应该首选内部融资（主要来源于盈余公积和固定资产的折旧），如果需要进行外部融资，企业将选择风险相对较小的融资工具，例如债券和可转债，外部股权融资是企业最后的选择。并且外部投资者与内部人之间不对称信息问题越严重，企业的这种“先内再债后股”的融资次序倾向越强烈。

对于中小企业而言，实际中由于担心控制权稀释等问题，很多中小企业的融资需求并不与 Myers 的融资次序理论所描述的融资次序相吻合，而是表现出自己的独有特征。Davidsson（1989）在对瑞典中小企业分析后提出，中小企业在发展的过程中往往受到“预期金融回报”和“独立性增长”两个非常重要因素的影响。他还发现，当中小企业面对这两种动因发生冲突时，中小企业宁愿选择保持企业独立而延缓企业的预期增长和扩展。此外，针对中小企业由于担心控制权被稀释而排斥外部权益融资的分析发现，中小企业主是否为创始人又会有不同的表现，创始人通常较一般所有者更看重对企业的控制权。这说明控制权方面的考虑在中小企业融资决策中是一个不可忽视的重要因素，融资成本也并非其权衡融资方式的核心指标。Howorth（2001）也认为，中小企业在进行融资选择时会综合考虑融资成本、企业成长和企业控制权三个因素对企业融资的影响，基于中小企业对这些关键因素的权衡，中小企业的融资次序可能以一种“被截断的形式”存在，即在任何供给条件下中小企业都会拒绝考虑某些特定类型的融资方式。然而，随着企业规模的扩大、企业股权集中度的降低以及企业与环境信息不对称依赖程度的减少，企业的融资方式也不可避免地发生转变，由自由资金融资转向正规信贷和权益市场融资。因此，该理论认为“企业规模是企业融资行为最重要的解释变量”，很大程度上决定了企业融资方式。Ang（1991）针对中小企业的融资特征对原有的融资次序理论进行了修正，他认为，融资次序的确定不仅要充分考虑企业的资金成本，更要考虑企业经营者与外部投资者之间的信息不对称情况。由于企业经营者与外部投资者相比，对企业的经营状况和盈利能力了解更加充分，因此，理性的投资者往往会进行逆向选择；而对于中小企业来说，在信息不对称的条件下，权益的定价与其他定价方式相比出现折价的可能性更大，因此，企业在融资时首先会选择限制少、不需要签订契约也无须支付各种费用的内部融资（包括未分配利润等），然后是所有者贡献（所有者再投）即所有者进一步的资金注入，最后才是外源债务融资。

另外，中小企业的融资顺序选择除了追求企业价值最大化外，还与中小企业所有者特征息息相关。相比企业主追求企业价值最大化的基本假设，中小企业所有者的目标函数往往是多元化的，小企业所有者除了要在财富积累和控制权稀释之间进行取舍，还要在企业稳定增长和快速增长之间进行取舍，这种目标函数将影响企业探寻不同融资来源的意愿。此外，企业主的风险回避也将对企业主融资决策产生一定的影响。可见，中小企业经营者的目标和偏好是影响企业融资决策的重要因素。

融资次序理论强调信息问题对企业融资结构的影响，这比各种使用均衡方法来寻求最优资本结构的主流理论有所进步。另外，融资次序理论将信息的传递和资本市场的反应直接相联系，从而突破了理论界往往必须通过资本资产定价模型才能将两者间接联系的局面，为后来的研究提供了方便。但这种理论重在解释在特定制度约束条件下企业对增量资金的融资行为，具有短期性，无法揭示企业成长过程中资本结构的动态变化规律。

5. 企业生命周期理论。虽然融资次序理论比较适合用来分析中小企业的融资问题，但它仅仅在一个相对较短的时间内解释了在特定制度环境下企业对增量资金的融资行为，却忽视了企业自身规模和信用条件的变化对企业融资决策的影响，难以清楚地解释企业在成长过程中融资机制呈现出来的动态变化，因此出现了企业生命周期理论。企业生命周期理论主要是通过企业生命周期来描述企业融资路径的时序演化历程，从动态的角度揭示中小企业在不同的成长阶段资本结构的变迁。

Weston et al.（1981）首先利用企业生命周期比喻解释了中小企业大量使用短期债务的现象，他们认为，小企业在发展过程中会出现规模小与发展速度快共存的现象，内源融资的方式只能获得少量且短期的资金，这些资金已经不能满足企业发展的需要，但由于自身限制不具备资本市场进行融资的条件，这样中小企业就出现了融资缺口。在早期的相关研究中，专家学者并没有将信息不对称对中小企业融资的影响考虑在内。因此，Berger et al.（1998）在其研究中加入了信息不对称现象，将企业生命周期与融资相结合，提出了企业生命周期理论。他们认为，企业在不同的发展阶段由于其规模、资金需求、对外信息披露程度存在差异，其融资方式也会存在明显差异。其基本规律是，在企业初创时期，由于其资产规模小、没有有效抵押品，对于通常的业务也没有做完备的经营记录，内部的财务制度也不完善，种种原因都导致了企业内部信息的不透明，此时的企业很难从外部筹集资金，基本依靠内源方式获取资金，另有少量企业可以获得天使资金。当企业进入成长阶段，规模也随之得到了较大幅度的扩张，对于资金的需求量大幅提高；同时，规模从小到大也使得企业拥有更多可供抵押的资产。在信息方面，企业开始有了一定的资信记录，透明度不断加强，在此发展阶段的企业拥有更大的能力去获得来自金融中介的债务融资金，但资金期限还是受到限制，一般是中期贷款。当企业进入成熟阶段，企业已具备一定规模，与供应商、客户建立较好的关系网络，商业信贷构成运营资金的来源之一；且有效抵押品和良好的信贷记录都将有助于企业从正规金融渠道获得短期和中长期贷款，还有可能因具备公开发行有价证券的规模而受到私募投资的青睐。随着资本市场可持续融资通道的打开，来自金融中介债务融资的比重将趋于下降，股权融资和债券融资的比重逐步上升。但他们同时也认为，增长周期理论只是对企业融资路径的一般性描述，并不适用于所有的小企业，因为企业的规模、年龄和信息不透明程度等并不是完全相关的。经验检测结果也显示出与这种理论预期之间的差异，如 Fluck et al.（1997）研究表明，美国威斯康星州的企业在初创阶段其外源融资（主要是债务融资）超出了内源融资，企业发展的前七八年，外源融资在融资总额中所占比例逐渐下降，之后，这一比例又趋于上升。这反映出，随着时间的推移，企业对外源资金的使用并不是简单地由少至多，而是呈现出一种“U”形的发展态势。

事实上，上述生命周期理论所指企业随发展阶段不同选择不同的融资渠道，与前面所讨论的融资次序理论有异曲同工之处，只是分析角度和方法略有差异。融资次序理论只是综合考虑了成本因素，并且解释企业的融资行为的选择，具有短期性；生命周期理论则认为，要从长期和动态的角度揭示企业不同的成长阶段融资结构的变化特征，必须考虑企业的资本结构、信息约束、企业规模等因素。两种理论综合反映出：企业发展初期通常总是先使用内部资金，在内部资金不够且条件允许的情况下才会使用外部资金，即使在初始阶段就有外源融资渠道可供选择，企业往往也会先选用债务融资，再是权益融资；而权益融资中又以天使融资或风险投资为先，通过公开权益市场募集资金只在企业发展到相当程度时才具有可能性和合理性。有趣的是，Fluck（2000）在最优金融合约的框架下采用博弈论的分析方法，提出了一种较为独特的生命周期形态。他认为，企业在发展初期将首先选择外部权益或可转债，然后是留存收益，最后是长期债务或外部权益。这种观点与上述融资次序理论和生命周期理论的主要差别在于企业初始融资选择的不同，它将外部权益融资作为企业发展初期的首要选择；而且，尽管模型主体以外部权益中的私人权益作为分析对象展开，并假设在下一阶段融资之前，这些掌握控制权的权益持有者不会离开企业。然而事实上，即使这些权益持有者通过 IPO 将其权益卖出，分散性外部权益的存在仍将有利于企业进一步的债务融资。这也就是说，公募不再只是企业发展到最后阶段才能使用的融资渠道。导致上述结果产生的理由可以归纳为：由于顺序发生的权利方所拥有的要求权具有阶段依赖性，即后期发生的要求权除了其自身权利，还可以依靠前期投资者来实施他们的要求权，这就使得企业新建时拒绝采用的一些融资合约可能在发展壮大后重新被接受（田晓霞，2004）。

总之，以 Durand（1952）为代表的传统资本理论被现代资本结构理论 MM 定理所取代，MM 定理只有在完美的市场条件下才能成立，缺乏现实性；权衡理论将财务危机成本和代理成本加入 MM 定理模型中分析，对其进行修正，认为理想的债务与股权比率就是税前付息的好处与破产和代理成本之间的平衡，使 MM 定理更接近现实；代理成本理论是对权衡理论的进一步拓展，它从企业内部治理角度分析资本结构问题，把资本结构的权衡难题转化为结构或制度设计问题；融资次序理论强调信息问题对企业融资结构的影响，从而突破了理论界往往必须通过资本资产定价模型才能将两者间接联系的局面，为后来的实证研究提供了方便；企业生命周期理论主要是通过企业生命周期来描述企业融资路径的时序演化历程，从动态的角度揭示中小企业在不同的成长阶段资本结构的变迁，为中小企业融资提供了直接指导。目前，以资本结构理论为主要研究对象的企业融资理论在西方已日臻成熟，但还没有形成一个统一的理论体系对企业融资问题进行完整的解释，上述的各个理论也仅仅是从某个特定角度进行研究，事实上“资本结构之迷”至今尚未揭开。

二、信贷配给理论

信贷配给问题是信息不对称背景下企业融资理论的经典议题。一般认为，信贷配给是指由于信贷价格小于市场出清价格，市场出现超额需求，此时，借款者选择对信贷实行配给，进而出现两种结果，“一是个人在现行利率下获得的贷款额小于期望获得的贷款额；二是在看似相同的借款人群体中，一些人获得贷款而另一些人即使愿意支付更多的利息也不能获得贷款”（Keeton，1979）。

关于信贷配给的研究最早可以追溯到 20 世纪 30 年代 Keynes（1930）的《货币论》，其描述了在市场经济背景下，现实的经济活动中确实存在银行以非价格手段独立地（不依赖于借款者的需求变化）配给信贷资金的现象。Akerlof（1970）是较早运用信息不对称来分析信贷市场的代表人物。他将信息不对称理论用于分析信贷市场时发现，在一些发展中国家，位于中心城市的大银行无法充分了解当地借款人的信息，它们就会面临逆选择问题。相反，当地的高利贷者通过对借款人信息的充分了解却可以很好地解决这个问题，甚至可以依靠这种信息上的优势收取较高的利率。Akerlof 通过这一现象较早地注意到了信息不对称导致的信贷活动困境。Jaffee et al.（1976）考察了消费信贷市场上的信贷配给，他们通过建立信贷配给模型，分析了事前信息不完备在信贷市场中的作用，用道德风险和逆向选择原理解释了信息非均衡市场上信贷配给的成因。到目前为止，在关于信贷配给生成机制的各种理论解释中，当属 Stiglitz et al.（1981）以信贷市场信息不对称为基础所建立的理论模型最具影响力，他们在信息不对称范式下，从微观层面解释了企业信贷配给形成的机理，揭示了信息不对称是信贷配给的直接原因。他们认为，在信息不对称情况下，即使没有政府干预等外在约束，信贷配给也可以作为一种符合市场微观主体理性选择的长期均衡现象而存在，而不是市场外在因素作用下的暂时非均衡。他们进一步指出，利率可以通过筛选潜在的借款者（选择效应）和影响借款者的行为（激励效应）来影响贷款投资项目的风险程度。由于借款人和银行之间存在信息不对称问题即借款人更加清楚项目的具体风险，银行可以了解借款人整体风险的统计分布情况，但不能准确判断项目的具体风险，贷款利率的提高会引发逆向选择效应和道德风险效应。这两种效应都会增加银行的风险，减少银行的预期收益。因此，作为理性经济人的银行为规避其潜在风险，当信贷市场中资本需求大于资本供给时并不会进一步提高利率、利用提高利率的办法来出清市场，而是在一个低于竞争性均衡利率但能使银行预期收益最大化的利率水平上对借款人实行信贷配给，即“当价格（即利率——作者注）影响交易的性质时，价格可能不会出清市场”。在配给中得不到贷款的申请人即使愿意出更高的利率也不会被批准，因为当得不到贷款的申请人希望通过提高价格获得资金时，根据投资项目的一般属性（项目收益与风险的积为常量），借款人必然会选择高风险项目，从而降低银行的期望收益，因此，即使可贷资金有剩余，银行也不愿意按高利率放贷而使自己的利益受损。Stiglitz et al. 关于信贷配给的理论模型被称为 S－W 模型，目前已成为最具代表性的信贷配给基本模型。Galbraith（1996）指出：“毋庸置疑，（S－W）信贷配给模型在解释信贷市场上资金在借贷方的分配问题上有关键作用。”当然，作为最早讨论均衡条件下信贷配给的模型，S－W 模型无疑是开创性的，但同时也是不完善的。S-W 模型的局限性主要在于其模型设定的简单化。首先，该模型将利率视为信贷配给过程中唯一的内生决策变量，忽略了其他贷款条件作为信贷配给机制的可能性。其次，S-W 模型没有考虑银行的审查能力及其成本问题，而要控制审查和监督成本这一变量，只能假设每一个项目的规模亦即企业申请的每一笔贷款的额度均等。避开贷款规模问题无疑削弱了 S-W 模型对现实的解释力。因此，后来的研究者在 S-W 模型的基础上又进行了许多扩展和改进。

Whette（1983）的信贷配给模型拓展了 S-W 模型，他通过改变 S-W 模型中关于借款人为风险厌恶者的假设条件，进一步分析了抵押品在信贷配给均衡中的作用。他认为，在借款人风险中性的条件下，银行的抵押品要求具有同利率变动相似的逆向激励效应，因为对于风险中性的借款人而言，银行抵押品要求的增加同样也会导致逆向选择问题，即抵押要求的增加会引发信贷风险的增加，从而降低银行的期望收益，因此，即使借款人愿意接受如资产抵押等其他非价格条款，银行为维护自身利益同样会采取“信贷配给”。也就是说，银行的抵押品要求同利率一样也可能成为信贷配给的内生机制。Whette（1983）又进一步研究了借款者的不同风险类型，认为信贷配给的存在与借款者风险类型无关。Bester（1985，1987）进一步讨论了抵押品在信贷配给中的作用，认为抵押品可以和利率同时作为银行分离贷款项目风险类型的甄别机制，即银行可以通过企业对抵押品数量变动的反应敏感程度来分离高风险和低风险的贷款项目。

Gale et al.（1985）从激励相容的债务合同角度证明，由于信息不对称，银行需要付出观察成本（即企业存在一个正的成本高昂的破产概率），标准的债务合同是借款人的最优选择，这样最优的投资水平是一个次优水平，因而总是低于完全信息时的最优投资水平。他认为，信贷配给实际上只是对贷款金额的限制，不存在某些企业完全贷不到款这种形式的信贷配给，因为在资本市场上若某个企业在一家银行被拒贷，可转向其他银行申请，最终总能获得贷款。该模型的一个核心假定是投资的规模收益递减，即把投资减少到低于最优的某个水平就可减少破产概率，从而减少破产成本。

Williamson（1987）从银行监督成本的角度证明了Stiglitz和Weiss所说的信贷配给的存在：在借款人和银行存在信息不对称的情况下，虽然没有逆向选择和道德风险，但银行对借款人的监督成本高，结果出现均衡信贷配给。根据他们的理论，借款人和银行之间最优的合同安排是债务合同，银行对借款人的监督成本可以解释为借款人破产的成本。Williamson所说的监督是事后发生的，因此尽管没有事前的道德风险，但事后的道德风险仍是影响合同安排的一个非常重要的因素。Hung et al.（2002）进一步认为，即使借款人和银行之间不存在信息不对称，包括事前和事后的信息不对称，只要破产成本不为零，信贷配给就可能会产生。高昂的破产成本足以导致信贷配给——如果没有破产成本，银行就可以通过提高利率来消除对贷款的超额需求。

Schreft et al.（1992）认为，银行根据贷款金额大小实行价格歧视（配给）是追求利润最大化的理性行为，即对贷款额较大的客户实行优惠利率，而对贷款额较小的客户收取较高利率，因为小额贷款风险更大或者银行平均的贷款管理成本更高，银行业的集中度越强，信贷配给形成的可能性越大（Petersen and Rajan，1995；Rajan and Zingales，1999）。处于垄断地位的银行可以通过利率选择和信贷配给，或者与借款人形成长期的联系，以对不同类型的借款者进行甄别，减少道德风险的冲击。

Mohr（1997）建立了自己的信贷配给模型，模型中，假设贷款项目在技术上是可分的，并引入了广泛的风险中性假设，从而不仅使抵押品而且使贷款额度成为企业和银行的内生决策变量。同时，Mohr 还分析了在竞争性市场和垄断性市场中完全信息和不完全信息情况下信贷配给的差别，认为贷款数量配给和信贷风险自我选择常常并存于信贷配给均衡之中。在 Mohr 的信贷配给模型中，由于借贷双方的风险类型假设被放松，从而内生化了利率、抵押品和贷款额（通过假设贷款额在技术上可分），并分别建立了垄断及竞争两种信贷市场结构下的均衡解。Mohr 模型的主要问题在于，贷款规模在技术上的完全可分性假设不符合银行发放贷款的实际。因为，银行为了补偿贷款的事前审查和事后监督成本，必须设置一个贷款的最低限额，不可能完全接受贷款额度的技术可分性。

Berger et al.（2011）认为，市场上必然存在信息不对称，信息不对称也必然产生逆向选择和道德风险，因此，金融市场上的信贷配给问题也就不可避免，信贷配给是市场均衡的表现，单靠市场行为无法解决信贷配给问题。金融中介机构一般通过要求企业提供担保（抵押品等）的方式来减少信息不对称问题所造成的道德风险和逆向选择。但 Bester（1985，1987）从信号理论角度讨论了抵押品在银行信贷中的作用，他认为在借款合约同时包含利率和抵押品条款的情形下，在信息不完备的竞争性信贷市场不存在 Stiglitz 和 Weiss 所说的信贷配给。其原因是抵押作为一种自我选择的机制或者一种 Spence（1973）意义上的信号机制，能够起到分离不同风险的借款人的作用。Bester 的主要贡献在于将信贷市场上的利率和抵押品要求同时结合起来进行讨论，首次建立了以贷款利率与抵押要求组合作为借款者自我选择的机制，给出了信贷市场上分离均衡存在的条件。

相对大企业而言，中小企业信息不透明程度更高，与银行之间信息不对称的问题更加严重，这也必然造成中小企业的信贷配给问题更为显著。Petersen et al.（1994，1995）较早成功地证实了美国信贷市场上信贷配给的存在性，并且验证了银行数量、银企关系对中小厂商贷款可得性的相关关系。Mallick et al.（2002）基于 NSSBF－1993 的有关数据对中小企业的信贷配给问题进行了研究，该研究从信贷配给的规模和其影响的主要因素两个方面出发，他们发现中小企业所受的信贷配给分为两类，即第一类配给和第二类配给。第一类配给指的是中小企业的融资申请被拒绝或者是不能获得足额融资的情况；第二类配给指的是由于担心自己的贷款申请被拒绝而选择不去申请融资的情况。研究还发现，影响信贷配给的因素包括了企业所属行业、经营时间、组织形式以及所有者特征等。一般认为，中小企业希望得到的贷款额度与实际得到的额度总是存在着一定的差距，即所谓的信贷配给缺口，而这种信贷缺口在不同行业、不同组织形式、不同特征所有者的中小企业当中表现又不尽相同。Park et al.（2003）则对中国信贷市场的信贷配给进行了实证分析，分析结果与 Petersen et al.（1994，1995）的结果相类似。国内关于中小企业信贷配给的理论探讨以王霄等（2003）最具代表性，其在综合 Bester（1985，1987）以及 Mohr（1997）等研究的基础上，增加了企业规模和银行对于贷款的审查成本两个因素，建立了一个内生化抵押品和企业规模的信贷配给模型，揭示了中小企业信贷困境的成因。他们研究发现，在信贷配给中被剔除的主要是资产规模小于银行所要求的临界抵押品价值量的中小企业，从而为中小企业存在相对大企业更为严重的信贷缺口这一现象提供了又一种解释。他们认为，中小企业由于资产规模所限，无法提供足够数量的抵押品，因此会应银行抵押品要求，形成除利率型信贷配给之外的另一种信贷配给形式，他们称其为“二次配给”。“二次配给”

会进一步限制中小企业融资需求的满足。

然而，也有经济学家对信贷配给的内涵进行了重新阐释，进而得出与一般认识相悖但却极具说服力的观点，其政策建议更是让人耳目一新。Cressy（1996）从金融资本与企业存活率之间的关系入手，对企业新建期是否存在信贷配给的问题进行了研究，并最后给出了否定的回答。对于信贷配给，Cressy 给出一个特殊的定义，即如果企业的存活率依赖于企业资产，则存在资本约束和信贷配给。其发现：金融资本与企业存活率之间的关系是模糊的，人力资本才是企业存活率的“真实”决定因素；有关提供融资的决策是需求推动型的，即假设银行资金供给富有弹性，由于那些拥有更高人力资本的企业更可能被银行所接受，所以企业将首先对融资进行自我选择（而不是被动地由银行来选择），拥有较高人力资本的企业才会向银行提出申请。从这个意义上讲，企业新建期不存在信贷配给。据此，Cressy 提出了与传统相背离的政策建议，即如果银行对新建企业的贷款不能真正促其成活，同时企业缺少贷款也并不会加快其失败，则适宜的政府政策应使企业新建更难（但请注意：不是更少）。这种政策建议更接近德国体系，即要求潜在的小企业所有者须有强化企业存活的技能作为其自主创业的前提条件，并基于相关的企业存活特征对潜在的企业家进行前期甄别。而这样做的好处很明显：一方面，年轻企业家将首先花时间在所需技能的提高上，而不是盲目地踏入自己并不熟悉的经营领地。另一方面，新建企业的存活率提高，从而可以为社会提供更多的长期工作机会，银行借款的坏账也会相应减少。

上述文献研究表明，由于信息不对称的程度相对大企业要高很多，中小企业往往在信贷市场上面临着相对大企业更加严格的约束条件，在获得银行融资的过程中受到了更为严重的信贷配给问题，信贷配给的存在限制了中小企业融资渠道的扩展，也增加了中小企业的融资难度。因此，在某种意义上，中小企业面临的融资困境是银行对中小企业信贷实行配给的结果。如何缓解非对称信息下的逆向选择和道德风险成为解决中小企业融资困境的关键。Stiglitz et al. （1981）着重强调，在信贷市场上，要有效解决信贷配给难题，必须提高信息的透明度，改善银企之间的信息不对称，降低融资企业的逆向选择和道德风险。

三、关系型融资

信贷配给理论表明，中小企业由于自身的特殊性，无论在信息透明度还是抵押规模上与大企业相比都处于劣势，必然成为银行信贷配给的主要实施对象，信贷配给现象的存在增加了中小企业信贷融资的难度。为了有效改善信贷市场上由于信息不对称而导致的信贷配给，缓解中小企业信贷融资困境，许多学者开始研究银行与企业的互动关系，并提出了“关系型融资”问题，成为20世纪90年代以来西方金融中介理论研究的热点问题。

关系型融资可以从不同的角度进行解释。Sharpe（1990）认为，关系型融资其实是一种在信息不对称基础上通过社会网络的长期交流而形成的隐性合约（意会知识），声誉机制的约束作用促进了具有隐性合约性质的关系型融资的产生，如果声誉机制效果强，关系型融资这种隐性合约就会增加。Allen et al. （1991）认为，关系银行可以通过信贷安排和类似于存款服务等服务条款的途径获得借款企业的各期经营业绩的信息，而这些信息具有排他性，可以作为银行与企业确立再融资合约的依据。此时该企业陷入“信息锁定”，而银行对企业信息的掌握比较充分，长期的关系型融资便产生了。Petersen et al. （1994）认为，如果存在信息生产的规模经济，而且信息是耐用和不能轻易转移的，那么关系型融资就是能使企业获得更低成本和更多资金的紧密的融资关系。Berger et al.（1995）指出，关系型融资是指银行通过了解借款企业多方面的“私有”信息，并根据这些“私有”信息对借款企业发放贷款，且从中获取可能的收益。如果银行的融资决策是基于银行通过和企业或企业主的长期接触所积累的企业和企业主信息（如信誉、品格等）所做出的，那么这种融资形式就是关系型融资。他们认为关系型融资的基本前提是企业与银行保持持续、封闭的交易关系。Mitchell et al.（1998）将关系型融资定义为“建立全面、细致的银企关系，利用银行和中小企业之间的长期合作关系，最大限度地减少中小企业借贷风险的一种贷款协议”。Boot（2000）将关系型融资定义为：金融中介提供的金融服务，其目的是获取特定客户的专有信息，并通过长期客户关系或范围经济来获取利益，并在 Berger（1999）研究的基础上，提出了关系型融资应具备的三个基本特征：（1）金融机构所获取的关于企业或企业主的信息具有专有性，这些信息一般的公众是没有办法得到的。（2）这种专有性的信息需要银行等金融机构通过与企业或企业主的长期和多渠道的交往才能得到。（3）这些专有信息在现在和将来都只为关系融资的双方所占有，也就是说，这种专有信息对于局外人员来讲，将始终保持某种机密性。Boot 强调了信息专有化对于关系型融资的重要性。日本学者青木昌彦（1997）认为，关系型融资就是“金融机构在一系列事先没有进行约定的情况下，为了能够在将来不断获取租金而增加融资”的一种融资方式，其独到之处在于克服了那些不能被有效编码和传递的意会知识，他同时将其他非关系型融资统称为保持距离的融资。青木昌彦对于关系型融资的解释更适用于广义范围，而本节研究主要是基于密切的银企关系及多重互动的狭义范围的关系型融资。

根据融资决策所依赖信息的不同，Berger et al.（1995）将银行对企业的融资分为四种类型，即财务报表型融资、抵押担保型融资、信用评分型融资和关系型融资。无论是财务报表型融资，还是抵押担保型融资或信用评分型融资，其融资决策主要依据的是企业那些容易编码、量化和传递的“硬信息”，如企业的财务报表信息、资产抵押品以及银行信用评分技术等，这类信息不具有人格化特征，可以用统一的标准衡量。Berger（2002）也把这三种融资统称为交易型融资。与交易型融资相对应，关系型融资决策所依据的主要是难以量化、检验及传递的“软信息”，Berger et al.（2002，2006）也提出，关系型融资主要是以软信息为分析基础的一种贷款技术，这里的“软信息”主要是指关于企业或企业主信誉和品格等方面的信息。已有研究表明，中小企业由于受其可置信财务报表的限制，在交易型融资方面相对于大企业存在明显劣势，但在关系型融资方面却可获得极大的便利。因为这些“软信息”在很大程度上能够替代财务数据等硬信息，部分弥补中小企业因无力提供合格财务信息和抵押品而产生的信贷缺口。由于大多数的中小企业的所有者同时又为企业管理者，中小企业的信誉特征主要表现在企业主身上，因此这种软信息就具有强烈的人格化特征。正是软信息的这种人格化特征，也使得对这种信息的获取通常是无法从公开市场渠道获得，这需要银行的工作人员通过与企业主进行长期、多渠道的人际接触。同时，为了佐证这种软信息的准确性，银行信贷人员还需要对企业所在社区和企业的利益相关者（股东、债权人、客户和雇员等）进行多维度联系和接触。在信息不对称的信贷市场中，由于关系型融资不拘于企业能否提供合格的财务报表和足够的有效抵押品，因此，这种制度安排更适合于中小企业解决因为信息不对称、抵押物不足而导致的融资困境，降低中小企业因担保抵押条件所产生的机会成本和沉没成本，提高中小企业信贷融资的效率和可得性。

事实上，中小企业与银行之间建立长期、排外的关系促进了两者之间的信息交流，并通过长期的交流产生了相互之间的信任。中小企业一般不愿意将自己的私有信息向外披露，但是因为关系银行往往能够为企业的相关商业信息进行保密，这在一定程度上促进了中小企业信息披露的意愿。与此同时，银行获取的中小企业的专有信息越多，越能够有机会获取更多的租金，这在一定程度上也促使银行进行更多的关系专用性投资，通过对中小企业的监控，更多和更准确的中小企业信息将被银行所掌握，这进一步促使银行向中小企业提供更多、更长期的融资。Sharpe（1990）通过建立两期模型证明了关系型融资在中小企业融资方面的优势。在第一期，优质企业和劣质企业都寻求外部融资，但由于信息不对称，银行不能加以区分，结果是保持距离型银行不给与贷款，而关系型银行给与贷款。在第二期，保持距离型银行由于第一期没有参与贷款，因而仍然不能区分企业优劣，仍然不给予贷款。相反，关系型银行就能够准确了解企业质量，决定是否继续给予贷款，从而避免了信贷市场的崩溃。Petersen et al.（1994）提出了基于逆向选择和道德风险的关系银行模型。模型分析表明，在对借款者不太了解的初期，银行提供贷款的利率较高，随着对贷款者的逐渐了解，银行提供贷款的利率将逐渐降低，融资可得性增强。Berger et al.（1995）认为信息不对称是阻碍银企信贷合作关系建立的重要因素。通过与企业长期接触和频繁互动，银行除了可以全面掌握贷款企业的经营状况、财务记录和资产规模等一些基础性的“硬”信息之外，还可以结合企业家从业背景、社交网络、员工素质、企业文化等财务报表数据无法展现的“软”信息，对企业设定综合评估指标，与企业建立信贷合作关系，为中小企业融资可得性的提高提供了支持，并构成关系银行相对于其他贷款人的比较优势。青木昌彦（1997）认为，竞争虽然使银行从事关系型融资利润降低，但是保持距离型融资利润会降低得更多，银行此时会积极从事关系型融资。Longhofer et al.（2000）认为，关系的作用提高了企业贷款申请获得通过的可能性。同样，Anderson et al. 也认为，中小企业所有权的传承性和长期性使得外部金融机构能够与同一个治理主体建立良好合作，因而能够建立起长期的、个人的、更加完备的双赢关系，这在很大程度上提高了银行信贷融资的可得性。事实上，Anderson et al. 从侧面说明了中小企业的经营年限对银行信贷融资可得性的影响。

实证研究结果也表明，借款者和银行之间的“关系变量”显著影响着信贷融资可得性。Petersen et al.（1994）首先运用美国 1987 年的第一次全国小企业融资调查 NSSBF 的数据资料，对关系型融资问题做出了系统的经验检测，并对银企关系、信贷融资可得性的衡量方法等作了有益的探索，证明了银企关系与信贷融资可得性之间的关系。实证结果显示，良好的银企关系对企业贷款成本、信贷融资可得性都会产生正面的影响，其中，银企关系对信贷可得性的影响较为显著，对贷款成本的影响却并不显著。同时，关于银企关系对信贷融资可得性的影响强过对贷款成本的影响，Petersen et al.（1994）也给出了他们的解释：（1）如果信贷配给确实存在，企业投资的边际回报率要远高于信贷成本，因此，企业希望得到更多的贷款，而不是更便宜的贷款。（2）尽管银企关系能够降低贷款银行的成本预期，但由此形成的垄断力量可能阻碍了这种成本的降低向企业的传递。（3）金融机构很难将银企关系所生成的意会知识或“软信息”反映在贷款利率的相关规定中。换言之，贷款部门应用有关信息来决定是否发放贷款以及发放多少额度的贷款要远比决定贷款的成本更容易。Harhoff et al.（1998）运用德国中小企业的贷款数据，对银行和企业间的声誉机制如何作用于企业的信贷约束进行了经验检验，研究发现，银企间借贷关系的持续时间与企业贷款的可得性变量之间呈正相关，与银行抵押品要求呈负相关，企业和银行之间的借贷关系越长，其获得的贷款条件就相对越优惠，而且借贷历史对于抵押品和资金借贷量的影响要比利率的影响更加敏感。Degryse et al.（2000）从比利时银行对企业18000笔贷款的调查得出结论：商业银行与公司客户间的关系范围越大，贷款利率越低；商业银行与公司客户关系持续的时间越长，贷款利率越高。Luc Laeven（2001）在对俄罗斯的关系贷款者及关系银行的内部结构进行实证研究后得出，关系型融资可以降低信用风险，使贷款的风险从边界外进入边界内，从而保证贷款的有效实施。

另外，大量的研究也表明，相对于大银行，小银行在对中小企业提供关系型融资方面具有明显的优势。因为与大银行相比，中小银行更易于产生“软信息”。大银行机构庞大，在搜集和处理公开信息、运用标准化的贷款合同、向信息透明度高的大中型企业发放贷款方面拥有优势。但由于模糊性强、人格化特征显著的“软信息”难以用书面报告形式“数码化”，因此，很难在组织结构复杂的大银行内部传递。而中小银行由于其区域性或社区型等特点，可以通过长期与中小企业保持密切的近距离接触以获得“软信息”，因此在向信息相对不对称的中小企业提供关系型融资时拥有信息优势。Berger et al.（1995）首次考察了大银行和小银行在贷款行为上的差异，验证了关系型融资对中小企业信贷融资可得性的作用问题上的若干假设。结果表明，相对于小银行而言，大银行对小型的“关系型借款人”提供相对较少的贷款，而对小型的“比率型借款人”的贷款并未减少。这实际上说明，相对于大银行而言，小银行在对中小企业提供关系型融资上具有明显的优势。同样，Jayaratne et al.（1999）对银行规模与中小企业之间的信贷合作关系也进行了实证研究，他们发现，与规模较大的银行相比，规模较小的银行与中小企业合作的意愿更高。这是因为，大银行通常对风险控制要求严格，加上无法全面掌握中小企业的经营状况，对其考察时所耗用的费用又过高，成本与收益的不匹配使得大银行更青睐于与大企业进行合作。而与大银行不同，中小银行的客户大多集中于特定的地理区域内，银行基层信贷员能够长期关注所在区域内各中小企业的经营信息和资信状况，对中小企业的经营风险和还款风险有准确的认识，因此，小银行更倾向于为其发放贷款。同样，Berger et al.（2001）也认为，这种现象是因为小银行的组织结构有利于其生产"软信息"，因此在关系型融资上拥有优势；相反，大银行组织结构擅长生产"硬信息"和发放市场交易贷款，因而在关系型融资上处于劣势。Berger et al.（2002）从企业组织方面解释了大银行之所以在关系融资上处于劣势的原因。他们认为，关系型融资的有效性取决于信贷机构本身的组织结构。与客观的、易于传递和统计处理的硬信息相比，关系型融资所需要的软信息多是关于特定对象的专有信息，这些信息具有模糊性和人格化的特性；由于软信息传递成本过高，关系型融资决策必须下放给掌握这些软信息的基层经理和信贷员，这样又会在银行内部产生一个代理问题。与结构简单的小银行相比，科层结构复杂的大银行由于组织复杂、委托代理层次较多，解决代理问题的成本就会更高，因此，关系型融资在较为扁平的中小信贷机构中较为有效。Cole（1998）通过实证检验显示：大银行对于拥有正规财务记录、企业规模较大和存在时间较长的借款申请人，更可能批准其申请；小银行则较多地采取相机抉择性的方法，它们更为依赖于与借款人事先存在的关系，而对借款申请人的财务指标则给予了较少的权重。

然而，关系型融资也会带来“锁定”问题，即当关系银行对企业取得信息优势时，将长期占有这种优势，而企业此时转向其他银行则是困难的，因而，关系银行实现了对企业的信息俘获，此时银行有可能通过提高利率等来攫取高额垄断租金。尤其是在竞争有限、集中度高的信贷市场上，这种可能性更大。Rajan（1992）认为，拥有信息的银行内生地具有了讨价还价的能力，并且可以从借款者处索要租金，这种垄断租金会减少社会福利。例如，租金的存在会导致对于投资激励的扭曲（Rajan，1992）和借款者努力水平的降低（Dewatripont and Maskin，1995）。Cole（1998）通过分析也发现，当中小企业和更多的银行打交道进而拥有多项融资途径时，金融中介机构会降低对这些中小企业融资的意愿，这是因为和多个金融中介机构建立关系使得金融中介机构从中小企业获得的这种具有私密性质的软信息价值下降了，金融中介机构也就降低了获取这种软信息的意愿，进而使得中小企业的融资可得性降低。Elsas（2005）也认为，关系型融资必然与一定程度的银行垄断相关。锁定问题的一个解决方法是保持多个关系型融资关系，从而通过投资者间的竞争来降低单一投资者的信息垄断，但这又产生一定的成本。Boot et al.（2000）认为，银行业竞争对关系型融资有两个方面的影响：一是由于关系的存在，一定程度上隔离了信贷价格竞争对长期隐性贷款合约的影响，竞争加剧使银行更多选择关系型融资。二是由于竞争条件下企业会发展多重银企关系，并同银行保持持续期较短的关系型融资，此时必然降低银行业务的收益水平。对此，Von Thadden（1995）认为，可能存在着解决该问题的最佳方案，即附带终结条款的长期信用能够平衡锁定问题的收益和成本，以及事后竞争的效应。在此安排下，贷款人可能会终止借贷关系，但如选择继续借贷，就必须按照前期制定的条款。这就限制了贷款人的谈判能力，使得锁定问题得到解决，而不需要建立多重关系。

上述分析表明，关系型融资作为一种融资技术或策略，对于中小企业融资而言具有积极的促进作用。由于关系型融资不拘于企业能否提供合格的财务报表和足够的有效抵押品，因此，这种制度安排更适合于解决中小企业因为信息不对称、抵押物不足而导致的融资难和融资贵问题。我国中小企业在获得银行信贷融资的过程中受到了更为严重的信贷配给问题。信贷配给的存在限制了中小企业融资渠道的扩展，也增加了中小企业的融资难度。因此，关系型融资在促进中小企业从银行获得更多的融资机会、提高中小企业信贷融资的可得性等方面具有特别重要的意义。国外学者对关系型融资理论的研究为解决我国中小企业融资难融资贵问题提供了新的视角和思路。

四、非正规金融

关系型融资是解决中小企业和银行之间信息不对称的一种重要融资方式，通过关系型融资可以增强银行对中小企业的信任。但能与银行有“关系”的中小企业数量毕竟不多。只有与银行拉上“关系”的中小企业才可能通过关系型融资筹集一定数额的资金。即便是与银行等正规金融机构存在紧密关系的中小企业，在信用、资金、发展前景等方面依然不能与大企业相提并论。所以，关系型融资并不能完全解决中小企业的资金需求问题。此时，非正规金融作为正规金融的有益补充就应运而生。事实上，信息不对称是金融交易的一个基本特征，相对于大企业，中小企业由于缺乏企业财务报表等易于传递的“硬信息”，其信息不对称程度更为严重，这就导致中小企业往往成为银行信贷配给的主要对象，也决定了中小企业不会也不可能完全依靠正规金融渠道获得金融支持，致使中小企业融资更为困难。而非正规金融交易往往发生在熟人社会中，由于社会关系网络的存在，非正规金融对借款人的甄别主要依据的不是正规金融体系中通常使用的“硬信息”，而是基于人缘、地缘关系或其他商业关系所获得的“软信息”，这种“软信息”的获取使得非正规金融在解决信息不对称方面具有比较优势和更直接的自发激励机制，在决策层对于宏观市场进行调控的情况下，可以克服金融市场上的逆向选择（Ghatak，2000）和道德风险问题（Banerjee et al.，1994）。这就为中小企业利用非正规金融融资提供了便利和可能。

所谓“非正规金融”或称“民间金融”，是与正规金融相对应的一个概念，一般是指金融体系中没有受到国家信用控制和监管当局监管的金融交易活动（Adams，1992），主要包括非正规的金融中介和非正规的金融市场。对非正规金融融资的研究起源于 20 世纪中叶的国外，当时的主流观点认为，非正规金融融资没有规范的运作程序，而且具有高利贷性质，在扰乱金融秩序的同时还可能造成社会动荡。所以，金融管理当局对非正规金融的态度一直都是打压抑制，并且试图以正规金融来替代它。到了 20 世纪后期，随着对非正规金融研究的深入以及非正规金融在实践中作用的显现，人们开始转变对非正规金融的看法，开始重视非正规金融在中小企业融资中的作用。

大量调查数据表明，非正规金融在世界范围内广泛存在，尤其广泛地存在于许多发展中国家和地区，特别是在农村地区具有相当的规模，并且已经渗透到发展中国家和地区经济建设中，成为这些国家和地区经济发展中不可或缺的融资方式。Ghate（1992）估计，印度和泰国农村信贷中约有 2/5 为非正规信贷，孟加拉国为1/3，菲律宾超过2/3。在南亚、东南亚以及非洲国家的金融系统中，非正规金融占正规金融的比例普遍较高，平均为59.60%，有些国家（马拉维）非正规金融规模比正规金融还要大，在一些国家（几内亚）甚至达到正规金融的两倍。Monti-eletal（1993）通过对非洲南部国家非正规金融融资规模的调查估算发现，非正规金融广泛存在于金融市场当中，其融资额约占金融市场整体融资额的33%—75%，并在国家的金融市场中占有重要的地位。Tsai（2001）通过对我国非正规金融市场的调查发现，在我国农村地区，非正规金融融资主体参与广泛，占比总人口约达1/5，非正规融资额约占正规融资额的1/4。非正规金融庞大的数量和存在的广泛性均说明非正规金融在发展中国家经济发展中具有重要的地位，能够产生重大的影响。Kellee（2002）对26个发展中国家的非正规金融规模作了大致的估算，结果发现，在被调查的大部分国家的非正规信贷占正规信贷的比重超过50%。Aliber（2002）对印度城市Nagpur和乌干达首都Kampala的调查研究发现，非正规金融是非正规部门的企业主创办企业所需资金的主要来源，不论从哪个角度考察，都远远大于正规金融机构向其提供的金融支持。

关于非正规金融的形成原因和存在的合理性，国内外进行了深入的研究，学者普遍承认，非正规金融在一定程度上缓解了资金供求矛盾，在中小企业融资中发挥了重要作用，弥补了正规金融的不足。在非正规金融产生和持续存在的理论解释方面，首先得到学者广泛认可的，是Mckinnon于1973年提出的关于发展中国家的金融抑制假说与市场分割性假说，这一理论的提出对于完善非正规金融理论具有重要的促进作用。该理论从经济和金融体系的外生性因素分析了发展中国家民间金融的生成逻辑，揭示了非正规金融在发展中国家产生的体制性根源。由于发展中国家对金融活动有着种种限制，对利率进行严格管制，致使利率发生扭曲，不能真实准确地反映资金供求关系。在利率被认为被压低或出现通货膨胀，抑或两者都有的情况下，利率管制导致了信贷配额。金融抑制所导致的供给不足以及随之而来的信贷配给，使得融资主体无法从正规金融系统中获得融资，而这些被正规金融体系所拒绝融资的企业和个人只能依赖于自身的内部融资或者转而向非正规金融市场（民间借贷）融资，这就为非正规金融的产生提供了制度外收益。再加上非正规金融的高利率所产生的对资金的汲取作用，便使得非正规金融市场在供给和需求双重推动下得以迅速发展，从而使整个体系呈现出典型的二元结构。因此，在一定意义上可以说，非正规金融是由金融抑制产生的，它是对金融市场上的金融抑制所作出的理性回应。Fry（1997）和Isaksson（2002）指出，非正规金融是对政策扭曲和金融抑制的理性回应。由于金融抑制下的政府信贷配给以及体制内金融机构的所有制偏见和制度歧视，使得新成长的中小企业对非正规金融市场具有强烈的制度需求。Bell et al.（1997）认为，正式融资市场与非正式融资市场之间存在“溢出效应”，由于正式金融机构金融产品供给不足，对金融产品的超额需求会“溢出”到非正式融资市场，这实际从需求方面解释了非正规金融存在的合理性。我国学者也进行了类似研究。周业安（1999）研究发现，地下金融泛滥等诸多现象，无不与金融抑制有关。政府金融抑制政策下的信贷配给和金融资源分配中的所有制歧视是非正规金融产生和发展的一个不可忽视的因素。张杰（2003）等通过建立模型对金融市场上资金的需求与供给进行了分析。研究发现，当利率被压制在一个较低水平时，资金供不应求，由于这一缺口无法在正规金融市场上得到满足，所以派生出了非正规金融融资方式。然而，在Mckinnon（1973）提出的“金融抑制论”中，由于存在着两种相互冲突的货币定义，从而使得其理论体系的内在逻辑性存在缺陷，而且该理论还无法解释为何在金融自由化的国家和地区也存在不同程度的非正规金融活动现象。

基于新自由主义经济学的方法论，更多的学者在信息经济学的基础上，运用现代金融中介理论和合约理论来解释非正规金融生成的原因（王志伟，2008）。信息不完全和不对称是形成非正式融资的重要原因。由于正规金融和借款人之间的信息不对称，正规金融的信贷融资面临着逆向选择和道德风险问题。为了避免逆向选择和道德风险，金融机构往往采取信贷配给而不是提高利率来解决信贷供不应求的问题。这样，有些借款人得到贷款，而另外一些借款人的贷款需求则只能得到部分满足，甚至根本得不到贷款。非正规金融签约所依据的不是正规金融体系中通常使用的"硬信息"，而是基于人缘、地缘关系所获得的"软信息"（或称"私人信息"）。这种信息在熟人社会具有很强的真实性。正是由于非正规金融组织在收集"软信息"方面所具有的比较优势，使得它能够在一定程度上有效地抑制正规金融机构所面临的由于信息不对称所导致的逆向选择和道德风险问题，并成为中小企业融资的主要来源渠道。Steel（1997）研究认为，非正规金融利用当地私人信息，从而在解决信息不对称方面有比较优势，这是非正规金融产生的重要原因。刘民权等（2003）认为在非正规金融融资活动中，由于亲缘和地缘关系的存在，融资双方在日常生活中就存在交集，相互比较了解，这就有效地解决了信息不对称问题。林毅夫等（2005）通过构建理论模型探讨了非正规金融的信息优势。他们的分析表明，由于金融交易的特征，信息不对称造成的事前逆向选择和事后的道德风险问题是非正规金融广泛存在的一个更为根本的原因，金融抑制只是一种强化因素。否则，无法解释已经实行了金融自由化的国家和地区为什么还存在不同程度的非正规金融。同时，每一种形式的非正规金融都具有自己特定的获取信息的方式和实施机制，它们都拥有一个共同的特征，即依赖双方的人缘、地缘关系获取借方的信息特征。这样，非正规金融就可以在很大程度上克服信贷市场上的信息不对称难题。在构建一个包括异质的中小企业作为借款者和异质的贷款者（具有不同信息结构的非正规金融和正规金融）的金融市场模型基础上，他们的分析也表明了金融市场的分割和非正规金融市场的相关特征是三方各自优化行为的互动结果，而不是其行为选择的前提或原因。

近年来，部分学者从契约治理的角度分析非正规金融存在的合理性。所谓契约治理就是通过一定的机制来保证契约的履行，降低违约率。非正规金融交易是通过各种非正式契约来完成的，这种契约是非常不完备的，甚至没有文字表述，只有双方当事人心里明白各自的权利与义务，因而不具有法律的强制性。同时，由于非正规金融是游离于官方金融监管范围之外的金融行为，而且又缺乏正规法律渠道对债权人的保护，所以，国家治理中的法律机制和政府规制在非正规金融契约中的治理作用是极其有限的。换言之，非正规金融契约治理主要依靠契约的私人治理机制。非正规金融虽然不具有完备的金融契约形式，担保制度也不规范，并且没有法律强制力后盾，但却比正规金融具有较低的违约率，关键在于契约的私人治理机制的有效性和各种非正式制度的社会约束力。而这种私人契约治理机制和非正式制度的有效执行依赖于以社会关系网络和信任为基础的社会资本的存在。在非正规金融的私人契约治理机制中，社会资本构成了经济交易中的重要资源。社会资本的社会关系可以执行抵押品的功能，促进经济交易契约的实施。从分散经济交易中的风险来看，社会关系是一种“抵押品化的社会关系”，它执行了一定的经济担保的功能。社会担保机制的存在，使贷款人在经济制裁之外还增加了别的制裁方式，从而对借款人的行为构成约束。由于社会资本的存在，非正规金融在一定程度上是中小企业“自主自愿”选择的结果。中小企业非正规融资是企业根据实际需要而自发形成和创造的，能够与中小企业业绩不稳定、信息不透明等特质紧密结合起来，有助于中小企业克服这些成长中的弱质特征（罗建华等，2011）。Williamson（1985）证明了非正规金融融资之所以能够快速发展，原因之一就是其违约率要大大低于正规金融融资。出现这种现象的原因就是信誉机制和契约的私人治理机制的有效约束。马光荣等（2011）及杨文（2012）也从契约理论展开分析，研究表明，非正规金融契约执行主要是依靠契约的私人治理机制来实现，嵌入各种社会性联系与约束之中的私人契约治理机制的有效性是其违约率较低的关键原因。当然，由于非正规金融制度供给的内生性、保护的弱法律性，也往往容易引发社会问题，寻求私人治理的契约机制必然会对社会稳定形成巨大的隐患，必须要加以规制。

当然，非正规金融的存在，在一定意义上也能弥补正规金融发展的不足，是对正规金融的有力补充。正规金融与非正规金融之间的互补关系也称为“垂直关系”。非正规金融因为在抵押担保条件上的放松与弱化，反而能与中小企业在特性和运行机制上存在某种程度的耦合，建立固有的联系与互动机制，基于这一点，有些学者认为非正规金融与中小企业具有一定的共生性。Hoff et al.（1998）研究认为，非正规金融与正规金融各有比较优势，它们在一定程度上具有互补关系。Diagne（1999）也认为，正规金融与非正规金融是不完全替代关系，在正规金融能够获得的地方，虽然能够减少非正规信贷融资，但却不能完全消除非正规信贷融资，这暗示着上述两种信贷融资方式在资源转移方面发挥着不同的作用。非正规金融与正规金融的这种互补关系可以从各自所具有的比较优势来解释：正规金融机构的资金实力雄厚，组织制度完善，经营管理人员的素质相对较高，业务进行有着严密的控制程序，因此，在提供大额和长期的贷款方面具有明显的优势。而非正规金融由于操作简单易行，其灵活、便捷、小规模等特点以及在信息方面的优势，更长于向居民等资金需求者提供零星、小额贷款（Mohieldin and Wright，2000）。同时，与正规金融相比，非正规金融还具有较低的交易成本。Schreiner（2001）认为，非正规金融是一种跨时的私人契约，游离于官方监管范围之外，由于非正规金融融资具有地域性，与正规金融融资相比，借贷双方的交易成本都大大降低了。对贷款者来说，贷前的资信审查成本和贷后的监督成本微乎其微；对借款者来说，其可以提供价值很低的担保品，甚至可以在基于声誉机制的约束下仅以信誉作为担保，所以其交易成本也很低。另外，正规金融和非正规金融之所以同时存在，也部分源自其各自在信息处理上所具备的特点。两者所处理的信息的来源、范围、性质及处理方式都存在着明显差异，这也决定了两者在信息生产上有着各自的比较优势，使得它们在信贷市场能够服务不同类型的对象，形成了比较合理的分工，因而在一定程度上具有较强的互补关系。也就是说，即使正式金融业高度发达，也不能完全替代非正式金融的功能。

由于正规金融与非正规金融各自具有的比较优势，两者之间存在互补关系的同时也存在着替代关系。正规金融与非正规金融之间的替代关系也被称为竞争关系或平行关系。在平行关系下，无论从功能上还是从制度供给安排上，非正规金融在一定程度上都具有对正规金融的替代性特征（或者是竞争特征）。如果一个需要融资的企业首先进入正规金融市场获取资金，由于正规金融的进入成本和信贷配给政策，企业可能无法从正规金融市场获得全部资金，这样企业就会转向非正规金融以寻求资金支持。非正规金融和正规金融的这种平行关系在印度表现得尤为突出（Bell，1990；Kochar，1997；Dasgupta，2004a，2004b）。Jain（1999）探讨了在平行关系下正规金融和非正规金融的相互影响，他认为，非正规金融相对于正规金融而言具有信息优势，而正规金融相对于非正规金融而言则具有成本优势。这样，当正规金融意识到被自己拒绝授信的企业将转向非正规金融市场寻求信贷时，正规金融必然改变自己的策略。在某些条件下，正规金融和非正规金融将共同存在，而在另一些条件下，非正规金融可能被排除出信贷市场。正规金融与非正规金融之间存在的这种此消彼长的替代关系，成为许多政府试图提供低利率贷款将非正规金融挤出市场这一政策的理论基点。

总结以上研究我们发现，非正规金融在发展中国家和地区是一个普遍存在的现象。非正规金融的产生和发展，并非偶然，它是适应经济发展的内在要求，具有客观必然性。它产生的根源在于正规金融的供给不足以及信贷市场中的信息不对称，是源于人们为追求在原有制度特别是在正式融资制度安排下无法实现的潜在收益而进行的制度创新。作为制度创新的产物，发展中国家普遍存在的金融抑制使得非正规金融在这些国家发展较快，即金融抑制导致的正规金融缺位在一定程度上为非正规金融的产生和发展创造了条件，信息不对称造成的事前逆向选择和事后道德风险问题可能是非正规金融广泛存在的一个更为根本的原因。同时，正规金融和非正规金融两者之间的关系表明，在社会经济发展中，非正式融资并没有明显的制度色彩，也与经济发展的阶段没有直接联系，它不是一种可有可无的融资安排，也非简单地是对正式融资的拾遗补缺。由于正规金融与非正规金融各自具有的比较优势，两者在表现为竞争关系的同时，更多地表现为互补关系，非正规金融的产生实际是对正规金融供给不足与失衡的一种校正和补充。另外，非正规金融契约治理主要依靠契约的私人治理机制。在非正规金融的私人契约治理机制中，社会资本构成了经济交易中的重要资源。由于社会资本的存在，非正规金融在一定程度上是中小企业“自主自愿”选择的结果。我国的金融生态和金融体系尚未完善，整个金融体系呈现出典型的二元结构，金融功能部分受到抑制，在一定程度上影响了我国经济的发展。在正规的金融制度安排缺位的情况下，非正规金融融资已成为中小企业融资不可或缺的融资方式。尤其是学者从社会资本的视角解释非正规金融的思想，不仅拓展了经济学理论研究的广度和深度，更为中小企业融资问题的解决打开了全新的视野。

五、中小企业融资理论研究简评

以上对中小企业融资理论进行了相对系统的梳理。由于相关研究的数量实在庞大，因此，在对中小企业融资理论研究领域的文献综述中，并没有试图将所有研究收揽在内，而是在基本的理论框架下，关注与本书选题直接相关的研究成果。从对中小企业融资理论的梳理中可以发现，理论界对中小企业融资的研究存在着一条明显的从现象到本质的路径。最初，学者们发现了中小企业在融资结构上与大企业相比具有不同的特征，发展了以融资结构选择为核心的资本结构理论；学者们认识到中小企业金融成长周期与融资方式选择顺序之间存在关联性，逐渐形成了具有中小企业规模特征的企业融资需求生命周期理论；后来，信息经济学理论的发展，使得人们逐渐开始从信息不对称条件下的市场行为方面重新审视中小企业的融资结构问题，并发展出非对称信息条件下信贷配给理论；在认识到社会环境对中小企业融资行为的影响，并关注到“软信息”在信贷融资中的作用后，又提出了关系型融资与非正规金融理论。这些研究为西方解决中小企业融资难问题提供了强大的理论基础和坚实的现实指导。

然而，就理论的实际应用而言，中小企业融资理论研究还处于初始阶段，研究深度和范围还不够广泛，在很多问题上尚未达成一致的意见，而各种实证检验也经常会得出完全不同的结果。这充分说明，中小企业的多样性和复杂性使其融资理论还远不够完善，还有相当多的问题和争论有待于进一步地解释，对中小企业融资实践的指导还有待具体深入。尤其在我国，中小企业融资无论是在理论研究还是在实际运作方面，都处于起步阶段，研究内容也主要集中在对发达国家融资模式和西方学者理论观点的简单套用或对小样本中小企业的融资现状的表面分析上。因此，国内相关方面的理论探讨和实证研究还需要进一步拓展和完善。

第一，中小企业存在更为严重的信息不对称问题，从而导致中小企业在融资过程中产生更大的逆向选择问题，一般的关于企业资本结构影响融资方式的研究方法并不适用于小企业。同时，所有者个人与企业的高度融合也决定了中小企业融资需求与传统理论存在着相当的差距。另外，相比传统理论对于企业主清楚知道各种融资来源的基本假设，Gibson（1992）认为，中小企业所有者往往缺乏足够的知识，中小企业融资理论应当就此作出相应的调整。

第二，由于中小企业特殊的治理结构，企业的所有者和管理者一般合二为一，企业所有者与管理者信息不对称程度较低，所有者与经营者之间的利益冲突较小。因此，资本结构决策中由于所有者和经营者分离所引起的代理问题在中小企业中几乎不存在，业主对企业发展和融资决策具有较大的影响力和决定力，因而，经典的代理理论无法用于中小企业融资理论研究。

第三，相比企业主追求企业价值最大化的基本假设，中小企业所有者的目标函数往往是多元化的。如 Ou（1988）所述，小企业所有者一方面要在财富积累和控制权稀释之间进行取舍，另一方面还要在企业稳定增长和快速增长之间进行取舍，而这种目标函数将影响企业探寻不同融资来源的意愿。此外，管理者的风险回避程度也将对企业的融资决策产生一定的影响（Barton and Matthews，1989）。

第四，不同的国家，制度环境也存在差异，企业内外制度环境的变化对企业融资具有重要影响。形成并发展于西方经济制度环境的中小企业融资理论，对我国中小企业融资实践并非完全适用。因此，为使中小企业融资理论研究更符合中小企业融资实践，需要选择新的视角更深层次地认识中小企业融资。传统的中国社会最基本的特点之一就是“关系”文化，中小企业的融资行为体现出一定的社会关系，尝试从社会资本的视角，分析研究各种非经济和非正式制度因素对我国中小企业融资的影响或许更具有实际意义。事实上，从信贷配给理论、关系型融资理论和非正规金融理论三种理论的研究中，都已经看到社会资本理论的影子。

第三节 中小企业社会资本理论

一、社会资本概念的界定

中小企业社会资本是将社会资本的研究主体从个人扩展到企业衍生出来的概念，因而在界定中小企业社会资本概念之前，有必要首先明确社会资本的概念。

（一）社会资本概念的提出及其发展

"社会资本"概念是伴随着"资本"概念的语义变迁和理论深化而发展起来的。最初，古典经济学视阈下的资本是狭义上的，即物质资本或物质资本的象征物（货币）。到了 19 世纪，马克思在分析当时与资本积累有关的社会关系时，将历史维度加入资本概念当中，认为资本是特定历史阶段中的一种社会关系，即剥削关系，是商品生产和交换中产生的剩余价值。同时，从动态的角度，马克思进一步分析了资本的运动过程及其价值增值过程。在此基础上，马克思揭示了资本主义社会的变迁规律。随着西方经济学的发展以及经济学在社会科学中主导地位的确立，为克服传统主流经济学的局限性，西方经济学家不断拓展资本的内涵，特别是 20 世纪 60 年代，美国经济学家 Schultz（1960）和 Becker（1962）先后通过对社会经济增长的研究，突破货币资本与物质资本这一狭隘资本定义的局限，首次提出了"人力资本"的概念，并将其定义为个人所具备的才干、知识、技能和资历等要素的总和。"人力资本"概念的提出，大大丰富了社会财富创造中的资本概念，抽象了资本的最初含义，使得人们对于"资本"概念的认识首次摆脱了具体物质形态，而向广义的、抽象的资本范畴扩展，成为一切可以带来价值增值的所有资源的代名词，这也为后来社会资本概念的提出奠定了词源上的基础。

然而，人力资本与物质资本一样仍属于经济资本，只不过人力资本强调的是一种能够提升生产力的非物质形态的经济资本。制度经济学研究表明，经济系统只是社会系统的一部分，经济发展不仅受到制度因素的影响，而且也受到非制度因素的影响。因此，单纯使用这些经济资本概念很难完全解释许多经济增长现象，这也恰恰是经济学的局限所在。如有相似土地、物质资本和人力资本禀赋的国家却取得了迥然不同的经济增长的成绩；同一国家中的不同地区也有同样的情况，甚至同一地区的不同组织也是如此。正是为了解释单纯使用经济资本所不能解释的诸多经济问题，许多学科领域的学者提出了其他的资本概念，例如，组织行为学家提出的“组织资本”概念和“关系资本”概念等。这些概念不同于传统经济资本概念，它们均强调资本的工具性效应与增值效应。“社会资本”概念就是在上述背景下提出来的，它把社会关系资源作为一种资本置于统一的概念之下，其目的就是将经济学家惯于忽视的社会关系和社会结构纳入资本分析的范畴当中，力图以此将社会资源对经济体系的意义描绘出来（朱国宏，1999），解决那些不能单纯用经济学阐释的经济和社会问题。可以说，社会资本概念的出现，正是“资本概念不断泛化”的结果（李惠斌、杨雪冬，2000）。据 Woolcock（1998）研究，“社会资本”作为一个独立使用的概念，最早可以追溯到 Hannifan 关于社区的研究中。社区改革倡导者 Hannifan（1916）首次明确使用“社会资本”这一概念来分析社区参与和社会纽带的重要性，并把社会资本视为乡村学校社区成员间信任与合作的基础。他认为，社会资本是一种可以促进个人在社区中发展和强化人际关系网络的资源。他进一步指出，在使用社会资本这个专有称谓时，除了比喻的意义外，它并不是指资本原有的含义，如房产、现金或其他财产等，而是指在人们日常生活中占据重要位置且可被感受到的资源，如组成作为社会结构基本单位的个体和家庭中的社会交往过程所产生的良好愿景、伙伴关系、同情怜悯和往来互动等。这种将友谊、愿望、同情以及社会交往等社会因素视为一种资产的思想已初具现代社会资本概念的雏形，也是最接近目前所流行的社会资本概念（Woolcock，1998）。因此，很多学者将这一概念的创造归功于 Hannifan。但从文献来看，Hannifan 的社会资本概念在当时并没有引起研究的重视。

加拿大学者 Jacobs（1961）开始运用社会资本这一概念来分析美国大城市的衰退和复兴，Jacobs 指出，街区邻里之间形成的社会网络是一个城市不可替代的社会资本，无论出于何种原因，一旦失去社会资本，它所带来的收益也将消失，而它自身也要等到新的社会资本缓慢且不确定地被积累起来后才能得以恢复。Jacobs 将社会资本界定为"邻里关系网络"，直接揭示了社会资本的核心要素之一，其研究视角和方法被一直沿用至今，并成为后来研究社会资本的主要范式之一。在此基础上，20 世纪 80 年代，在 Bourdieu、Coleman、Putnam 等学者的努力之下，社会资本才开始成为经济学、社会学、政治学等学科中广为研究和利用并取得丰硕成果的研究领域。

美国经济学家 Loury（1977）首次将社会资本概念引入经济学研究之中，论证社会资源对发展人力资本的重要影响。他在《种族收入差别的动态理论》论文中，使用社会资本这一概念批判了新古典经济学理论在研究种族间收入不平等时过分强调人力资本的作用。在他看来，社会资本是诸种资源之一，存在于家庭关系与社区的社会组织之中，是与物质资本和人力资本相对应的一种资本。Loury 从经济学的角度使用了这个被作过社会学解释的社会资本概念，其研究无疑具有开创意义，也正是这一概念的提出，打开了理论研究的广阔空间，社会资本的概念开始向各个学科扩张，并逐渐发展成为解释经济与社会发展的重要变量。同时，Loury 这种把社会资本与其他资本形式（如土地、货币、房屋以及机器等）地位重要性同等看待的观点，也为社会资本"生产性"属性提供了前提条件。但在该文中，Loury 虽然使用了社会资本这一概念，但他并没有进行系统的研究，因而也没有引起学界的重视。

无论是 Hannifa 还是 Jacobs 乃至 Loury，他们关于社会资本概念和属性特点的概括，还不是现代意义上的社会资本，甚至有点“粗糙”，但他们的论述直指社会资本的核心特点，为现代意义的社会资本概念确立和发展奠定了基础。

法国社会学家 Bourdieu 是当代最早对社会资本概念进行相对系统分析的学者。1979 年，Bourdieu 在《区隔：品位判断的社会批判》一书中，将社会资本概念引入了社会学领域，使其成为与经济资本、文化资本相对立的三种基本资本形态之一。他认为，社会资本就是“社会联系、社会荣誉和社会尊敬的资本”，但此时他并没有对社会资本展开分析。1980 年，他的《社会资本随笔》短文，正式提出了“社会资本”这一概念，并从经济学的视角来审视社会资本，认为社会资本是“实际或潜在的资源集合体，这些资源与拥有相互熟识和认可的、或多或少制度化的关系的持久网络相联系”。1986 年，Bourdieu 又发表了《资本的形式》一文，在批评传统经济学理论单纯依赖经济资本解释社会经济运行现象的同时，更加详细地论述了经济资本、文化资本和社会资本三种资本形式之间的关系。他认为，研究者应从物质资本、文化资本和社会资本的总体框架出发，才能真正深入了解社会的结构和功能。他进一步指出，社会资本的积累和投资依赖于行为主体可有效动员的关系网络的规模，依赖于与其有关系的个体拥有的经济资本、文化资本等资本的数量和质量。正是 Bourdieu 将社会资本的重点紧紧聚焦在“社会关系网络”这一思想，使得社会资本这一概念不再“粗糙”，而是向“精巧”化方向发展，从而确立了社会资本的现代意义。在某种意义上可以说，在把社会资本概念引入当代社会学语境的学者中，Bourdieu 的分析在理论上最为精炼。但由于其著作主要以法文出版，在英语世界没有得到广泛传播，因此在后来的研究中并未得到广泛的认同和关注。当然，他的分析也存在一定的局限，主要表现为“在最终的分析中，把每一种类型的资本（当然也包括社会资本）都化约为经济资本，忽略了其他类型资本的独特效用”(Bourdieu，1986)。这在某种程度上仍然带有“经济基础决定上层建筑”的唯物主义的决定论色彩。

社会资本概念最终在学术界确定与广泛使用应归功于两位美国著名的社会学家 Coleman 和 Putnam。美国社会学家 Coleman 首次对社会资本概念作出了全面的界定，并奠定了社会学领域内的社会资本研究的基本框架。1988 年，Coleman 发表论文《创造人力资本的社会资本》，该文结合实证研究，对社会资本进行了较为深入的论述。Coleman（1990）认为，在解释人的行动时，除经济学中的金融资本与人力资本概念外，还必须引入社会资本的概念。社会资本最重要的影响在于人力资本的创造，不管在家庭还是在社区中，社会资本对成长一代的人力资本创造都扮演着重要的角色。1990 年，他又出版了《社会理论的基础》一书，运用理性选择理论，从微观与宏观、个体行动与社会结构相结合的视角，进一步阐述了社会资本理论。他认为，微观层面的个体行动是一种理性行动，这种行动具有目的性，行动的原则在于试图控制能够满足自己利益的资源。个体行动者有三种资本，即物质资本、人力资本和社会资本。其中，社会资本表现为人与人之间的关系，通过社会关系的投资可以积累和增加社会资本，并从功能的角度将社会资本定义为个人拥有的社会结构资源。在 Coleman 看来，从功能来定义社会资本的好处在于：社会资本通过识别社会结构的这种功能，既有助于解释微观现象的差别，又有助于实现微观到宏观的过渡，而无须具体阐述相应的社会结构。Coleman 关于社会资本概念的诠释和实践使得社会资本概念的现代意义更加深入和丰富。同时，将社会资本从以个人为中心的概念转向了以社会为中心的分析中，也为后来 Putnam 对社会资本概念现代意义的扩展奠定了理论基础。

20 世纪 90 年代，哈佛大学社会学教授 Putnam 对社会资本的相关研究使这一概念引起更加广泛的关注。他将社会资本的应用扩展到更大规模的民主治理研究中，并赋予了社会资本更为广泛的应用价值和解释能力。Putnam（1993）对意大利进行长达 20 年的研究后写成了《让民主发挥作用：现代意大利的公民传统》一书，在书中他提到了社会资本概念，并运用新制度主义研究方法解释了现代意大利南、北政府绩效的差异。他发现，仅将这些差异归结为南、北方经济现代化程度不同是有很大局限性的，而公民生活的差异在解释制度成功方面有着关键性的作用。他将社会资本理解为社会组织的某种特征（例如，信任、规范和网络，它们可以通过促进合作行动而提高社会效率），并用“社会资本”一词来形容公民组织的发达程度，认为社会资本越丰富，民主越健康。只有充满着活跃公民组织、团体的社会政治民主才能健康运行。正是由于 Putnam 从经验上揭示了社会资本对政府效能和经济发展的作用，使得社会资本概念受到了社会的广泛关注，对社会本概念的发展有着推动性的意义。1995 年，他又在美国影响很大的《民主杂志》上发表《孤独的投球手：美国社会资本的衰落》一文，对美国的自发社群组织、公众参与和“公民心”的变化状况作了大量的评论。在文中，Putnam 主要从“社会资本存量”这个概念来研究社会资本，他将社会资本与公民参与网络联系起来，认为社会资本已不再是某一个人拥有的资源，而是全社会所拥有的财富，一个社会的经济与民主发展，都在很大程度上受制于其社会资本的丰富程度。在他看来，社会资本的存量是一个社区中人们参与社团活动的水平。Putnam 的观点一问世，即在美国引起了众多的争论。在这场争论的推动下，社会资本被看作一个重要的经济社会学概念引起了跨学科研究的广泛兴趣。此后，关于社会资本的讨论进入了一个高潮，并进一步引发了社会科学其他领域对社会资本研究的广泛关注。

20 世纪 90 年代初，世界银行采纳了 Putnam 关于社会资本与宏观政策问题研究中的部分研究成果。至此，社会资本这个概念进一步引起更加广泛的关注，并被国际组织、一些政府和非政府组织广泛采用。目前，社会资本不仅已成为涵盖社会学、政治学、经济学和管理学等多学科领域广泛使用的跨学科概念，而且也已经成为国际机构或组织通用的流行概念之一。正如 Portes（1998）所说，“在最近几年中，社会资本这个概念已经成了从社会学理论进入日常语言的最出名的舶来品之一。它散布在许多政策性期刊和普通杂志之中，已经变成了某种包括社会内部和外部疾病的万能药”。

从社会资本概念发展的历程可以看出：人们对“资本”的研究先后经历了专注于物质资本阶段、将物质资本与人力资本并重阶段。目前，正经历着资本概念的社会化，也即物质、人力、社会资本概念并重的阶段。社会资本概念的提出及其发展，使得经济学对经济增长源泉的解释跳出了传统理论单纯分析物质资本和人力资本的范围，克服了主流经济学忽视社会网络结构对产生信任以及确定规范所产生重要影响的缺陷，开始关注比物质资本和人力资本蕴含着更大价值的信任问题和规范问题，开始研究一个社会的文化和意识形态对经济增长产生的推动作用，为深入探索现代经济快速增长的源泉开辟了一条新思路（郭少新、何炼成，2004）。

（二）社会资本概念的梳理

“社会资本”概念的提出和发展，大大丰富了“资本”的内涵，并拓展了社会学、经济学和管理学等学科对“关系”的研究视野，解释了很多过去无法解释的问题。但是，对于究竟什么是社会资本，学术界至今仍然没有形成统一的概念。由于各学科的理论依据以及研究角度和目的不同，他们对社会资本的内涵各取所需，从而形成了不同的概念解释。

1. 国外学者关于社会资本概念的解释。从国外经典文献对社会资本概念的界定情况来看，具有代表性的解释主要包括如下面几个方面。

如前所述，法国社会学家 Bourdieu 是当代最早对社会资本概念作出明确定义的学者。他认为“社会资本是社会网络成员或群体拥有的实际和潜在的资源的总和，那些资源是同对某些持久的网络的占有密不可分的。这一网络是大家熟悉的，得到公认的，而且是一种体制化的网络，这一网络是同某团体的会员制相联系，它从集体性拥有资本的角度为每个会员提供支持，提供为他们赢得声望的凭证”。他批评了传统经济学理论单纯依赖经济资本解释社会经济运行的现象，认为资本的表现形式除了赤裸裸的经济资本外，还有社会资本和文化资本，必须从三类资本的总体框架出发才能真正深入了解社会的结构和功能。在 Bourdieu 的资本类型框架中，经济资本居于基础性的位置，社会资本和文化资本的建立对经济资本具有依赖性。社会资本的最终目的是保存和重建阶级差别，最终所有资本形式包括社会资本、人力资本和文化资本都将转化为经济资本。为更好地理解社会资本概念，Bourdieu 进一步指出：“特定行动者占有的社会资本的数量，依赖于行动者可以有效加以运用的联系网络的规模的大小，依赖于和他有联系的每个人以自己的权力所占有的（经济的、文化的、象征的）资本数量的多少。”也就是说，一个特定主体所拥有的社会资本取决于两个基本要素：一是社会关系本身，它使个人可以汲取被群体拥有的资源。二是建立此关系后所能获得资源的质与量（Portes，1998）。

按照Bourdieu的逻辑，社会资本以关系网络的形式存在，社会关系网络创造了一种解决社会问题的有价值的资源，网络的互惠互利可以连接所有的网络成员并保持网络组织的稳定性，并向成员提供集体所有的资本。但社会关系网络的存在既不是一种自然的既定性，也不是一种社会的既定性，而是个人或集体有意识或无意识地针对某些社会关系的投资策略的产物，并使其成为制度上有保障的关系。这些策略形式包括对社会关系的选择、对关系的“象征性建构”、对关系的积累和维护等。所以，社会资本的生产和再生产预设了对社交活动的不间断的努力，这意味着时间和精力的投入、直接和间接地消耗经济资本（Bourdieu，1986）。同时，对社会资本的理性投资总会是有利可图的（Bourdieu，1984）。投资于社会关系的目的在于把自我的、私有的特殊利益转化为超功利的、集体的、公共的、合法的利益（Bourdieu，1990）。因此，通过社会资本，行动者能够摄取经济资源，提高自己的文化资本，与制度化的机构建立密切的联系。社会资本的这种功效，可以特别在所有那些不同的个人从确实等价的经济和文化资本中获得非常不平等收益的情况下发现。并且，社会资本具有极强的自我增值能力，如果运用得当，“从一种关系中自然增长出来的社会资本，在程度上要远远超过作为资本对象的个人所拥有的资本”（Bourdieu，1986）。

Lin Nan（2001）也从与Bourdieu基本一致的角度解释了社会资本的概念。他认为，社会资本是从嵌入社会网络的资源中获得的。社会资本植根于社会网络和社会关系之中，因此，“社会资本是投资在社会关系中并希望在市场上得到回报的一种资源，是一种镶嵌在社会结构之中并且可以通过有目的的行动来获得流动的资源。”按照Lin Nan的理解，社会资本应包括以下四个方面的内容：第一，社会资本是嵌入社会关系网络或社会结构中的资源，它不为个人所直接占有，而是存在于人与人之间的社会关系之中。第二，社会资本不仅是嵌入社会关系中的资源，而且也是作为在市场中期望得到回报的社会关系的投资。第三，社会资本不局限于财产、货币等物质资本，它可以体现在声誉、信任与规范，是一种能够带来增值的资源。第四，社会资本是与人的行动联系在一起的，每个人都能够通过有目的的行动去唤起这些特殊的资源，从而使这些资源资本化为社会资本。很显然，Lin Nan 关于社会资本的定义强调了社会资本的先在性，即存在于一定的社会结构和社会关系之中，人们必须遵循其中的规则才能获得行动所需的社会资本，同时，该定义也说明了人的行动的能动性，人通过有目的的行动可以获得社会资本。另外，考虑到人的行动或互动的动机，Lin Nan 把人的行动划分为工具性行动和情感性行动，并认为情感性行动在行动中占有基础地位，实际上就是承认了人的意识活动中的理性与感性层面及感性相对于理性的基础性。同时，Lin Nan 从个人主义的视角也发展了社会资本理论，并综合以往的研究成果，突出了社会资本的两个重要属性：关系性和生产性，为社会资本理论的发展和完善奠定了良好的理论基础。

美国社会学家 Coleman 继承了 Bourdieu 的某些观点，但他从功能的角度定义社会资本。他认为“社会资本的定义由其功能定义的，它不是某种单独存在的实体，而是由具有两种特征的多种不同实体构成的：它们全部由社会结构的某个方面组成，它们促进了处在该结构内的个体的某些行动”（Coleman，1988）。他进一步指出，“与其他形式的资本不同，社会资本存在于人际间的关系结构中，它既不依附于独立的个人，也不存在于物质生产的过程之中。社会结构的资产对于行动者的价值，就像那些可被行动者用来实现他们利益的资源一样”。依据 Coleman 的观点，社会资本不仅是社会结构的组成部分，同时也是一种个人资源。社会资本反映了一个组织或个人的社会关系，表现为社会结构资源的资本财产，由构成社会结构的要素组成，它主要存在于人际关系和社会结构中，通过人与人之间的信任、互动，进行资源与信息的交换，为社会结构内部的个人行动提供便利。为了更清晰地阐释社会资本概念，Coleman 把社会资本的表现形式概述为义务与期望、信息网络、规范和有效惩罚、权威关系。

尽管 Coleman 对社会资本理论作了较为系统的阐述，但由于他从功能的角度定义社会资本，因此也存在一定的局限性：首先，他对社会资本的界定相当模糊，没有区分资源和通过不同社会结构中的成员身份汲取资源的能力。在他的研究中，社会资本拥有者、社会资本来源以及资源本身这三者经常被混在一起，因此造成了社会资本概念的用法和使用范围上的混乱（Portes，1998）。正如 Portes 指出的，他的界定为许多不同的甚至矛盾的解释重新贴上社会资本的标签大开方便之门。其次，他用社会资本的功能为社会资本下定义，在逻辑上混淆了原因和结果的关系，暗含着同义反复：当且仅当社会资本发挥效力时，它才能被识别，社会资本的潜在因果解释只有通过其效果才能得出，或一种投资是否依赖于对一种特定行动中的特定个人的回报而显示出来（张文宏，2003）。由于后续的许多研究者非批判地接受了 Coleman 的定义，因而也重复了他的错误，因此引发了理论性不足、过于简单化和缺乏概念表述的论点，至今仍然困扰着社会资本领域的学术研究。但不可否认的是，Coleman 对社会资本研究的大部分工作是开创性的、富有洞察力和启示性的，只是他在概念界定方面的错误需要纠正（Brown，1999）。也许出于不能把社会资本与其结果区别开的观点，也许出于他的假定，即作为集体动产的社会资本可以在它的许多不同形式诸如信任、规范、制裁和权威中发现，Coleman（1990）本人也提出质疑："社会资本是否可以像金融资本、自然资本和人力资本一样，将成为社会科学中有用的一个定量概念，这有待于发现，它的当前价值主要在于社会系统中定性分析和运用定性指标进行定量分析的有效性。"

与 Coleman 从功能主义出发，将义务、期望、规范、权威等行动者间的关系内涵作为社会资本基本元素不同，美国社会学家 Burt（1992）认为，社会资本是一种能够带来资源和控制资源的网络结构。他将社会资本定义为网络结构给网络中的行动者提供信息和资源控制的程度，他称之为"朋友、同事以及更一般的熟人，通过他们获得使用其财务及人力资本的机会"，亦即"结构洞的社会资本"。如果说 Coleman 强调紧密联系的网络是社会资本出现的条件和载体，而 Burt 强调的则是相反的情况，他认为疏松的社会关系网络也具有价值，并且在某些方面甚至比紧密型关系网络更有价值。社会网络不在于关系强弱，更重要的是关系网络是重复的还是剩余的。开放网络和封闭网络是一种互为补充的关系，绝非是两个对立的资本范式。在他看来，正是联系的相对缺乏（他称为"结构洞"）推动了个人的流动、信息的获得和资源的摄取（Burt，1992）。Burt 认为，社会资本研究专注于关系网络的结构将有助于增加理论的一般性。他强调，从"谁"那里获取资源，从属于"如何"通过网络结构获取这些资源。由于构成双边关系的个体与大多数类似者具有共同的利益、财富、权力和价值等，因而由他们所构成的自我封闭网络只能提供重复的资源，而网络中的结构洞则为占据该位置的行动者提供了触及其他非重复性资源的机会，而且个体可以通过结构洞的构造和战略性定位，获得控制其他行动者的权力。而这种由结构洞带来的收益就是行动者的社会资本。他进一步指出，社会资本的网络结构受到网络限制、网络规模、网络密度和网络等级制等因素的影响（Burt，1992，1993，1998a，1998b）。网络限制、网络密集程度和网络等级制度与结构洞的社会资本负相关。

Burt 的理论从结构主义视角研究社会资本，跳出了 Coleman 的功能主义窠臼，将社会网络的结构作为判断个体从社会网络中获取各种回报可能性的唯一尺度。这些网络结构虽然可能带有某种功能，但社会网络的功能并不是社会资本本身，而是社会资本使用后的结果，或者说是社会网络结构的使用所得到的回报（张文宏，2007）。另外，Burt 也将社会网络分析引入社会资本理论中，赋予了社会资本研究更大的研究空间和更高的研究可操作性。Burt 可以说是社会网络功利性研究思路的一个杰出代表。这一理论的重要性也在于它从资源获取能力及竞争优势出发，对个体的网络整体特征提出了要求，那些拥有更多结构洞的松散型网络较紧密型网络更能给网络成员带来社会资源获取上的竞争优势。

与以前其他学者相比，美国政治社会学家 Putnam 关于社会资本概念的界定更为直接。他在总结了 Bourdieu 和 Coleman 等人的理论基础上，从社会规范的角度定义社会资本。他认为，社会资本与其他资本不同，它的功能不是单一的，它指代的是社会组织的特征，其中包括信任、互惠规范和公民参与网络。信任这一因素是组成社会资本的重要内容，然而，规范和网络又能增加信任。同时，社会资本与其他资本又具有共同点，它们都具有生产性，也就是说它们都能够帮助行为者的某些目标得以实现。但是它必须依存于某些具体活动，在它对某些活动起好的促进作用的时候，有可能会对其他的活动起到坏的损害的作用（Putnam，1993）。在 Putnam 看来，社会资本已不再是某一个人拥有的资源，而是全社会所拥有的财富，一个社会的经济与民主发展，都在很大程度上受制于其社会资本的丰富程度。为进一步解释社会资本，Putnam 认为社会资本具有两种形式：一种是把彼此已经熟悉的人们团结在一起的社会资本，它起纽带作用。另一种是把彼此不认识的人或群体联系到一起的社会资本，它起桥梁作用。Putnam 的社会资本概念强调了社会关系网络内在的结构特征如信任、规范和共同准则等，揭示了社会资本的核心要素。

很显然，Putnam 的论述引发了研究者们对社会资本与公民社会、民主政治的关系等问题的广泛讨论。他从社会规范的角度把社会资本解释为“能够通过推动协调的行动来提高社会效率的信任、规范以及网络”，这一把长期以来为主流经济学所忽略的基本关系转换为解释潜在经济能力与行为差异的概念，作为一种对集体行为以及长期选择、对经济发展所须依赖的结构与制度安排的诠释，在 20 世纪 90 年代迅速得到了一大批学者的赞同，并被广泛地运用到各个层面的研究之中。但 Putnam 关于社会资本的定义是从结果开始的（这点有点像 Coleman，他的社会资本的定义就直接来自前者），其论证存在逻辑上的循环论证和同义反复。Portes 曾告诫社会资本的分析者，要避免同义反复和逻辑上的循环论证，必须遵守特定的原则：一是要在理论和实证上把概念的定义与其结果区别开。二是要在因果方向性上有所控制，这样可以在论证中使社会资本的存在先于它的可能结果。三是要控制其他的、可以解释社会资本及其结果的因素。四是要全面认识社区的社会资本的历史来源（Portes，1998）。

与 Putnam 相类似，Fukuyama 也从社会规范的角度，基于经济发展与社会特征方面考量了这一概念，认为社会资本的实力是成就社会经济差异的重要因素。Fukuyama（1996）认为：“社会资本是一种有助于两个或更多个体之间相互合作、可用事例说明的非正式规范，这种规范从两个朋友之间的互惠性规范一直延伸到那些像基督教或儒教之类的复杂而精巧的教条，牵涉的范围十分广泛……并非所有可用事例说明的规范都是社会资本。构成社会资本的规范必须能够促进群体内的合作。因此，它们往往与诚实、遵守诺言、履行义务及互惠之类的美德存在联系。”

Newton（1999）依据 Putnam 的社会资本定义，从三个方面来解释社会资本：首先，社会资本是由公民的信任、互惠和与合作有关的一系列态度和价值观所构成的，其关键是使人们倾向于相互合作、信任、理解、同情的主观的世界观所具有的特征。其次，社会资本的主要特征体现在那些将朋友、家庭、社区、工作以及公私生活联系起来的人格网络。最后，社会资本是社会结构和社会关系的一种特性，它有助于推动社会行动。Newton（1999）认为，通过互惠和信任，社会资本把个人从缺乏社会良心和社会责任感、自利的和自我中心主义的算计者，转变成为具有共同利益的、对社会关系有共同假设和共同利益感的共同体的一员。在 Newton 的眼里，“社会资本承担着将霍布斯式的自然状态——在其中，生命是低俗的、粗暴的、短暂的——转换成更加乐观、更少危险、更加长久的事物的责任。至少，它使在不求助于利维坦之极端强制力的情况下，建立一个允许集体行为和合作的稳定的社会和政治秩序成为可能”。

另外，Portes（1995）也对社会资本作出了精致和全面的表述。他把社会资本定义为“个人通过他们的成员身份在网络中或者在更为广泛的社会结构中获取稀缺资源的能力，这种能力不是个人固有的，而是个人与他人关系中包含着的某种资产，社会资本是嵌入的结果”。在上述定义的基础上，Portes 扩大了社会资本的概念，把社会网络本身的特征也包括在社会资本概念之中，并把社会资本概念从自我中心层次扩展为更宏观的社会结构影响的层次。同时，Portes 还借用 Granovetter（1985）的观点，区分了关系性嵌入和结构性嵌入。关系性嵌入即双方对互惠的预期，这种预期建立在双方关系中取得强迫对方承认的预期能力的基础之上。但是，当行动双方成为更大网络的一部分时即结构性嵌入，信任就会随着相互预期而增加，更大的社区会强制推行各种约束因素，他称之为"可强制推行的信任"。他的逻辑是，先有结构的存在，结构提供给行动者"互惠的预期"和"可强制推行的信任"这两种结构性约束，使行动者能够通过"理性的嵌入"或者"结构的嵌入"来具有某种成员资格，从而得到获取短缺资源的潜力。Portes 的社会资本理论的价值表现在两个方面：第一，他详细阐述了不同自我之间社会联系特征的差异。他把这些差异解释为包含自我在内的社会网络不同特征的结果，解释为嵌入网络的程度或类型的结果。沿着 Portes 的思路，我们可以把社会资本构想为一个有过程的、自我与社会结构之间因果互惠的能动结果。第二，他区分了社会资本结构化背后的各种不同动因，扩展了缺乏纬度的理性选择理论，从而使我们可以从自我嵌入的视角出发，用各种不同的动力、动因和社会结构理论系统地阐述社会资本概念（Brown，1999）。

Adler（2002）重新定义了社会资本，并给出了一个整合性概念框架。他们认为，社会资本是一种可得性资源，这个资源是嵌入社会关系网络中的。在他的概念框架中包括了社会资本的形成条件、影响因素以及社会资本的积极影响和消极影响。Adler et al.（2002）详细地论证了社会资本的影响结果，指出社会资本是一把"双刃剑"，对行为者、团队、组织或者社区的价值实现有积极作用和消极作用。表 2－2 列举了国外主要学者关于社会资本的概念解释。

表 2-2 国外部分主要学者对社会资本的界定

作者	社会资本的定义（年份）
Baker	社会资本指的是个体从特定的社会关系网络中获得的并用于谋求自身利益的资源，它产生于个体之间关系的变化（1990）
Bourdieu	社会资本指的是实际或潜在的资源的集合体，这些资源与拥有或多或少制度化的共同熟识和认可的持久的关系网络有关（1986）
Burt	社会资本指的是网络结构给网络中的行动者提供信息和资源控制的程度；朋友、同事以及更一般的关系，通过他们获得使用经济与人力资本的机会（1992）
Coleman	社会资本指的是个人拥有的社会资源。它并不是某种单独的实体，而是由具有两种特征的多种不同实体构成：它们全部由社会结构的某个方面组成（1990）
Putnam	社会资本指的是社会组织的特征，如信任、规范和网络等，这些特征能够通过对合作的促进而提高社会效率（1993）；个人社会网络中的联系、互惠规范以及它们产生的可信（2000）
Portes	社会资本指的是个人通过他们的成员身份在网络中或者在更为广泛的社会结构中获取稀缺资源的能力。这种能力不是个人固有的，而是个人与他人关系中包含着的某种资产（1998）
Fukuyama	社会资本指的是一种有助于两个或更多个体之间相互合作、可用事例说明的非正式规范……并非所有可用事例说明的规范都是社会资本（1995）
Loury	社会资本指的是个人之间自然形成的社会关系，这些联系能促进或有助于人们获得市场中有价值的技能和特征……社会资本是由历史形成的重要的经济资产（1977）
Nahapie 和 Ghoshal	社会资本指的是嵌入关系网络中的实际和潜在的资源总和，这些资源来自关系网，又通过关系网被人们获得，关系网络被个人或社会单位所拥有（1998）
Woolcock	社会资本指的是存在于个人社会关系网络中的信息、信任和互惠的规范（1998）
Narayan	社会资本指的是使得社会团体和社会融为一个整体：共享的价值观、规范以及制度（1999）

续表

作者	社会资本的定义（年份）
Ostrom	社会资本指的是关于互动模式的共享知识、理解、规范、规则和期望，个人组成的群体利用这种模式来完成经常性活动（2000）
Bowles 和 Gintis	社会资本指的是遵守某一社区规范且依此规范惩罚不遵守该规范的成员的意愿（2002）
Lin Nan	社会资本指的是投资在社会关系中并希望在市场上得到回报的一种资源，是一种镶嵌在社会结构之中并可以通过有目的的行动来获得或流动的资源。包括嵌入关系而非个人中的资源、行动者摄取与使用该资源的能力（2001）
Durlauf 和 Fafchamps	社会资本指的是基于网络过程所形成的行为规范和人们之间的信任，它们能促成好的社会和经济结果（2003）
Turner	社会资本指的是那些在一个社会中通过创造和维持联系社会组织模式来增强经济发展潜力的因素（1999）
Pennar	社会资本指的是影响个体行为进而影响经济增长的社会关系网（1997）
Brown	社会资本指的是按照构成社会网络的个体自我间的关系类型在社会网络中分配资源的过程系统（1999）
Adler 和 Kwon	社会资本指的是一种个体或群体可以利用的商誉，存在于社会结构和人际关系之中，可使信息、机会和知识在网络中更好地流动（2002）
Inglehart	社会资本指的是一种信任和容忍文化，在其中形成自发联合的广泛性网络（1997）
Edwauds	社会资本指的是嵌入民众之中并为民众所拥有的准则和价值观；或者说，只要民众分享一致性，拥有类似的价值观，彼此诚信和互惠往来，就可以称之为社会资本（2002）
Collier	社会资本指的是一个社会内在的社会及文化凝聚，是影响民众相互关系的准则和价值观，是嵌入社会中的惯例（1998）

资料来源：根据相关文献整理。

2. 我国学者关于社会资本概念的理解。我国学者通过对国外社会资本理论深入的研究，结合我国实际，也提出了互有分歧的社会资本概念。可以说，国外学者关于社会资本概念的分歧，在我国学术界均有不同程度的反映。

张其仔（1997）是国内较早提出并具体研究社会资本这一概念的学者，他指出，社会资本从形式上看就是一种社会关系网络，是不同于物质资本、文化资本和人为资本的一种资本。他认为社会资本的研究就是要分析社会关系网络，不仅要分析网络本身，还要看网络中流动的要素是什么。该网络至少由四种要素构成，即结构要素、资源要素、规则要素和动态要素。具有相同观点的还有李惠斌等（2000），他们认为，社会资本是指与物质资本、人力资本相区别的以规范、信任和网络化为核心的从数量和质量上影响社会中相互交往的组织机构、相互关系和信念，是社会机构、社会成员之间互动的具有生产性的社会网络。同样，卜长莉（2001）也认为，“社会资本是以一定的社会关系为基础的，以一定的文化为内在的行为规范，一定的群体或者组织的共同利益为目的，通过人际互动所形成的社会关系网络”。

边燕杰等（2000）认为，“社会资本是行动主体与社会的联系以及通过这种联系摄取稀缺资源的能力”，并指出社会资本的本质是资源，但行动主体必须要通过关系网络来获取这种资源。并且，这种资源不可能由任何单个行动者单方面拥有。类似地，王缉慈（2001）也认为，“社会资本是指社会中基于人与人之间的相互信赖而产生的一种力量，这种力量的大小与人们之间是否存在共同的处事准则，即是否存在相互信赖、忠实、坦诚等密切相关”。同样，顾新等（2003）把社会资本定义为“个体或组织通过相互作用和相互联系而形成的社会关系网络来获取资源的能力”。他们进一步强调社会资本是指获取资源的能力，资源本身不是社会资本。朱国宏（2005）也指出，社会资本是个人通过自己所拥有的网络关系及更广阔的社会结构来获取稀有资源的能力，并认为社会资本具有不可转让性、具体性、个人特质依赖性。

赵延东（2000）是国内对社会资本研究比较深入的一位学者，尤其是在人力资本、社会资本和下岗职工的再就业方面。他在研究中把社会资本解释为“职工通过其社会网络可获得的社会资源的总和”。同样，杨永福（2003）认为，社会资本实际上是一种资源，这种资源依附于社会结构而存在，可以促进行为者诸如交易、协作等活动的效率。李六（2010）认为，社会资本是存在于社会关系网络之中的、有助于个体及群体共同目标实现的个体资源，强调社会资本的载体是社会关系网络。程民选（2006）认为，从经济学的视角去认识和研究社会资本，可将社会资本定义为“人们在社会性相互作用中彼此合作而产生的资源存量”。

孙丽军等（2003）认为，社会资本就是一种能够通过推动协调的行动来提高社会效率的信任、网络以及一系列相关的规范。钟永活（2008）在充分认识社会资本的资本属性和社会属性的基础上，给出了社会资本的定义，即社会资本是指存在于社会网络和社会组织的信任、规则和规范等，它能够通过特定的社会性相互作用实现网络成员的参与与合作，从而促进经济绩效的提高。另外，张海霞（2008）直接将社会资本定义为社会组织中的信任、规范和网络，用以推动协调和行动来提高社会效率，认为信任、规范和网络是社会资本的构成要素，并配以目的性的行动来实现社会效率的提升。同样，李晓红等（2007）认为，社会资本是嵌入关系网络中的历史传统、行为规范、认知模式和行为范式以及网络成员获得资源的能力的综合。张克中（2010）

认为，社会资本是有利于促进集体行动的规范和信任网络，它是文化、非正式制度的延续，它的载体是社区与非政府组织。

当然，还有很多学者也给出了他们的定义，虽然各自在社会资本的理解与具体使用上作出的界定存在一定差别，但总体上并没有脱离国外对社会资本概念研究的整体框架，只是研究的视角、研究目的和研究问题的背景不同而已。

上述关于社会资本概念的梳理和分析表明，社会资本是一个在社会学和经济学等诸多社会科学领域中受到极大关注的概念。不同的学者由于研究角度、研究目的和强调的侧重点不同，从自己的学科角度赋予社会资本的基本含义也各不相同：有的从资源的视角强调了社会资本在生产中的要素作用，认为社会资本是一种资源，通过拥有这种资源，行为主体可以获得利益和回报（Bourdieu，1986；Lin Nan，2001；Coleman，1988；赵延东，2000）。有的从能力的视角突出了社会资本作为动员资源渠道的属性，他们认为社会资本不是稀缺资源本身，而是行为主体通过社会网络获取稀缺资源的能力，这种能力不是个人固有的，而是个人与他人关系之中所包含的一种资产（Portes，1998；边燕杰、丘海雄，2000）。有的则从社会规范的视角明确了社会资本对拥有它的人的能动作用，他们认为，社会资本不是资源本身，也不是行为主体的能力，而实质上是能够推动行为主体之间进行合作的信任、社会规范和共同的价值观等（Putnam，1993；Fukuyama，1996；李惠斌、杨雪冬，2000）。还有的从结构的视角定义社会资本，他们认为，社会资本从形式上来看就是社会网络，是嵌入两个或更多的参与者之间的关系结构（Burt，1992；张其仔，1997）。事实上，大多数的定义都是建立在某一具体问题的背景基础之上，人们在研究社会资本的某一特定机制时往往会忽略社会资本的其他方面，总是从某一角度，根据特定的研究需要和特殊的研究问题背景来定义和解释社会资本，进而导致对其基本范畴和基本内涵具有不同的认识，或多或少地出现片面性。尽管如此，在他们的分析研究中，无论社会资本概念的具体内容如何，表述有所不同，也无论研究者出自各不相同的研究目的赋予社会资本范畴什么样的内涵，但社会资本的基本意义和指向是相同的，都认为社会资本是一种既与物质资本、人力资本相似又相区别的资本，是能够促进行为者之间合作的一种生产性资源，具有“资本”和“社会”双重属性；社会资本以一定的社会关系为基础，它既与通过人际互动所形成的社会关系网络有关，也与通过人际互动所形成的信任和规范有关；社会资本具有工具性，它使行为个体通过社会网络获取利益，不但有助于实现个体目标，而且有助于解决集体行动困境问题。

（三）本书关于社会资本概念及内涵的界定

社会资本概念的界定是一个十分复杂的问题，在很大程度上取决于研究问题的需要。一般研究认为，社会资本本身具有一定的复杂性，由于其研究空间范围较大，要准确地界定社会资本的概念，必须从研究的问题、研究的目的、研究的背景出发，明确社会资本的分析角度，强调社会资本的功能，才能较为准确地定义社会资本。实际上，根据具体问题的需要进行定义以及缩小研究的范围并非社会资本研究所独有，本书也将采取这样的策略。由于本书的研究目的主要是在经济学的视角下研究社会资本对中小企业融资的影响，强调的是社会资本利用其自身特性对中小企业融资的促进作用，所以在确定社会资本的含义时，主要考虑社会资本的“资本”属性，同时还要兼顾社会资本的“社会”属性。借鉴 Lin Nan 的资源说，在经济学的视角下，我们将社会资本正式定义为：社会资本是指行为主体为实现一定目标，通过有目的的行动，从其相互信任与合作、互惠规范为基础的社会关系网络中获取或动员的资源。其基本内涵包括：

第一，社会资本的实质是一种资源。社会资本从本质上来说是一种资本。而资本是一种能够生产产品的产品，产品本身就是资源。因此，社会资本首先是一种资源，是个体或组织为实现一定目标，能够调动和利用的嵌入社会关系网络中的那部分社会资源，包括权力、保障、资金和信息等。社会资源与社会关系网络相联系，但社会关系网络仅仅反映了行动者获取资源的可能性，只有网络结构的结点上蕴含着资源，行动者对网络的动员才具有意义，而社会资本就是从社会关系网络中动员了的社会资源，通过社会网络获取社会资源是社会资本运作的目的所在。社会资本与社会资源的重要区别就在于个体或组织所拥有的关系网络中嵌入的资源是否能够被使用。因此，"社会资源"本身不是社会资本，因为嵌入社会网络中的资源是静态的，未经动员的社会网络不会提供行动者任何所需的资源。也就是说，社会资本是动用了的、用来投资的社会资源。一个组织或个体所拥有的社会关系网络中嵌入的各种资源的存量可能很大，但能调动和利用的资源即社会资本却不一定很多。社会资本大小既与嵌入关系网络中的实际的或潜在的资源的质和量以及接触到所需资源的客观可能性有关，又与构建、维护和扩展关系网络以及摄取和调用这些资源的主观意愿和能力有关。当然，这种能力的价值体现依赖于网络中存在的资源，能力强并不必然意味着社会资本多，但当嵌入社会网络中的资源丰富，而获取和动员这种资源的能力出色时，就有可能促成社会资本水平的提高。因此，社会资本虽然是一种资本，但又是一种不同于物质资本和人力资本的资本，它是嵌入社会关系网络中的社会资源。

第二，网络、信任和规范是社会资本最基本的构成要素。首先，行为主体是通过网络来获取这种资源的，脱离了网络的资源不能称之为社会资本，因此，网络是社会资本的必备要素。其次，社会资本能够通过主体间的互动实现价值增值，促进行为主体目标的实现，而这种良好互动是以彼此间的信任作为坚实基础的，信任能够有效地防范机会主义行为，降低交易成本，实现资本价值增值的功能，因此，信任是社会资本的核心构成要素。再次，网络节点间的互动是社会资本的源泉，但是这种互动应当以网络成员彼此认可的规范予以调控，只有这样，才能够建立和维护一种和谐的长期合作关系，促使社会资本的形成和累积，因而，“规范”理应成为社会资本的构成要素之一。事实上，网络是行为之间的关系合作模式和调动资源分配的社会支持系统（包括认知符号、信息交流渠道以及扩散结构），没有网络就无法判断社会资本作用的边界；信任是行为主体（自然人和法人）之间的一种承诺和期望，没有信任就没有社会资本存在的价值；规范是协调和约束社会行为人之间利益关系的非正式制度，没有规范就不能识别社会资本的正效用或负效用的性质。事实上，将网络、信任和规范作为社会资本的构成要素，许多学者也赞同这种观点（Leenders and Gabbay，1999；Cohen and Prusak，2000；Adler and Kwon，2002；Westlund，2003）。

二、社会资本的“资本”特性和“社会”特性

社会资本作为资本的一种形式，既与物质资本和人力资本一样，具有“资本”特性，也具备不同于物质资本和人力资本的“社会”特性。一般认为，社会资本的资本特性起源于理性选择理论，而社会特性则源自于嵌入理论。理性选择理论以理性人假设为基础，认为一切经济及社会活动都以人的理性及自利原则为出发点，每个人均寻求自己利益的最优化。因此，社会资本实际是个体或组织所具有的一种资本，具有一般资本的特性。嵌入理

论认为个体和组织的经济行为受到社会关系和社会结构的影响，可以说个体和组织的经济行为深深地嵌入社会关系和社会结构之中，“个体和组织的经济行为”是嵌入的主体，“社会关系和社会结构”是嵌入的客体，“网络、社会信任和社会规范”是嵌入的机制。因此，社会资本与社会关系和社会结构相关，具有社会特性。

（一）社会资本的“资本”特性

从资本观的角度看，社会资本能够通过对社会关系网络、信任和社会规范等作用机制降低社会网络中的信息不对称，提高企业信用水平，提高融资的便利性，是一种以在未来获得收益为目的的投资，具有资本的内在属性。因此，社会资本作为资本的一种表现和存在形式，首先应具有“资本”特性。

1. 社会资本具有可投资性。与人力资本和物质资本一样，社会资本的生产和形成也是人们投入资源的结果，即使不投入金钱，至少也要投入时间和精力。与人交往、参与社会关系网络需要花费时间和精力，有时甚至也要花费金钱；个人声誉需要花费时间和精力来建立与维持；培育信任关系也要作出某种牺牲。因此，这种对社会关系网络所花费的时间、注意力、关心和关注，从社会交换的逻辑角度看是一种坚实的投资。另外，社会资本也需要维护才能保持生产性。如果不经常投入资源，社会联系就会疏远，信念也将弱化。也就是说，社会资本会随着时间的流逝而变得过时或发生折旧。

2. 社会资本具有收益性。社会资本能够给不同层次的行为主体带来经济效应。个人会因良好的社会关系网络和较高的社会声誉而获得更多的经济机会，动员更多的经济资源，社会群体会由于合作性的社会规范而更容易实现集体行动，整个国家也会因良好的法律规范、高度信任的社会氛围而减少运行成本。当然，社会资本也与所有其他形式的资本（物质资本、人力资本）一样，并非在所有时候对任何层次的主体都会产生有益的影响。促成某一团体合作的规范可能阻碍在更大范围内的合作。另外，社会资本的收益也是不确定的。行为主体动员它们所可能带来的总体上的正面功效具有很大的主观认定性，这种主观认定性在很大程度上受到文化的影响而无法做到完全理性。

3. 社会资本具有积累性。资本增值的本性，必然要求其不断地积累，由小资本到大资本，以保证其源源不断的增值能力；社会资本一旦生成，也会伴随着网络关系结构中结点间的互动而不断地扩张，当互动的广度和深度积累到一定程度时，社会资本将会呈现出跳跃式增长的特征。同时，社会资本作为一种资源不仅可以给人们带来大于其自身的价值，而且还可以通过关系网络中的信任、互动等实现其价值的扩张。

（二）社会资本的“社会”特性

根据嵌入理论，社会资本是个体和组织嵌入社会组织内的各种社会关系的集合，是人们社会性行为的产物。因此，它在具有“资本”特性的同时也具有“社会”的特性。

1. 社会资本具有互补性。首先，社会资本与其他资本是互补的。仅有社会资本通常没有生产性。其次，不同形式的社会资本之间是互补的。只有当微观层次与宏观层次的社会资本、社会结构与人的观念相协调时，社会资本才能发挥更大的作用，否则就会导致社会紊乱。最后，参与某一网络或接受某种信念的人数越多，该社会资本的生产潜力通常越大。虽然其他资本的互补性问题也常被人们提及，但社会资本的互补性更为明显。

2. 社会资本具有专用性。社会资本是行为人对特定社会关系网络的耐久性投资，因而具有专用性特征。从网络关系投资的观点看，社会资本的专用性具体表现为“圈内”的价值高于

“圈外”的价值，一旦离开某一特定的网络关系，其价值就会贬值。进一步说，社会资本的专用性一方面意味着它流动或移植的困难，以及由此所引起的自我锁定的可能性，另一方面还表现为社会资本具有不可转让性。它对受益者来说不是私有财产，不可能由拥有者依其主观愿望转让给另一个体而使之受益。

3. 社会资本的经济效应具有外部性。社会资本产生的经济效应通常不是直接通过市场方式来实现的，而是社会行为主体之间的社会性相互作用的结果。Putnam（1993）认识到了它的正外部性特征。Coleman（1990）不仅认识到了它的正外部性，而且也发现了它的负外部性特征。Collier（1998）认为，它会产生三种类型的外部性：有利于传播有关其他人的行为信息；有利于发现有关行为环境的技术信息和市场信息；有利于减少“搭便车”行为促使集体行动。

4. 社会资本存在形式的独特性。首先，社会资本存在具有无形性。社会资本既不像物质资本具有实际的物质形态，也不像人力资本存在于自身的体内，而是存在于个体或组织的社会关系网络中，其存在形式是无形的，是一种能够感觉到却看不见摸不到的东西。其次，社会资本依附于社会关系网络。社会关系网络作为社会资本的载体，其构建和维持需要双方的承诺和合作，任何一方的背叛或退出都将导致集体社会资本的破坏或消失。

三、社会资本的层次

美国社会学教授 Brown（1999）按照系统主义“要素、结构和环境”的三维分析，将社会资本划分为微观、中观、宏观三个分析层面。与 Brown 不同，Adler et al.（2002）将微观层面和中观层面的社会资本合称为“外部社会资本”，因为它产生于某一行动者的外在社会关系，其功能在于帮助行动者获得外部资源。而宏观层面的社会资本则被他们称为“内部社会资本”，因为它形成于行动者（群体）内部的关系，其功能在于提升群体的集体行动水平。前者归属于个人而且服务于个人的私人利益，因此被归纳为一种“私人物品”。后者则正相反，它被视为一种“公共物品”，因为它归属于某一群体，而且服务于该群体的公共利益。边燕杰（2000）提出了类似的社会资本分层观点，将国家的社会资本和组织的社会资本划分为宏观层面的社会资本，并认为可以使用微观层次的社会资本来解释某人的非理性与理性的行为决策比他人更成功或者优于他人的原因——这些人具有人际网络关系的优势。在宏观层次上，我们可以借助社会资本的观点来认识某些国家、地区、组织、群体之间的优势，不单在于人力资源和物质方面，还由于社会性的资源，也就是说他们的外部和内部之间的关系网络是存在着比较优势的。中观层次是在于微观和宏观层次的联系之上，从人际关系视角出发，社会资本也能帮助我们对团体和个体之间联系的把握，分析个体间行为的互动是如何引发社会结构的建立以及变化，分析社会结构又是如何激励、制约个体的行为。本部分主要以 Brown 关于社会资本层次的划分方法为基础，分别从微观、中观、宏观三个层面将相关学者的研究进行归纳。

（一）微观层面的社会资本

微观层面的社会资本研究主要着眼于个体行动者的关系指向及其自身社会地位状况对其所能获取社会资源的影响，Brown（1999）称之为嵌入自我的观点，是个人融入网络的产物。它们以个体为研究主体，强调的是个体的社会关系和社会网络是其可以利用的资源，通过这些网络和资源的利用可以实现个体目标。关系是微观层面社会资本存在的表现形式，个人可以通过建立社会关系来获得信息、工作机会、知识、社会支持以及长期的社会合作等资源。Lin Nan（1999）指出，行动者的社会地位是一个至关重要的因素。在一个类似金字塔结构的社会分层体系中，地位越高，人数越少，每个人拥有的权利、地位或声望也越高。社会地位越高，发展社会关系就越容易，社区各种稀缺资源的能力也就越强，他所接触和拥有的社会资源越丰富，从而其拥有的社会资本越丰富。Lin Nan（1999）区分了微观社会资本的三种构成形式：嵌入社会结构中的资源、资源的可获得性以及对这些资源的使用。早期的社会资本研究大多是以个体为研究对象。Bourdieu（1986）、Coleman（1988）、Lin Nan（1999）等研究的都是微观层次的社会资本。

（二）中观层面的社会资本

中观层面的社会资本研究主要关注行动者所在的社会网络整体的结构性特征与网络间的互动、制约对个体社会资源获取能力的影响，Brown（1999）称之为结构的观点。它们以组织为研究主体，更多强调社会资本对于促进集体行动目标实现的作用，主要研究在某种社会资本下存在着某种社会结构，也就是个体自我之间的联系所构建的网络以及某种特殊结构的资源通过网络流通、网络结构化过程和网络结构的分布影响为中观层面的社会资本所关注。换言之，中观层次的社会资本分析关注的是网络形成的过程及其分配结果，而不是组成网络的个体自我。中观层面的社会资本以习俗规则、组织惯例、非正式制度存在，强调的是团体、社区、企业、个人等因其在社会结构中处于不同的地位从而致使对资源的获取。Burt（1992）的结构洞理论是中观层次社会资本理论分析的经典。该理论主要强调个体社会关系网络的结构性特征及其对资源配置结果、网络中成员的竞争优势的影响，重点探讨网络关系的结构是如何影响成员的资源获取能力及现实竞争优势的。这一理论的重要性也在于它从资源获取能力及竞争优势出发，对个体的网络整体特征提出了要求，那些拥有更多结构洞的松散型网络较紧密型网络更能给网络成员带来社会资源获取上的竞争优势。所有以组织作为对社会资本的基本分析单位的研究如 Podolny et al.（1999）、Uzzi et al.（1999）都属于中观层次社会资本的研究。

（三）宏观层面的社会资本

宏观层面的社会资本主要的研究对象是在政治经济体系中的特定社会资本网络，或者在更大的体系及文化中的特定社会资本网络。主要关注的是国家、组织、社会中社会资本被某一特定的群体占有的情况，如有效的制度规范、友好的关系网络、普遍信任等。分析讨论宏观经济、政治、“外在”文化、社会规范、制度等宏观要素对网络中的社会关系性质、网络结构、网络构建以及变化和转移的动力的影响。Brown（1999）称之为嵌入结构的观点。它们以国家、社区、群体为主要研究对象，讨论特定社会资本网络包含在政治经济体系中的方式，以及包含在更大的文化或规范体系中的方式，强调社会资本在民主治理和社区服务中的应用，以及形成、证明和展开社会资本的网络如何嵌入较大的政治经济系统或文化与规范的系统之中。Putnam（1993）和 Fukuyama（1995）的研究是最为典型的代表。Putnam（1993）首次从宏观层面研究了意大利的社会资本，他认为意大利南、北两个地区表现出不同的政治运行情况，是由这两个地区的人参与社会网络的习惯及普遍性不同引起的。从那以后，许多学者开始关注宏观层面的社会资本。Fukuyama（1995）是第一位将经济绩效的国家间差异明确归因于信任水平差异的学者。他认为，区域国家社会资本的大小是由社会成员相互信任程度的高低决定的，而信任程度又是由文化所提供的社会资本。Fukuyama（1995）对社会资本作了新的解释，使其从属于文化范畴。他用信任这个概念把社会资本与文化联系起来，并从对信任的分类出发，探讨了一些国家和地区的不同社会信任水平对本地企业发展规模、经济发展状况的影响。在这个意义上，一切试图用社会资本的概念解释一个社会、国家或地区经济和社会发展的研究如 Putnam（1993）、Fukuyama（1995）、Turner（1999）、Woolcock（2000）等的研究都是宏观层面的社会资本研究。

需要说明的是，尽管社会资本视角下的中小企业融资研究主要关注中观层面的社会资本，但按照 Turne（2005）的观点，社会资本研究包括宏观、中观和微观三个层面，而且是相互渗透的，因此，本书认为，社会资本视角下的中小企业融资研究，应是在企业所嵌入的宏观政策制度和文化、中观市场主体因素以及微观的人及交往关系中进行的。

四、中小企业社会资本概念

首先将社会资本概念提升到超越个人层次的学者是 Coleman。Coleman（1988）指出，社会资本是由社会结构的某些方面构成的，而且它们都有利于行动者实现特定的目标，无论该行动者是个人还是法人。Burt（1992）第一个将企业作为社会资本研究的主体，他的结构洞理论就是以高科技企业作为研究对象提出的。他明确指出，企业内部和企业间的关系是社会资本。真正提出企业社会资本概念并对其进行系统分析的是 Gabbay（1998），其以企业作为研究主体，分析了社会结构如何与企业以及企业内成员目标的实现相关联，并认为企业的社会资本是以社会结构为载体，有助于企业这一主体目标实现的那些资源。Koka et al.（2002）从资源获取的角度分析了社会资本由个人层面扩展到企业层面的必然性，他认为："由于社会资本是社会行为者从社会关系网络中所获取的一种资源，企业作为有目的的社会行为者，社会资本的逻辑不可避免地要被一些学者扩展到企业层次。”此后，受到组织间关系和相关管理理论的推动，对企业社会资本的研究蓬勃兴起，产生了一批有影响力的成果。但是，对于究竟什么是企业社会资本，由于人们对社会资本概念本身内涵理解的不同，使得学术界至今仍然对企业社会资本概念的理解也不能完全统一。

（一）国内外企业社会资本概念梳理

分析国内外关于企业社会资本概念的解释，可以将企业社会资本这个概念具体分化成基于资源和基于能力两种。

1. 基于资源的企业社会资本概念。基于资源的企业社会资本概念认为，企业社会资本是企业的一种资源，通过对其使用有助于企业获得收益并实现其目标。Nahapiet et al.（1997）对企业社会资本的研究最具有代表意义，他们将企业层面的社会资本定义为“嵌入企业内外部关系网络环境中，并可加以利用的实际或潜在的资源总和”。他们认为，企业社会资本由网络和可通过网络而获取的资源组成，组织的信任产生了员工对组织作出牺牲和贡献。Leenders et al.（1999）也认为，社会资本是根植于关系网络内部、可通过关系网络利用的资产，并将企业社会资本定义为“企业通过社会关系网络所获得的能够促进其目标实现的一系列实际的和潜在的资源，它可通过促进目标达成的社会关系网络获得”。根据 Leenders et al. 的观点，这些资源包括关系中的信任、规范、义务和期望等无形的资源，也包括企业从外部关系中获取的有形或无形的资源。Leenders（2001）认为，企业与其利益相关者之间的关系网络，就是企业社会资本，这种关系网络由于能创造价值，因此，企业社会资本就是企业的一种资产。同样，Baker（2002）也将企业的社会资本看作存在于企业关系网络中以及通过关系网络所能获取的多种资源，包括信息、商业契机、金融资本、权力与影响、情感支持，甚至还有良好的祝愿、信任与合作等等。Chisholm et al.（2009）将企业社会资本界定为嵌入组织成员内部关系网络以及组织外部网络的无形资源。

在国内，也有学者将企业社会资本视为企业的一种资源。郭毅等（2003）认为，社会资本这一定义也可以扩展到企业外部，并将企业社会资本界定为“反映企业内外部社会关系特征的资源，这些资源包括企业关系网络中的信任、承诺、规范、结构、位置等”。武志伟（2003）通过对比分析社会资本与社会结构的关系，将企业社会资本理解为：它以降低交易成本为手段，使企业更加方便、快捷地获取某种资源，是帮助企业更快实现其目标的一种结构资源。周小虎等（2004）从企业家社会资本的角度来界定企业社会资本，将其定义为“建立在企业群体范式上由信任、规范引导下的企业家社会关系网络，是企业家动员内部那些能够被企业所控制的，有利于企业实现其目标和实现目标活动的、嵌入企业网络结构中显在的和潜在的资源集合”。韦影（2005）同样认为，资源是企业社会资本的本质，通过加以利用这种资源，能够为企业带来各种各样的利益，特别是信息收益。黄锐（2009）通过总结前人的研究成果，将企业社会资本的概念界定为：企业社会资本是一种有形或无形旳资源，它通过社会关系网络被企业所获取，并且能够促进企业实现其目标。王俊杰（2009）认为，企业社会资本是建立在信任、规范和网络的基础上，嵌入企业稳定的社会关系网络结构之中的，通过社会结构使组织不断成长，促成其目标达成的各种实际或者潜在资源的集合。

2. 基于能力的企业社会资本概念。基于能力视角的企业社会资本概念则将企业社会资本视为企业获取各种资源的能力，强调的是企业社会资本的功能属性。Portes（1998）认为，企业社会资本是指企业通过其成员身份在网络中或者在更为宽泛的社会结构中获取稀缺资源的能力；Yli－Reoko et al.（2002）认为，企业社会资本不仅包括企业以信任和规范为基础建立的各种社会关系的范围和质量，还包括通过社会关系获取外部资源的能力。

在国内，学者边燕杰等（2000）根据企业在经济领域的多种联系，认为企业社会资本是企业通过与经济领域各个方面建立起的纵向联系、横向联系和社会联系而摄取稀缺资源的一种能力。徐延辉（2002）从经济社会学比较分析的视角出发，将中小企业社会资本界定为基于企业家和员工个人品行（信任）而产生的动员社会稀缺资源的能力，这一能力通过企业的社会交换能力表现出来，并以企业为圆心，依据企业可以实现的社会交换的距离和密度划分为企业内部和外部社会资本两部分。许萍（2007）认为，企业社会资本是为了实现自身目标而从组织成员所处的社会联系以及组织整体所处的社会联系中获取资源的能力，表现为企业能从这些社会网络中获得并用于实现一定目的的信息、知识、物质等，以及企业内部员工之间、各群体之间以及成员和群体间的规范、信任的合作氛围。

除了上述两种观点之外，还有一些学者就自己的研究角度给出了企业社会资本的定义，如 Greve et al.（2001）将企业社会资本看成嵌入社会结构中的、有助于提高企业吸收能力的各种关系网络。黄金华（2003）将企业社会资本视为企业内部和外部之间处于和谐状态的一个社会关系网络。鲍盛祥（2005）明确将企业的利益相关者引入企业社会资本概念的界定中，认为"企业社会资本嵌入企业与外部实体构建的社会关系网络当中，这一关系对象应包括股东、雇员、客户、供应商、银行、合作伙伴、政府部门甚至竞争对手在内的一切有利于企业特定目标实现的利益相关者”。李正彪等（2005）认为，企业社会资本是企业建立在信任和规范基础上的社会关系网络以及从这些网络中摄取资源并由此获益的能力。陈晓红等（2007）将企业社会资本界定为企业占有的有益于企业获得资源的社会关系网络及以此获得的资源总和。王凤彬等（2007）从非正式关系的角度出发，将企业社会资本定义为一个企业所拥有的内部和外部的非正式关系的总和，这些关系可以为该企业带来价值，但是他们并没有对企业内、外部的边界进行清晰的划定。

（二）本书关于中小企业社会资本概念的界定

从上述文献的梳理可以看出，如同社会资本的一般概念，由于研究的角度和目的不同，目前学术界对于企业社会资本的概念并未达成一致的看法。通常，对这一概念较为普遍的理解是将社会资本对象化到企业，即企业所拥有的社会资本即为企业社会资本。因此，根据企业社会资本理论的这一研究逻辑，通过对现有企业社会资本定义的比较，并结合本书界定的社会资本概念，本书把中小企业社会资本定义为：社会资本是指中小企业为实现一定目标，通过有目的的行动从其相互信任与合作、互惠规范为基础的社会关系网络中获取或动员的资源。其中，社会关系网络是中小企业社会资本存在的载体和赖以实现的媒介，也是中小企业调动社会资源的途径和渠道，企业社会关系网络的资本化就是企业的社会资本；信任、规范和网络是中小企业社会资本的基本要素，信任是中小企业社会资本的核心和本质，规范和网络是信任存在和发展的载体，信任和规范是中小企业社会资本作用的渠道；中小企业社会资本作为资本的一种新形式，具有资本的特征，它实质上属于资源的范畴，而且是嵌入社会关系网络中的资源。

关于中小企业社会资本的定义必须强调以下几点：

第一，中小企业社会资本不同于企业家个人社会资本。企业家个人社会资本和中小企业社会资本的根本区别在于：企业家个人社会资本更侧重于企业家个人（以个人身份）运用关系网络实现个体目标或获取个人利益；中小企业社会资本更侧重于企业家个人运用其个人关系网络或中小企业累积的关系网络完成企业任务、实现企业目标。当企业家个人运用个人关系网络去完成企业任务或实现企业目标时，企业家个人社会资本仅暂时转化为中小企业社会资本，会随着企业家个人的变动而变动；而当企业家个人运用企业累积的关系网络完成企业任务或实现企业目标时，即使企业家个人离开，中小企业依然拥有此类社会资本。如果企业家个人或成员利用不同来源的关系网络，以组织成员身份实现个人目标，则难以为中小企业累积社会资本，或者说为企业累积社会资本的可能性较小，因为从中小企业这一特定的研究背景中提出的企业社会资本概念，类同于一般的社会资本概念，但参与非正式关系之中的行动者并不是作为社会公众的“个人”，而是作为组织体的“企业”。并且，以企业为主体的社会资本主要体现在以企业为实体与外部相互合作、相互协同、资源互补基础上形成的社会关系网络。虽然中小企业社会资本的累积与功能实现与企业内成员个人的社会交往是分不开的，特别是由于大多数中小企业的所有者与经营者合二为一，作为所有者和经营者的企业家的社会阅历和社会地位对他在社会关系网络中的地位有着很大影响，并在中小企业社会资本积累中发挥着重要作用，对中小企业资源的获取、组合和产品与服务的交易都具有不可替代的功能。但若将包括企业家在内的企业员工所拥有的社会关系网络纳入企业社会资本的范畴，可能会混淆中小企业社会资本和个人社会资本的概念。事实上，企业员工所拥有的社会资本其产生的背景和作用的机制与时间都与企业社会资本相去甚远。一方面，企业社会资本产生于企业所构建的社会关系网络，是企业这一主体与外部环境作用的过程中所形成的，并嵌入社会结构中的一种资源。中小企业的社会资本为中小企业所拥有，中小企业社会资本并不会因为个别员工离开企业而受到影响。而企业员工包括企业家在内所拥有的社会资本虽然在一定情况下也会对企业目标的实现有所裨益，但一旦该员工离开企业，其所拥有的社会资本随即不为原企业所有。另一方面，企业社会资本还可以从比包括企业家在内的企业员工更高层次的行动者中生成。比如，部门和企业作为具有独立个性的行为主体，也可以生成自身的社会资本。所以，中小企业社会资本的涵盖范围远远超过了个人社会资本，绝不是个人社会资本的累加就可以得到企业社会资本。另外，如果以企业家个体层面的社会资本作为考察对象，分析其对企业整体的影响，将低层次嵌入的个体社会资本与高层次嵌入的组织联系起来，这种研究可能会犯所谓的“还原谬误”，即“以微观个人层次的考察来推断企业这一相对较为宏观层次的行为及其结果的研究方式”（王凤彬、李奇会，2007）。当然，企业层面和个人层面的社会资本并非是严格区分开来的，两者之间存在一定的交互关系。存在于“关系”之中，而非个体所拥有的中小企业社会资本无法独立存在于个体之中，而必须通过个体间的互动才能创造价值。也就是说，在一定意义上，中小企业社会资本的积累离不开企业内员工尤其是企业家的社会交往活动，包括企业家在内的企业员工所拥有的社会关系网络也是中小企业社会资本的一个重要来源。

第二，中小企业社会资本不同于组织资本。组织资本是经济组织中创新组织和组织改进的一种组织资源，它根植于实体组织之中，其功能在于避免集合在一起的个体力量的相互抵消而寻求对个体力量进行汇聚和放大的效应。中小企业社会资本是蕴含于企业所构建的社会结构或网络中并期望在市场上得到回报的一种资源，它根植于中小企业社会关系网络之中，其功能是帮助社会关系网络中的中小企业为实现其特定目标更方便地获取某种资源。组织资本存在的条件是以人们的理性合作为基础，以显性契约的联结为特征，它必须通过正式的社会成员资格和有意识地设计出来的人工结构来达到或实现自己的最大化利益。而中小企业社会资本的存在是以人们的非理性合作为基础，以隐性契约的联结为特征，它通过以信任和规范为特征的社会关系网络获取资源和提高获取这种资源的能力来实现或达到自己的最大化利益。如果进一步理解，中小企业的组织资本更像是一种主观性资源，它存在于个人的社会关系网络中，它构成了行动主体与社会的联系，以及通过这种联系摄取资源的能力。由于它根植于或依赖于特定的企业组织关系，是专属于企业的信息性资产，具有企业组织的专用性质，自然可以为个人所拥有。相比之下，中小企业的社会资本对个人来说更像是一种客观性资源，它存在于社会网络人之间的关联上，构成了它们之间的特殊纽带联系，因此，没有任何个体能够拥有这一社会关系网络的排他性所有权。同理，作为信任和规范，虽然存在于个人的意识中，但网络中的信任和规范却不是由个人的意识所决定的，自然也不能由个人拥有。两者的关系是：中小企业的社会资本相当于中小企业的组织域，组织资本只有在其场景下启动，它不仅为组织资本发挥作用提供了一个环境，而且也为组织资本的作用效果提供了一种识别机制。它的存在对组织资本的功能既是一种激励，也是一种约束。当组织资本与社会资本的作用方向一致时，会提高组织的能力，反之则会抵消组织的能力，这时组织资本对组织的创新和改进就显得更有意义。学术界有一种观点，即把企业家的社会关系网络看成一种社会资本，并引出企业家的身份治理问题，显然不符合本书界定的含义。就个人的社会关系资源来说，与其说是社会资本，不如说是组织资本，因为社会资本不属于单一个人所拥有的资源。学术界的另一种观点是，把社会资本看成是企业成功的附属品和副产品，作为组织资本的一个部分来研究，从而导致了组织资本概念的模糊或难以把握，这也不能不说是现代企业理论中的一个重要缺陷（牛德生，2006）。

五、中小企业社会资本的分析维度

中小企业社会资本是一个复杂的概念，它包含了多种形式和多个分析层次，为了更深入地分析中小企业社会资本，很多学者从不同的角度对其进行划分。最早对企业社会资本分析维度进行划分的是 Nahapiet 和 Ghoshal（1998），他们在研究社会资本、智力资本与企业价值创造三者之间关系时，综合已有文献所提及的联系观点、结构观点、认知观点以及信任观点，认为企业社会资本应当包括三个维度：结构维度、关系维度以及认知维度。其中，企业社会资本的结构维度指的是企业之间相互联系的整体模式或结构性特征，主要研究对象是网络的联结、网络如何配置以及一些特别组织，分析的重点主要是企业中普遍存在的个人水平和组织水平的联系特征，如这些联系的强弱程度、密度和中心性程度等结构性特征。现实的反映主要体现为该企业在关系网络中是否具备一定的影响力、企业与其他企业的连接是否紧密、数量是否能满足企业进行深入交往的需要等。企业社会资本的关系维度则突出了二元结构的人际关系，指的是企业通过历史的交互作用与他人（企业）建立起来的人际关系及其特征，主要关注企业关联的信任程度、行为规范以及可辨识的身份等属性，分析的重点主要关注于如何通过人际关系的创造和维持来获取稀缺性资源以及提高获取稀缺性资源的能力，它通过多种方式对组织间知识的转移和交换产生影响，包括关系主体之间的信任、规范与未来预期等，现实的反映主要体现为强度、建立关系时间及关系属性的方面。企业社会资本的认知维度指的是通过共同的认知能够为网络成员带来共同的理解和意思表达的那些资源，具体表现在对事物的共同的态度、解释方法。主要包括共同的语言、共享的文化以及共同的愿景等价值因素，也就是当网络内所有个体对事物的解释与看法越趋于一致时，有助于沟通、合作与协调进而产生较高的社会资本。与关系维度相比，认知维度也是关于企业网络的质量的测量和描述工具。但关系维度是关于联系的关系的质量，而认知维度则是关于联系的认知的质量，如网络内部是否存在真正的相互理解等。因此，从这种意义上说，企业社会资本的认知维度才是企业社会资本中最深层次的内容。

类似地，Tsai et al.（1998）在对基于企业内部网络的社会资本与价值创造之间的关系研究中，也运用了企业社会资本的结构、关系和认知三个维度划分来进行实证研究，并通过组织内网络的一些经验数据初步验证了三者之间的相关性。他们认为，社会资本的三个维度之间存在一定的自相关性。结构和认知维度的社会资本对于关系维度的社会资本都具有较强的影响，而结构维度的社会资本对认知维度的社会资本只具有弱影响。

Adler et al.（2000）与 Nahapiet 和 Ghoshal 的划分基本一致，也将社会资本区分为结构维度、关系维度和认知维度，但其将研究的重点放在了结构维度的网络关系、关系维度的共同规范和认知维度的共同信念上，并认为结构、关系、认知性社会资本分别反映了主体间通过社会互动获得资源的接触机会、交换意愿与认知能力。在国内，周小虎等（2004）研究了企业社会资本结构、关系、认知三个维度对知识创造过程的影响，提出将企业社会资本作为战略性资源和企业治理机制进行开发和管理。吴晓波等

(2004) 从社会资本的结构、关系和认知三个基本维度出发，研究了企业社会资本对产学研的作用，并指出，培育社会资本是产学研合作发展的关键。韦影（2005）从吸收能力理论视角，通过实证分析得出企业社会资本的结构、关系和认知三个维度的社会资本均对吸收能力产生影响，吸收能力又直接作用于技术创新绩效，从而在企业社会资本促进技术创新绩效提升的过程中发挥着中介作用。

与上述学者将企业社会资本划分为结构、关系和认知维度不同，Gabbay et al.（1998）将社会资本归纳为"关系维"和"结构维"两种维度。Krishna et al.（1999）提出，企业社会资本应包括结构型社会资本和认知型社会资本，其中认知型社会资本由规范、价值观以及相互信任三个子维度构成，结构型社会资本由网络结构、相互作用两个维度构成。Landry et al.（2002）在研究社会资本与创业的关系时将企业社会资本分为结构性社会资本和认知性社会资本。前者指有益于增强合作效果、产生互惠期望、降低交易费用的社会关系网络，并细分为信息网络资产、商业网络资产、研究网络资产、参与资产以及关系资产等。后者指影响相互信赖的规范、价值、观点和信念，主要指企业与供应商、客户、政府机构及其他组织、个人的社会信任。

另外，Yli-Renko（2001）认为，企业社会资本可分为以下三部分：企业间社会交互作用的水平、以信任和互惠描述的关系质量、通过关系所建立的网络联系的水平。在研究企业绩效与社会资本的关系时，Cooke et al.（2002）按照网络及联合中的非正式和正式联系（直接业务联系、专业协会、行业协会、社会俱乐部等）的概念，对企业社会资本进行了具体划分。郑胜利等（2002）综合多位学者的研究，认为企业的社会资本包括内、外两部分。内部社会资本主要包括：工人之间的社会资本，工人与管理者之间的社会资本，管理者之间的社会资本，部门间的社会资本。外部社会资本主要包括：企业的纵向联系（上级领导机关、当地政府部门以及下属企业、部门），企业的横向联系（其他企业、科研院所及高校、金融机构、中介组织等）。张其仔（2000）在分析企业社会资本对国有企业经营绩效的影响时，认为企业社会资本主要有三种存储形式：一是存储于工人之间的社会资本；二是存储于工人与管理者之间的社会资本；三是存储于管理者之间的社会资本。但该方法只强调了企业内部的各种联系，而忽视了企业外部的各种联系和资源。边燕杰等（2000）研究了企业在经济领域的联系是怎样的，并将企业社会资本界定为企业的纵向联系、横向联系以及社会联系。在此基础上，陈劲等（2001）以及张方华（2004）也将企业社会资本划分为纵向关系、横向关系和社会关系资本三个维度。

显然，Nahapiet et al.（1998）关于企业社会资本分析维度的划分，不仅得到了学术界的广泛重视和认可，也得到了较为充分的理论和实证支持（Fei Ye，2005）。例如，“结构维度”包含网络密度、联系强弱、连接性和中心位置，承袭了 Burt（1992）结构主义社会资本界定，将社会网络分析方法中的相关指数引入组织社会资本的研究当中，从中观角度分析网络构型对组织行为的影响，使得社会资本分析具有了实体上的意义；“关系维”则通过信任、规范、期望、义务等要素的讨论，继承了 Coleman（1988，1990）功能主义的社会资本定义，从微观意义上探讨组织之间对偶关系的性质对组织行为的影响，揭示了社会资本发生作用的深层原因和内在机制；而“认知维”则结合了 Putnam（1995）、Fukuyam（1995）等学者对社会资本的文化角度的讨论，从宏观水平上看待其对行为的影响，揭示了集体行为发生的动机性因素。正因为如此，他们关于企业社会资本分析维度的划分受到了理论和实证学者们的广泛认同，其研究框架也成为后来学者进行实证研究的引用典范。此后，学者们对企业社会资本的研究尽管大多遵循 Nahapiet et al.（1998）的维度划分思路，但也会根据研究对象和目的的不同，对三个维度的具体内容作一些修改和调整，如在 Tsai et al.（1998）的研究中，关系维度选用信任，结构维度选用网络联系，认知维度选用共享价值观来研究组织的社会资本。本部分也遵循 Nahapiet et al. 的维度划分思路，将中小企业社会资本划分为结构维度、关系维度和认知维度。其中的结构维度和认知维度与 Nahapiet et al. 的社会资本结构维度、认知维度类似，主要考虑中小企业所处社会制度结构、市场主体对其行为的影响；关系维度则与“利益相关者价值关系”观点类似，主要考虑的是中小企业通过社会关系所能够获得的各种类型和质量的资源。并根据上述思想，对中小企业社会资本的三个维度和中小企业融资的对应特征进行比较，考察中小企业社会资本结构、关系和认知维度与其融资相关联的方式和途径。

另外，中小企业是一种组织体，具有内部和外部两方面的社会关系网络。Adler et al.（2002）指出，行动者的外部社会关系起着“搭桥”的作用，其功能在于帮助行动者获取外部资源以加强其竞争优势；而行动者内在的社会关系可以融合组织内部的行动者，起到成员间和部门间的“黏合”作用，为组织实现目标提供便利。也就是说，以企业为主体的社会资本主要体现在以企业为实体与外部相互合作、相互协同、资源互补基础上形成的社会关系网络。本书主要关注中小企业这一行动主体的社会资本对其融资的影响，强调外部社会关系获取外部资源的功能，属于学者界定的外部社会资本范畴。因此，在没有特别说明的情况下，以后本书所提及的中小企业社会资本均指中小企业的外部社会资本。

六、中小企业社会资本的测量

社会资本的测量问题一直是社会资本研究的重点和难点，由于社会资本难以直接观察和测量，不同学者对社会资本的测量，无论在方法上还是指标的选取上都存在很大差异。目前，对于社会资本的测量主要有两种方法：直接法和间接法。其中，直接法是指通过实地观测来测量社会资本。而间接法可分为样本法和案例法，实践中又以样本法居多。在经验研究中，主要从社会资本的三个基本成分（信任、规范、网络）出发寻求替代指标对其进行测量。但由于概念的理解和研究视角不同，不同研究往往针对社会资本的某一个或几个维度进行测量。部分学者仅从社会资本的某一维度对其进行测量；而另一部分学者则从社会资本的多个维度对其进行测量。而且，对不同层次社会资本测量时由于研究对象和研究目的不同，选择的替代指标也存在较大差异。具体到企业层面的社会资本的测量，根据测量主体的不同，可将其分为以下两种情况：

（一）以个人社会资本测量代替企业社会资本

以个人社会资本测量代替企业社会资本最主要的表现就是将企业家个人当作企业社会资本的主体。如边燕杰等（2000）在将企业社会资本界定为企业的纵向联系、横向联系以及社会联系的基础上，分别使用三个指标即企业的法人代表是否在上级领导机关任过职，企业的法人代表是否在跨行业的其他任何企业工作过及担任过经营、管理等领导职务，企业法人代表的社会交往和联系是否广泛来测量企业的社会资本。周小虎（2002）认为，应从企业家关系网络的数量和质量的计量来测量企业社会资本。张其仔（2004）则试图根据企业家网络的类型、密度、规模等，从 NPO 和 NGO（如是否参加协会等社会团体组织）及社会交往、公共关系行为等方面测量社会资本。石军伟（2007）通过企业与政府的关系（企业家社会关系代替）、组织社会网络（问卷调查方式测量）、组织特有关系（企业无形资产表示）来衡量企业社会资本。陈晓红等（2007）采用问卷调查方式来测量中小企业的社会资本，设计包括企业家教育程度、企业家愿景、企业文化手册、企业家社会关系等 11 个指标来测量企业社会资本。沈艺峰等（2009）构建包含高管和企业特征的指标来测量企业社会资本。

另外，将企业高级管理人员作为企业社会资本的测量主体，也是当前研究的一个重要趋势。如 Peng et al.（2000）用经理与其他企业经理的关系、经理与政府的关系来代替企业社会资本。Acquaah（2007）采用企业经理与政府关系、经理与其他企业经理的关系、经理是否是协会领导来衡量企业社会资本。Shipliov et al.（2006）认为，企业经营管理的关键决策者不是企业家个人而是高管团队，因此，他们将企业社会资本理论与高阶理论相结合，提出了高管团队社会资本的概念，并提出用“对内团结社会资本”和“对外沟通社会资本”来测量企业社会资本。张进华（2010）构建了高管团队社会资本的二阶因子模型来测量企业高管团队的外部社会资本。

（二）从企业组织层面来测量企业社会资本

Fukuyama（1995）认为，对任何一个企业而言，其资产总额都等于有形资产加上无形资产，而在无形资产中包含着社会资本，因此，他提出用企业在接管前后的“管理溢价”来测量企业社会资本。张方华（2004）与边燕杰观点相类似，但他的测量主体是企业组织本身而非个人。他认为，企业社会资本也是由三个维度构成，即企业的纵向关系、横向关系和社会关系。韦影（2007）在 Nahapiet 和 Ghoshal 对企业社会资本三个维度划分的基础上，兼顾内外视角，构造了企业社会资本的矩阵式测量结构。吴小瑾等（2007）采用网络加信任的方法，即企业的社会关系网络、经济关系网络以及对环境信任水平的认知三个方面，设计包括企业家教育程度、企业家愿景、企业文化手册、企业家社会关系等11个指标来测量企业社会资本。蒋天颖等（2010）将企业社会资本分为社会网络、信任和共同愿景三个维度、14个问题进行测量。

很显然，以个人社会资本测量代替企业社会资本并不符合本书界定的中小企业社会资本的概念。根据本书的定义，中小企业社会资本的主体是企业而不是个人，虽然企业家或高级管理人员在中小企业社会资本积累中发挥着重要作用，对中小企业资源的获取具有不可替代的功能。但若将其所拥有的社会关系网络纳入企业社会资本的范畴，必将会混淆中小企业社会资本和个人社会资本的概念。因此，本书对中小企业社会资本的测量，将以中小企业为主体，按照本文赋予的中小企业社会资本结构、关系和认知三个维度的含义，尝试性地建立中小企业社会资本的测度指标，并采用问卷调查的方法测量中小企业社会资本。

中小企业社会资本融资作用机制分析

第一节　分析的基础：嵌入性

“嵌入性”是新经济社会学考察和解释社会结构与经济行为之间相互关系的出发点。这一概念最初由美籍匈牙利学者 Polanyi 提出，后经美国社会学家 Granovetter 的修正和重新阐释而成为新经济社会学的核心概念。“嵌入性”概念的提出对后来经济社会学的研究产生了深远影响，学者们逐渐认识到，要理解市场问题、克服传统经济学理论的约束，就必须深入研究人和组织所处的社会关系。目前，嵌入性理论已成为社会学、经济学和管理学等不同学科领域研究的重要分析工具，并成功解释了经济领域和社会活动中的一些重要现象。

一、嵌入性的内涵

（一）Polanyi 的“嵌入性”概念

“嵌入性”的概念是由美籍匈牙利学者 Polanyi 首先提出的。1944 年，Polanyi 在其出版的《伟大的转折》一书中，针对人类经济行为的不完全理性，在对历史学、人类学以及经济史进行深入研究的基础上，从实质主义经济学的视角提出了经济体系与社会体系的嵌入性关系问题，即经济行为总是嵌入文化、习俗等非经济行为中，并用嵌入性概念来解释工业革命前、后两个不同社会中的经济体系与社会体系的关系问题。他认为，经济学强制性地将理性算计、自利和效用最大化规定为行动者的所有出发点，严重扭曲了经济和市场的本质特征。市场嵌入社会是人类历史的本质和普遍逻辑，经济牢牢地附属于整体社会是其本质所在，并且经济行为者的理性概念也不是所有经济形式都必须具备的因素，如在互惠、再分配与交换三种关系形式中，前二者中就不能说存在所谓市场价格。在 Polanyi 看来，嵌入性是不可避免的，它是保证经济秩序所必需的。人类的经济活动总是嵌入相应的历史制度之中，嵌入的性质随着时间的推移而不断发生变化。关于工业革命前、后两个不同社会中的经济体系与社会体系的关系问题，Polanyi 认为，工业革命前、后的两种嵌入性存在着巨大的差异。在前工业革命社会，人类的经济行为是嵌入制度之中的，包括经济的与非经济的制度。这里非经济制度至关重要，宗教和政府在经济结构与功能的形成、维持方面与货币制度同样重要。经济行为的根源或动机由各种非经济因素促成，而不止谋利。但在后工业革命社会，现代社会的市场交换已发展到足以从社会中分化出来，并且对社会产生日益深刻的影响，经济脱离社会而按照自己的逻辑独自运作，经济不再嵌入社会关系之中。不仅如此，社会甚至反过来臣属于经济，造成“经济逻辑对社会逻辑的殖民”。也就是说，社会关系被嵌入经济体系之中，而不是经济行为被嵌入社会关系之内。

Polanyi（1957）在其后来的《作为制度过程的经济》一书中，更加明确地提到了人们的经济行为对非经济结构与制度的依赖。他认为，人们对某些经济行为与模式的选择，从根本上来看，往往是他们所赖以生存的那个社会的社会结构和社会生活方式所影响的结果，并指出“人类经济嵌入并缠结于经济与非经济的制度之中，将非经济的制度包括在内是极其重要的”“经济行为作为一个制度过程总是与经济制度和非经济制度密不可分并嵌入其中的”。他进一步研究发现，经济体系与社会体系的嵌入性不是静态不变的，而是动态的，即嵌入性随着社会发展的历史进程而发生变化。

从 Polanyi 的嵌入性概念可以看出，Polanyi 所提出的嵌入性是指经济体系的运作过程中所蕴含的社会体系的影响，侧重于经济体系与社会体系间的双边联系，强调经济活动是一个制度化的过程。Polanyi“嵌入性”概念的提出具有重要的理论价值和现实意义，对于理解经济行为的社会条件以及经济活动中社会因素的影响和作用有着开先河的意义。它不仅引发了 20 世纪 50 年代经济学领域关于实体主义经济学和形式主义经济学的论战，而且直接启发了以 Granovetter 为代表的新经济社会学“嵌入性”理论的产生，使得“嵌入性”成为新经济社会学的标志性概念。但由于 Polanyi 主要是从宏观方面证明了经济与社会的嵌入关系，其目的在于强调制度的作用，对于具体的嵌入过程和规则并没有进行深化研究，因而他所提出的嵌入性思想在当时并没有引起学者们的关注，在相当一段时间内仍处于概念的提出阶段。

（二）Granovetter 的“嵌入性”概念

1985 年，美国新经济学家 Granovetter 在《美国社会学杂志》上发表题为《经济行动与社会结构：嵌入性问题》的经典论文，批判地继承了 Polanyi 的嵌入性思想，对“嵌入性”这一概念的内涵进行了深化和拓展，创造性地重塑了 Polanyi 的“嵌入性”概念，将社会关系归入经济行为分析之中，强调了社会关系对经济行为的影响（马强、远德玉，2004）。Granovetter（1985）在论文中指出，组织的经济行为在一定程度上嵌入社会关系之中，这种嵌入关系不同于低度社会化和过度社会化。其基本观点是：人类经济行为嵌入社会结构之中，而这种社会结构的核心就是人类社会生活中的社会关系，这种社会嵌入不论是在工业社会还是在前工业社会一直存在着。并且认为，经济行为嵌入社会关系的程度和水平或许会随着时间和空间的不同而发生改变，但经济行为嵌入社会关系和社会结构之中的事实是永存的，人们在相互信任的基础上所建立的社会网络则是社会关系和社会结构的核心。该论文被认为是新经济社会学兴起的标志，并成为嵌入性理论研究的新里程碑。

20 世纪 80 年代中期，Granovetter 的另一篇论文《经济社会学的解释性问题》，则把嵌入性问题放到更加抽象的层面上来进行分析，并用嵌入性视角挑战当时两个主流学派，即以新古典理论为代表的主流经济学和主流社会学，并在综合前人研究成果的基础上，首次提出适度社会化的嵌入性思想。通过对经济学假设和社会学假设的分析，Granovetter 认为，在学术界存在着两种截然相反的思维方式：一种是“社会化不足”，即一味强调个体的自由意志和理性算计，忽视行动者所处的社会环境。另一种是“过度社会化”，即社会学过度突出制度、规范和习俗文化的影响，个体行动者被忽略了。这两种倾向都有失偏颇，在分析经济行为和制度问题时太过局限和不足，因此都不能对现实世界中的经济行为给出合理的解释与预测。从宏观的角度看，习俗、文化和政治等因素无不影响着行动者的决定；从微观的角度看，行动者也不可避免地夹杂在复杂的社会关系网络之中，受同伴的影响。“现实中的个体行动者进行经济行动，固然有着理性计算和个人偏好，但是不可避免地杂糅着非理性动机，行动者会不断和周围的社会网络交换信息，搜集情报，受到影响，甚至改变偏好。行动者的行为既是自主的，但同时也是嵌入其所在的社会关系当中的”（Granovetter，1992）。他进一步提出，这两种貌似对立的观点实质上都是一种使个体行为原子化的观点。在经济学中，原子化来源于对自我利益的功利性追求；而在社会学中，原子化来源于过去的社会化过程，个人的行为模式已被过去的历程内在化，行为主体只是按照过去形成的经验与判断机械行事。因此，这两种研究方法都犯了一个共同的错误，即将行为主体的决策和行为与其所处的具体社会情境割裂开来，完全忽视了鲜活的社会现实以及网络与行为主体之间的相互作用。同时，Granovetter 将嵌入性分为三个层次，即零嵌入性、弱嵌入性和强嵌入性。其中，“零嵌入性”实际上成为主流经济学的立场，即“社会化不足”；“强嵌入性”成为制度经济学的立场，即“过度社会化”。Granovetter 认为，真实的情况是应该将两种立场融合，或者说经济行为是适度嵌入社会结构之中的，既要强调人类行为嵌入社会网络结构当中，也要凸显这种经济过程中主体的自主性，从而形成了理论上的“弱嵌入性”定义。也就是说，行动者既不是完全独立于社会网络结构之外，也不是完全依附于所属的社会关系和角色之中，而是有目标、有情感地处于真实的社会网络结构中的社会行动者。行动者是处于社会环境中的个体，其行为自然受到社会结构的限制和形塑，因而无法摆脱社会情景成为完全和绝对的理性人，其经济行为也始终是嵌入社会网络关系之中的。他们既是理性人，有着明确的目标和达成目标时所采取的手段和策略，但更是社会人，受到社会结构的限定和社会网络关系的影响。同时，其认为，“行动者既不是像独立原子一样游离在社会网络之外，也不会奴隶般地依附在它所属社会类别赋予其的角色。人们具有目的性的行动企图实际上是嵌入真实的、正在运转的社会关系系统之中的”“原子化的个体被赋予了情境变量而更加真实”。

从 Granovetter 的嵌入性概念可以看出，Granovetter 的嵌入性概念批判地继承了 Polanyi 的嵌入性思想，将 Polanyi 的经济体系与社会体系间的双边联系的嵌入性内涵推广到了组织经济行为与社会体系多边联系的嵌入性内涵，强调个人和企业的经济行为受到社会关系和社会结构的影响，确立了“嵌入性”的理论基础；创造性地重塑了“嵌入性”概念，强调社会对经济行为的影响，将社会关系纳入经济行为的分析当中，从而把嵌入性研究推向了新的阶段，成为嵌入性理论研究的新的里程碑；把 Polanyi 的宏观、抽象的社会、经济层面的嵌入思想微观化、可操作化，使得嵌入理论可以方便地应用于对个体行为及集体行为的分析，大大提高了这一概念的应用能力与解释力，奠定了嵌入理论在新经济社会学中的核心地位；提出了适度社会化的嵌入性思想，弥补了经济学“低度社会化”和社会学“过度社会化”的缺陷，在认可经济行动所具有的理性基础上提出理性虽存在但并不能成为解释一些经济现象的前提假设。

在 Granovetter 嵌入性理论研究的基础上，Zukin et al.（1990）对嵌入性概念进行了拓展，提出了嵌入性的四种类型，即结构嵌入性、认知嵌入性、文化嵌入性和政治嵌入性。他们认为，经济行为受到认知嵌入、文化嵌入、结构嵌入和政治嵌入等四种不同嵌入的影响，并建议研究嵌入不仅要考虑“文化嵌入”，还要考虑“政治嵌入”和“认知嵌入”。

Barber 在 Granovetter 研究的基础上也对嵌入性概念及其发展意义作了进一步分析。Barber（1995）研究发现，重新构架嵌入性概念将对经济学和社会学领域的研究具有重要的推动作用，特别是在新古典经济学中，市场交易是理性的、非人格化的和独立的，尽管这种假设在理论研究中有助于简化研究过程，但是实际上客观世界的经济运行规律、组织选择和个体行为并不是按照既定假设运行的，所以嵌入性理论对经济学和社会学的传统观点的修正是理论上的重大突破。

二、嵌入性的分类

随着嵌入性理论研究的逐步深入，不同学者根据研究主题的需要对嵌入性进行了多种分类。较为典型并在后续研究中被大量引用的分类方法主要包括：Granovetter 的关系嵌入性和结构嵌入性分类，Zukin 和 Dimaggio 的结构嵌入性、认知嵌入性、文化嵌入性和政治嵌入性分类。

（一）结构嵌入性和关系嵌入性分类

结构嵌入性和关系嵌入性分类最早是由 Granovetter 提出的，是嵌入性理论最基本的分类方法，也是目前在国内外研究中被普遍采用的分类方法，并且这一分类方法对企业融资行为具有较强的解释能力（邬爱其，2004）。Granovetter（2005）认为，从网络联系的视角来看，组织嵌入性将组织看作一个开放的系统，在经济活动中，不断与社会体系发生错综复杂的联系，最终形成了网络化的嵌入格局。一方面，通过与社会网络中相关组织的持续交往即形成“关系嵌入性”，组织可以获得比网络外组织更多的信息和资源优势。另一方面，组织嵌入社会网络即形成“结构嵌入性”也可以获得信息和资源优势。也就是说，在社会关系网络中，不但网络结构可以给组织带来优势，而且网络关系也可以给组织带来价值。因此，从网络联系的视角，可以将组织嵌入性分为关系嵌入性和结构嵌入性（杨玉波、李备友，2014）。其中，结构嵌入性主要强调网络内主体的结构特征，关系嵌入性主要强调网络的关系特征。

1. 结构嵌入性。结构嵌入性是指网络的特定结构和组织在其中的特定位置给组织带来特定价值的作用机制（Gulati，1998）。结构嵌入性的理论基础在一定程度上源自于经济学中的社会网络分析，主要关注的不是研究网络行动者个体之间的相互关系，而是网络中各参与者之间相互联系的总体性结构，它一方面强调社会网络的整体功能和结构，另一方面关注企业作为网络节点在社会网络中的结构位置。结构嵌入性研究的网络关系是多维的，嵌入性不但分析组织在社会网络中的结构位置，如结构洞、连通度等，而且重点关注社会网络的总体性结构，比如网络密度、网络封闭性等。Granovetter（1992）研究发现，结构嵌入性对所嵌入的组织来说有着更为微妙和间接的影响。这些影响主要表现在结构嵌入性不但给组织提供了发展机遇，而且也给组织带来了一定程度的约束。如Burt（1992，1997）认为，“那些参与者”（处于结构洞位置的）具有信息和控制优势，为其谋取更多服务和回报，并能从网络中未联结参与者之处获得额外利益。

结构嵌入性对组织经济行为的作用机理主要表现为网络位置的信息获得效应。结构嵌入性会影响组织获取信息的数量以及信息的对称程度，从而提高决策效率和效果，并推动组织创新。比如，处于网络中心位置的结点拥有信息优势，它能通过多种途径来获得关于其他组织资源和能力的信息，有效降低信息不对称程度（Uzzi，1997）。网络中心位置还能给中心结点带来声誉和地位优势，使得中心结点能更有效地获取资源，并增强组织的资源利用能力。

结构嵌入性理论研究中最具影响力的成果当属 Burt 提出的“结构洞”理论。“结构洞”理论就是强调关系网络的功利性与工具性，它揭示出网络中缺失的联结是如何创造出信息的不对称模式的，而那些掌握着能够跨越这些缺口纽带的人们没有重复的信息源是最有效的网络结构，处于该位置的人将会占据经济上的优势地位（甄志宏，2009）。企业在网络中拥有的结构洞的数量越多，企业在整个信息传递网络中占据的位置越有利。“结构洞”位置体现了企业在网络中的“桥梁作用”。

2. 关系嵌入性。关系嵌入性是指网络关系给组织带来的一种获取信息和资源的作用机制（Gulati，1998）。关系嵌入性已成为组织的重要战略性资源，是组织获取外部信息和资源的重要机制，对组织的创新和绩效有着重要的影响。关系嵌入性的理论来源在很大程度上是社会学研究中的社会资本研究，它主要关注互惠预期而发生的双向关系，强调网络的关系特征。该理论认为组织的经济行为是嵌入它与其他组织互动所形成的社会关系网络中，其组织本身关系网络中的因素会对其经济决策和行动产生重要影响。关系性嵌入主要用关系的内容、方向、延续性和强度等指标来测度，即是关系嵌入性研究的主要内容（Granovetter，1992）。关系嵌入性在很多方面影响组织间的合作、资源的交换和组合、共享性知识的开发等。其中，行为主体间的紧密程度、信任、合作规范、对未来价值的预期以及通过资源交换、组合参与知识创造的动机对企业当前的经济绩效和未来合作都有直接影响。一般用关系持久度、关系质量和关系强度等指标来表征关系嵌入性。

关系嵌入性对组织经济行为的作用机理主要表现为以下两个方面：一方面是关系嵌入性的知识获取效应。一般认为，知识可分为显性知识和隐性知识，隐性知识由于具有黏滞性、默会性和难以模仿性而成为企业竞争优势的来源。显性知识可通过市场交易获得，而隐性知识嵌入企业所处的社会背景中，难以被他人模仿。如果没有与其他企业建立基于信任、关系专用投资和路径依赖的嵌入关系，那么就很难通过学习来获得隐性知识（Uzzi，1997；Nahapiet and Ghoshal，1998）。因此，嵌入关系有助于组织获得隐性知识。另一方面就是关系嵌入的治理效应。在强关系中，各伙伴学习彼此的知识，相互了解，相互依赖，从而促进组织间信任的发展（Uzzi，1996）。强关系还有利于建立行为规范和获得社会认可，培育互惠意识和长期合作观念，发展共同解决问题的制度安排，因此可充当治理伙伴行为的社会控制机制（Rowley，Behrens，and Krackhardt，2000）。

由于 Granovetter 把嵌入的定义限制在经济行为的社会嵌入中，因此，Granovetter 的关系嵌入性实际上是对嵌入网络中人际社会二元关系的结构和特征（包括关系疏密和关系质量等）的刻画，而结构嵌入性是对行为主体嵌入关系构成的各种网络的总体结构描述。因此，关系嵌入性和结构嵌入性是从两个不同方面对嵌入网络进行解构的变量。可以说，关系嵌入性是对嵌入网络的微观解构，而结构嵌入性是对嵌入网络的中观解构。已有研究发现，组织所处的网络位置或者网络结构可以给组织带来一定的比较优势。正是这两种不同的嵌入性使经济行动者之间产生了相互信任和互动，限制了机会主义行为，保证了交易的顺畅进行。

同时，结构嵌入性与关系嵌入性在某种程度上又是相互替代的。基于 Burt 的理论，Rowley et al.（2000）认为，关系嵌入性和结构嵌入性不是彼此独立而是相互依赖的。像强关系一样，高密度网络也可作为基于信任的治理机制。如果企业已经从所嵌入的高密度网络中获得了收益，那么就不太容易再通过强关系来取得很大的收益。究其原因，企业在高密度网络中的结构嵌入性是建立和实施行为规范的重要保证，再继续加强组织间关系，只能使企业陷入过度嵌入的困境。在这种情况下，强关系就是一种多余的交易治理结构。企业与其花费更多的时间和精力来发展强关系，还不如去寻找新的机会和合作伙伴。因此，在高密度网络中，结构嵌入性与关系嵌入性在某种程度上是相互替代的。

（二）结构、认知、文化和政治嵌入性分类

从嵌入性所关联的实体来看，组织在网络联系上的结构嵌入性和关系嵌入性表现为多个组织实体间的相互影响与制约；同样，组织所处的政治制度、社会文化以及长期所形成的群体认知也会影响其经济行为。Zukin et al.（1990）将嵌入性分为结构嵌入性、政治嵌入性、文化嵌入性和认知嵌入性，这四种嵌入性共同刻画了企业受到外界不同要素的影响以及影响程度。这里的结构嵌入性源自于Granovetter的基本概念，主要关注企业在所处社会网络中的位置，有差异的结构位点导致异质性，并且和资源动态流动一起影响企业对网络中其他企业或组织的竞争行为（Moran，2005）。同时，资源在网络中的流动也受到结构嵌入性的控制（Burt，1992）。具体解释在上文中已作说明，因此本部分仅对政治嵌入性、文化嵌入性和认知嵌入性进行简要分析。

1. 政治嵌入性。政治嵌入性是指一个国家或地区的政治环境、政治体制、权力结构等政治因素对组织经济行为的制约与影响。政治嵌入性主要关注政治因素对组织经济行为的作用机理，以及影响和激励组织经济行为的某些制度特征（障碍或缺失）（Zukin and Dimaggio，1990）。经济合作与发展组织2001年度的研究报告提出，政府在公共政策制定与公共信息平台建设上的推动对区域内经济主体经营活动和经济行为的引导或限制作用表现得非常明显。Grabher（1993）对德国Ruhr地区的钢铁业集群进行研究发现，Ruhr 地区的政府及其他组织构成了一个强有力的“政治行政系统”，这种紧密的网络联系赋予了该地区特殊的生产使命和功能定位，阻碍了区域生产系统根据市场时机进行自我更新和业务转型，因此政治嵌入性可能变成“负债或负外部性”。

2. 文化嵌入性。文化嵌入性是指传统价值观、宗教信仰、共有信念、传统惯例等社会文化因素对组织经济行为的制约与影响。文化嵌入性主要关注共有信念、价值观和传统惯例等对组织经济目标实现的促成机理（Zukin and Dimaggio，1990）。正如 Hagedoorn（2006）提出的，处于不同社会文化环境中的组织，在进行业务合作选择时，各自倾向也不同。尤其是不同国家的组织，其业务合作选择倾向具有显著差异。因此，在理解和分析组织经济行为的过程中，文化嵌入性意味着必须充分考虑社会文化差异所造成的影响。从目前有关集群研究所得的结论来看，区域商业文化传统对内部企业进行商业活动、区域内经济活动主体间的合作具有非常显著的影响。

3. 认知嵌入性。认知嵌入性是指组织长期形成的群体认知（如原有的思维意识）对于组织经济行为的引导或限制。它主要关注群体认知、群体思维、社会认知等对组织经济行为的作用机理（Zukin and Dimaggio，1990）。在长期的经济活动中，组织如同个人一样也会形成一定的“群体思维和群体认知”，组织的战略选择、执行以及日常的运营管理都会受到这些群体认知和群体思维的显著影响。Zukin et al.（1990）通过研究发现，组织在经济活动过程中所形成的、结构化的、规律性的群体认知对经济理性的实现有一定程度的限制。认知嵌入性也强调了社会认知、群体认知和群体思维对组织管理行为的塑造作用（Dacin，Ventresca，and Beal，1999）。可以说，认知嵌入性观点对古典经济学中的“理性”假设基础提出了质疑，从理论上解释了组织在信息不对称的情况下长期所形成的群体思维和群体认知对其战略决策、运营管理的影响。

总之，以 Granovetter 为代表的新经济社会学者提出的嵌入思想是将新制度主义分析和社会网络关系分析相结合、将古典经济学和社会学传统相结合的典范。嵌入性思想认为，人们的经济行为即经济行动是嵌入社会关系网络中的，人们的经济行动既是理性的但同时也受所处的社会结构和社会网络关系的影响和制约。突破了传统经济学和社会学对经济行动的认知，为后来学者研究经济现象和经济制度提供了一种崭新的视角和较好的分析框架，即从社会结构或社会网络的角度来研究经济生活的“合法性”(郭劲光，2006)，实现了对原有理论的创新和超越，因而具有较高的学术价值。事实上，经济行为和社会结构的关系问题一直是经济学和社会学学科对话和冲突的焦点，“嵌入性”思想实际上已经为经济学和社会学两门学科的交融提供了契机。同时，“嵌入性”理论作为社会资本理论的重要理论基础，对经济现象背后形成机理的审视跳出了传统经济学研究的窠臼，为讨论经济行为提供了非常契合于现实观察的直觉基础以及新颖的分析范式，也为研究社会资本理论在中小企业融资中的作用提供了重要的理论基础。

第二节 中小企业社会资本融资的作用机制

一、中小企业社会资本融资作用机制分析

已有研究表明，融资交易双方之间的信息不对称是造成中小企业融资困境的最主要成因。对于银行信贷融资而言，如何有效

降低中小企业与银行等金融机构之间的信息不对称性，就成为研究解决中小企业融资困境的基本思路。中小企业社会资本作为一种信息传递机制和社会担保机制，最重要的作用是能够实现信息获取的快速高效，并为信息的真实性提供保障。对于中小企业融资而言，中小企业社会资本所表现出的作用可以归结为降低信息不对称性和防范机会主义行为。其中，降低信息不对称性可以帮助资金贷出者辨识出信用水平相对较高的中小企业，从而有助于缓解贷款之前的逆向选择问题；而防范机会主义行为能够增加中小企业的还款意愿，从而有助于缓解贷款之后的道德风险问题（张远为、严飞，2018）。然而，中小企业社会资本对其融资的作用是通过一定的作用机制实现的，这些作用机制主要包括社会关系网络、社会信任和社会规范。其中，社会关系网络是社会资本的载体，直接影响中小企业的融资渠道和融资交易双方的资源共享程度；社会信任是融资交易双方的“黏合剂”，通过影响中小企业的声誉以及融资交易双方的交易机会，影响融资的交易成本和监督成本；社会规范代表着社会关系网络内的企业融资交易过程中的标准和规则的认可，在一定程度上，它可以约束融资交易双方的机会主义行为，并建立起网络内的社会担保机制。

（一）社会关系网络

1. 社会关系网络的特征与作用。社会关系网络通常是指个体基于社会联系而形成的联结体系。其中，网络中的个体可以是个人、组织，也可以是国家。它体现的是人与人之间、企业与企业之间互动而形成的相对稳定的关系体系。Mitchell（1969）认为，社会关系网络是特定的一群人之间的关系，这种关系包括正式的和非正式的两种形式，它涵盖了人与人之间的直接关系和通过外界物质环境等因素而构成的间接社会关系，并指出社会关系网络至少应包括行动者、关系和连接途径等三个要素。Brass

(2004) 认为，社会关系网络是指包括人与人之间，个人、企业、政府以及其他各种机构之间相互复杂的联系，是一个有差别地拥有和分配资源的复杂网络系统。

作为中小企业社会资本构成要素的社会关系网络是基于特定关系存在的，这种关系可以是经济性的利益关系，也可以是社会性的利益关系。其中，经济性利益关系形成的经济性关系网络是属于正式交往的网络，而社会性利益关系所形成的社会性关系网络则是属于非正式交往的网络。在现实中，经济性关系网络和社会性关系网络往往是交织在一起的，中小企业作为存在于社会中的个体，其经济行动总是嵌入一定的社会关系和社会结构之中，社会关系和社会结构对企业的经济行为能够产生潜移默化的影响。因此，从中小企业社会资本的角度所界定的社会关系网络主要是指中小企业与其他个体或企业之间所构建的以长期合作为基础的正式的或非正式的关系网络总和，它不仅包括中小企业与外部利益相关者之间基于经济契约的关系网络，即企业与债权人、供应商、客户、作为征税者的政府、管理者等外部利益相关者之间所构建的关系网络，还包括彼此间的基于社会契约的关系网络，即中小企业与作为社会经济管理者的政府、社区、竞争者、媒体等之间所构建的关系网络（隋敏，2012）。

社会关系网络是中小企业社会资本的载体和得以实现的媒介，也是中小企业社会资本价值的主要体现者。基于社会关系网络所产生的信息共享为各个利益主体提供了合作的基础，避免了囚徒困境式的非合作博弈产生的可能。通过社会关系网络的信息共享就能形成一个广泛的社会监管网络，这种社会监管网络既能鼓励诚信、负责、合作的态度，又能抑制和惩罚不良的行为或动机。同时，企业参与的社会关系网络孕育了一般性交流的牢固准则，促进了社会信任的产生。社会资本是通过社会关系网络结构的不断延伸和扩展从而获得帮助企业达到各种实际或潜在目标的资源集合。社会关系网络相互交错连接，形成了相互交换资源和相互合作的平台。社会关系网络在中小企业社会资本形成中的作用主要体现在以下两个方面：

第一，为实现资源的交换和共享提供条件。社会关系网络作为社会资本的载体，极大地提高了企业获取各项资源的速度和质量。Lin Nan（2001）指出，每个人都可以利用社会关系网络，通过直接和间接发生的人际关系网络而获得资源。企业间通过建立社会关系网络，为促进资源共享提供了条件，弥补了相互之间的资源短缺。企业社会关系网络规模越大，提供的异质性资源就越多，从而越有助于提升网络成员间资源获取和共享的程度。社会资源最重要的特点是它的稀缺性和有限性，企业拥有的稀有、独特和难以模仿的异质性资源决定着企业的竞争力和成长绩效。企业成长理论表明，资源是企业成长的关键要素。在获取资源方式上，中小企业与大型企业的主要区别是：不仅是如何去识别内部的特质资源，更重要的是如何从外部获取成长过程所需的资源，如富有经验的管理人员、能力强的技术人员、高素质的员工、发展资金、经营管理信息、产品销售渠道等。这种获取外部资源以实现企业成长的模式就是网络化成长模式，也是中小企业的重要成长模式（周中胜等，2015）。许多研究证实，企业关系网络是提升中小企业存活率和成长性的重要组织发展模式。Adler et al.（2002）研究发现，企业成功的重要因素在于企业所处的社会关系网络能够帮助其获取稀缺资源，并加快了资源流通的速度。同时，任何企业都不可能完全拥有所需的一切资源，由于社会资源的稀缺性和有限性，通过正常的渠道获取社会资源有时不仅需要极高的社会成本，而且缺乏成功的保障。社会资源潜存于社会关系网络之中，社会关系网络作为社会资源的载体，其作为企业的社会支持系统是不可或缺的。网络成员之间形成的社会关系网络为他们的资源交换提供了平台，并使得弥补双方的资源缺陷成为可能。因此，为了获取异质性资源，企业会与所处环境内能够支配这些资源的其他组织进行互动，构建企业社会关系网络。通过企业间的社会关系网络，企业可获取各种资源，如多样化的知识与共享的资源等。Coleman（1988）提出了网络的社会资源理论，他认为社会资源是无形的，网络是它的主要载体，资源不但可以为个人或组织所占用，也可以根植于社会关系网络之中，因此，个人或组织可通过彼此之间形成的社会关系网络实现稀缺资源的共享。Burt（1992，1998）认为，网络既是经济活动主体相互作用的结构，也是能够为主体带来收益的一种资源。构建有效的网络关系能够有助于企业获得支持其快速成长的资源和资本。一般来说，加入网络的主体越多，则主体拥有可支配的资源就越多，这些网络相互交错连接，形成了相互资源交换、相互合作的平台。Portes（1998）认为，社会资本是现实或潜在的资源的集合体，这些资源与拥有或多或少制度化的、共同熟识和认可的关系网络有关。企业不是孤立的行动个体，而是与经济领域的各个方面发生联系的社会网络上的纽节，社会权力、财富、声望等社会资源是嵌入社会关系网络之中的，对这些资源有需求的个体和组织可以通过社会关系网络而猎取（借用）。Gulati et al.（2000）认为，当资源不能有效通过市场交易或并购获得的时候，企业必须建立社会关系网络，发展组织间关系以获取这些资源。这些资源由于其自身的异质性以及产生过程中的路径依赖，即通过特定的网络进行组合，使其非常难以模仿与替代，网络成员只能按照联结点有差别地占有稀缺资源和结构性地分配这些资源。

第二，为信息的传递提供平台。社会关系网络是中小企业社会资本的载体，也是中小企业获取信息的主要途径。社会关系网络的作用不仅在于使处于不同网络节点的成员利用网络资源为自身谋求利益，还在于能够使信息在网络内得到不同程度的传播，为信息的传递提供有效的平台。社会关系网络的高速发展不仅使得网络内组织或个人更加便利地从社会关系网络内的各个节点上获取各类资源和利益，而且使得各类信息可以在网络中得到高效的传播。网络联系双方通过频繁的社会联系能够有效地解决信息交换问题，达到信息资源共享的作用（Uzzi，1997）。Granovetter（1973）和 Burt（1992）研究认为，社会关系网络具有信息传输功能，能够帮助个体迅速发现有关市场交易机会的信息，并接近零风险地将这些信息传递到市场中，使市场根据接收到的信息作出相应的反应，然后再通过社会关系网络将市场作出的反应传递给更多的个体或经济活动主体，从而促进这些活动主体获得市场所提供的更大范围的市场交易机会。Quinn（1992）研究发现，企业获取信息的渠道依赖于与用户建立的网络关系，且信息传递速度取决于用户之间互动的频率与质量。事实上，社会关系网络成员身份是一种社会背景证明，能起到信号传递的作用。就促进信息传递而言，网络成员可以主动或被动地通过网络路径获得信息。信息对于中小企业来说意味着成长的机会，信息的获取能力也是机会的识别能力。信息共享是社会关系网络内的一个重要活动，网络的构建是信息共享的技术基础。中小企业通过嵌入社会关系网络，能够接触到更多、更广和更新的市场需求信息、技术信息和政府政策信息等资源，获得现实的成长机会。与企业相关联的网络节点越多，企业与网络中其他主体的联系越多，企业越有可能提高信息的获取能力。Shane（2002）指出，企业的社会网络关系对企业的机会识别和信息获取会产生一定的影响。通过构建市场信息网络，企业能够更容易地进入新市场、发现新客户，从而促进企业快速成长。同时，基于网络的信息优势是一种重要的网络资源。社会关系网络中的中小企业可以与其他企业共享大量的网络资源，特别是信息资源，这是一种在特殊的网络市场中产生的战略资源，通过网络成员的相互合作，在参与中得到有价值的信息，中小企业可以利用这些信息识别和获得商业机会，构建和执行它们的战略并形成战略优势。Watts et al.（1987）研究认为，小世界网络在信息传递和扩散方面具有独特的优势。社会资本中的社会关系网络具有典型的小世界网络特征，相对于单链企业而言，社会关系网络中的企业联系更多，组织中的成员非常熟悉，这提高了网络的聚合系数，降低了特征路径的长度，有利于信息在网络内成员之间快速传播，由此便利了信息的沟通与交流，减少了信息的不对称程度，这就是社会关系网络的“信息效应”。另外，由于社会关系网络的存在，企业可以通过其社会关系网络获取对自己有用的信息，尤其是“软信息”，而这些信息是社会关系网络外其他企业无法获得的。首先，某些信息通过承诺或默契，被限制在特定的社会关系网络成员之间流动。其次，社会关系网络内存在意会信息，这种信息无法通过文字或图案来传递，只是在人际互动往来中被生产和传播。再次，社会关系网络内存在长期累积生成的信息，比如经验、直觉等。最后，社会关系网络中披露出来的专有信息，能在社会关系网络内各网络成员间的长期关系中得到有效利用，成本得到跨期分担，并且如果考虑到双方在长期博弈中的信誉效应和双方关系中的范围经济，成本效应将更为明显。

2. 社会关系网络与中小企业融资。企业社会关系网络不仅是一种关系网络，更是中小企业获取资源和信息的一种重要途径。从效率性来讲，社会关系网络是企业获取外部资源的一种重要方式与渠道，企业可以利用社会关系网络更好、更快和更有效地获取企业的外部资源，如资金和信息等。它为企业的发展提供资源支持的同时，也降低了市场的交易成本，在一定程度上也降低了企业经营风险（林民书等，2015）。Coleman（1990）认为社会关系网络是社会资本的表现形式，对个人和集体利益均具有十分重要的影响作用。Gulati（1999）考察了企业社会关系网络的重要性，认为企业所嵌入的社会关系网络本身是一项不可模仿的资源、一种创造资源的手段、一个获得资源与信息的途径。Baker（1990）和 Lin Nan（2001）认为，个人可以通过构建社会关系来取得自己所需要的资源，通过弱关系可以获取一定的工作机会、信息途径与知识等，而通过强关系则可以获得社会影响、社会支持与社会合作等。社会关系网络通过企业之间的重复博弈，有助于企业间维持持久的关系，企业可以通过其社会关系网络获取对自己有用的信息，而这些信息是网络外其他企业无法获得的，企业从社会关系网络中获取的资源就构成了社会资本。Uzzi（1997）提出“企业关系网络对资本的可获得性与融资价值具有显著影响”，他认为，通过社会关系网络达成的融资交易能够显著地促进借贷双方信息转移和信息获取的速度，从而有助于提高融资的可获得性和便利性，降低融资成本。林毅夫等（2005）在研究中国的非正规金融时，发现贷方企业依靠人缘、地缘、亲缘和社会关系网络获取关于借方企业的信息，从而使得非正规金融具有一定的信息优势。非正规金融能够在中小企业中得到充分的发展，靠的就是社会关系网络的信息传播机制。佘伯明（2015）在完成对中国非正规金融经济的考察后，认为贷方运用社会资本在非正规金融交易的过程可能会占据一些信息资源优势。具体来讲，就是借贷的一方可通过血缘、地理、社会等关系来提前取得一些与借方有关的信息。另外，社会关系网络的作用不仅在于网络内的成员利用其所处的位置为自身寻求各种稀缺资源，还在于其能使各种信息在网络内部得到不同程度的传播，使网络成员的信息更为公开和透明。密集的社会关系网络使得债权人和债务人拥有更多的机会接触和了解对方，导致信息的供给量增多，对信息的需求也变得更加容易，这不仅能够提高信息获取的时效性，降低信息的搜集成本和信息不对称程度，而且还能够提高诸如债务违约等不端行为的发生成本。社会关系网络对中小企业融资的作用主要表现为以下几个方面：

第一，有助于增加中小企业的融资渠道。中小企业社会关系网络的建立使得中小企业能够与不同社会关系的相关者共同构建正式与非正式等多层次、多方位的社会关系。拥有更多的社会关系意味着获取资源的渠道更广、资源的动员能力更强。企业拥有了良好的社会关系网络，就可以为自己带来更好的融资环境和融资条件，关系网络规模的大小直接影响企业的融资渠道和融资数量。因此，中小企业社会关系网络大大扩展了中小企业的融资范围，扩大了融资的地域界线和空间边界，为中小企业融资提供了更多可供选择的渠道。已有的研究表明，融资交易双方之间的紧密联系和合作可以有效促进企业的资金融通，其内在的机理主要在于信息的更高效传递与融资渠道的多样化。信息的转移从来都是双向的，对于中小企业而言，社会关系网络存在使得中小企业能够更加方便快捷地获取和提炼公开市场上的价格变化、资金信息和贷款机会等，同时，这种合作关系也为中小企业获取公开的和私人的信息提供了便利。这种便利主要体现在获取私人信息方面，私人信息的及时获取可以为中小企业的融资提供更多样的选择，增加中小企业的融资渠道；对于资金提供方而言，社会关系网络弱化了企业之间的信息不对称程度，使其能够更充分地了解中小企业相关信息，完善信息甄别与企业评价机制，降低融资过程中的审查成本和对担保抵押品的要求，从而有助于中小企业获得关系贷款。中小企业这种丰富的社会关系网络可以帮助中小企业突破内源融资的局限，使其融资渠道更加多样化。建立民间融资、关系融资以及合作信用融资等更为多元化的融资渠道，可以提高融资的便利性。同时，依托社会关系网络的信息共享，中小企业也可以消除由于信息不对称而产生的逆向选择和道德风险问题，建立融资交易过程中合作各方的信任机制，将信息壁垒转换为信息通道和融资优势。Otken et al.（2004）发现，社会关系网络在融资中起着至关重要的作用，这主要是由于社会关系网络能够加快信息的传播，并扩大传播的范围，从而使得需求方能够更加迅速地找到融资渠道。张玉利等（2003）发现，在成功创业者的融资渠道选择上，创业者的社会关系网络显著增加了企业的融资渠道，提高了资金的可获取性和便利性。耿敬等（2007）通过关系资本的借贷案例分析，提出人们通过动用其社会关系网络中已存的关系资本，可获得更多的金融资源，实现更多的资源共享。刘兴国等（2009）认为，民营企业更愿意向亲戚朋友这样的关系网络进行融资，主要是企业的关系网络有助于企业降低信贷条件，从而增加企业融资渠道、减少融资程序。张鑫等（2015）根据实际案例得到，人们可以调用自己现有的社会网络中的关系资源，获得更加优质的金融资源，实现更高效的信息交换。

第二，有助于降低中小企业融资过程中的信息不对称。作为中小企业社会资本的载体，社会关系网络为市场上的融资交易双方提供了获取对方信息的通道，影响了对信息与机会的获得，因此能够在一定程度上克服信息不对称问题，减少机会主义行为，促进融资交易双方的合作。制度经济学家青木昌彦（1997）将经济信息分为编码知识和意会知识。编码知识是指那些可以表示为计算数字、书面或口头报告的信息以及通过分析这些信息的内容得到的信息，也就是所谓的“硬信息”；意会知识主要指无法通过简单加总的数码信息获得的、只能在有限的局部域通过关系、经历等得到的信息，也就是所谓的“软信息”。相对较易获得的“硬信息”，由于企业的“软信息”难以通过外显形式加以清楚表达，不可能在公开市场上轻易获得，因此它具有强烈的关系属性，其获取不仅要求经济主体具有社会关系网络结构的紧密性，而且还需要经过信任基础上的重复实践与互动。通过社会关系网络的信息传递机制能够帮助企业有效传递和获取各种“软信息”。社会网络理论认为，由于企业根植于高密度的社会关系网络之中，资金的供给者除了能够获得企业在经营、市场、财务等各方面的“硬信息”外，还能够通过各种渠道获取企业家人品、企业合作信誉、企业未来发展方向等“软信息”。在信贷融资中，信息尤其是“软信息”不对称是造成融资交易无法达成的最主要原因之一。而社会关系网络的特性，恰恰就在于它能够有效帮助企业传递和获取各种“软信息”，缩短企业获取“软信息”的时间，提高企业获取“软信息”的质量，降低借贷双方的信息不对称程度，进而缓解中小企业融资难问题。事实上，中小企业自身的特殊性，使其在融资过程中所提供的财务报表以及是否具有抵押资产等“硬信息”并不能完全、准确地反映出自身的具体运行情况和真实的经营风险。同时，由于能够编码化的“硬信息”并不是无限的，而且基于公共可得的编码式信息的套利机会随着时间的流逝也会变得有限。因此，在中小企业融资过程中，“软信息”往往能够发挥更为关键的作用。中小企业通过建立自己的社会关系网络，使企业信用、声誉、经营管理、交易、投资、商业信用等“软信息”通过这些社会关系网络得以迅速传播，用显示企业信用特征和还款能力的“软信息”来替代财务数据、抵押担保等“硬信息”，从而降低融资交易双方的信息不对称和融资交易资金供给方的信息搜寻成本，提高中小企业融资的可获得性，降低融资成本。中小企业社会关系网络越紧密，获取“软信息”的时间就越短，“软信息”的传播速度就越快，获取的信息量就越多。“软信息”的大量存在可以使贷款方比较清楚地掌握企业的情况，从而能够快速地作出恰当的贷款决策，减少逆向选择和道德风险发生的可能性。具体来说，从逆向选择的角度，通过社会关系网络，将更加丰富、更加可靠的信息传递给贷款方，使贷款方较清楚地掌握企业的情况，从而减少了贷款决策的不确定性；从道德风险的角度，关系网络能够监督借款人对贷款的使用，防止其在获得资金后的投机行为，从而减少违约的可能性和道德风险。Cole（1998）研究认为，借助于企业与银行等金融机构之间通过银行存款、提供财务管理服务等业务往来建立的社会关系网络，银行不仅会了解到企业的经营财务状况等公开信息，还能获得重要的私有信息。当企业试图向银行借款时，也就更容易取得借款。Guiso（2004）研究发现，社会资本发展水平越高，社会信任水平相应越高，社会资本通过提高不同类型信贷交易活动中交易各方之间的相互信任度而对金融交易活动（例如债务契约）产生最直接的影响作用，因为相互信任水平有助于在广泛、反复、持久的金融交易活动中建立紧密的社会关系网络，而社会关系网络有助于降低信息不对称程度。Ferrary（2003）研究发现，社会资本利用社会关系网络所形成的规模经济效应能降低债务契约执行的交易成本、信息成本和监督成本，因为社会资本水平越高，社会个体成员之间的社会交往联系越密切，越有助于提高信息在社会网络中的传播效率和传播范围，最终形成信息的社会化、公开化、透明化。Dass et al.（2011）研究认为，债务人和债权人之间的社会关系网络发展得越紧密，越能产生良好的外部监管效应，越有助于抑制贷款前的逆向选择问题和贷款后的道德风险问题，从而降低债权人和债务人之间的信息不对称。

第三，有助于减少债务违约发生的概率。首先，社会关系网络能够影响债务契约的制定，使企业获得较为宽松的债务约束条件：一方面，社会关系网络具有隐性担保作用。拥有丰富社会关系网络的中小企业，意味着可以获得更多的资源，这可以作为一种信号传递给债权人，使债权人对中小企业未来的偿债能力更具信心，进而降低对中小企业债务违约的预期（游家兴、刘淳，2011；Cole，1998）。另一方面，若债权人与中小企业同处于某一社会关系网络之中，社会关系网络还可发挥信息中介作用，降低债权人面临的信息不对称风险。在债权人对债务违约的预期和面临的信息不对称风险均降低的情况下，其所要求的风险溢价也会随之下降，并进一步影响到债务契约的制定。其次，由于社会关系网络能够提高企业的资源获取能力，进而改善企业的经营业绩和财务状况。一般而言，企业的经营业绩和财务状况越好，发生债务违约的概率越低。对于中小企业而言，充足的资源是提高企业经营业绩和改善财务状况的重要保证。但资源具有稀缺性，中小企业要获取所需资源并非易事，这不但需要付出一定的成本，而且缺乏成功的保障（程恩富等，2002）。Allen et al.（2005）指出，中国的正式制度环境较弱，基于社会关系网络的非正式制度安排在企业获取资源的过程中发挥着重要作用。例如，企业与银行的关联关系可以帮助企业获得更多的银行贷款（姚铮等，2013），与政府的关联关系可以帮助企业获得更大规模的企业债务融资（毛新述、周小伟，2015），与客户的关联关系可以帮助企业扩大销售（Summers and Wilson，2003），与行业协会的关联关系可帮助企业获得先进技术，并在遇到法律纠纷时获得协助（陈爽英等，2010）。中小企业在获得充足的资源后，便可以利用这些资源来改善经营业绩和财务状况，提高偿债能力。最后，社会关系网络的价值还体现在：当中小企业陷入财务困境时，可以通过社会关系网络寻求援助，以解燃眉之急，从而避免债务违约。社会学领域的研究发现，当人们面对压力、心情压抑或经济困难时，会寻求社会关系网络的支持和帮助，而社会关系网络也确实可以帮助人们改变不利的处境（Cohen and Wills，1985）。同个人相类似，在面对困境的时候，中小企业也会利用社会关系网络来摆脱不利局面（Huang，2012）。事实上，一些企业虽徘徊于债务违约的边缘，但最终并未真正违约，一定程度上便是得益于社会关系网络的帮助。

（二）社会信任

1. 社会信任的特征与作用。“信任”是一个综合性概念，具有正直、能力、责任、沟通和约束等维度，包含了信赖、信用和责任等多层含义，在很多学科中都有涉及。由于学科的不同，对于信任的概念侧重点也不尽相同。社会资本视角下的信任被认为是企业、组织和个人相互之间在社会经济交往过程中，彼此表现出的对对方行为的可靠预期。也就是说，信任是行为人之间长期交往形成的，是参与合作的一方对另一方的期望，即期望对方能够以一种可以预期的和相互可以接受的方式行事，不会损害信任者利益的一种信念。它既包括活动主体间基于对彼此能力的认可而构建的信任关系，也包括活动主体基于对彼此行动目的判断而建立的信任关系，还包括主体间依赖彼此所处的外部条件所构成的信任关系。具体来看，在企业的生产经营过程中，信任体现于他人对企业行动者完成特定任务能力的确信。相信企业行动者具有胜任的能力，其他的行动者才愿意一起合作来从事生产经营活动。信任还体现于他人相信行动者的诚实性，不会利用他人的弱点来进行投机行动。信任使他人具备了与其合作的动机，也就为生产经营活动提供了便利。现实中的信息是不完全的，所有交易都是建立在一定程度的信任基础上，可以说信任是信息不完全下的一种补充机制。内含于社会关系中的义务和期望强化了人们之间的信任，信任又为合作提供了基础，这正是信任的价值。Rotter（1967）指出，信任是一种概况化期望，这种期望是由个人交往中对方的言辞、口头或书面的陈述、承诺的可靠性导致的。Barber（1983）认为，信任是对自然和道德的秩序的坚持和履行的期望，并进一步将信任划分为一般性期望（信任）、能力胜任期望（信任）和义务和责任履行期望（信任）。Gambetta（1988）认为，信任是行为人主观上对潜在交易方作出对自己有利（或不利）行为的可能性。Sable（1993）认为，信任体现于他人相信行动者的诚实性，是一方确信另一方不会利用自身弱点来获取个人利益的行为。Fukuyama（1995）认为，信任基础是社团成员共同拥有的规范，以及个体在社团中所扮演的角色，成员对彼此之间常态、诚实、合作行为的期望就是信任，对大规模商业组织而言，信任与物质资本同等重要。并且，他把信任（或社会资本）定义为有助于两个或更多个体之间相互合作、可用事例说明的非正式规范。他进一步认为，信任的产生依赖于人们共同遵守的规则并且与群体成员的素质有关，信任在合作的群体中产生，群体中的规则不仅包含深层次的价值，而且还有着世俗的规则。根据信任产生的基础不同可以将信任划分为基于人际关系的特殊信任和基于社会信用的社会信任。其中，基于人际关系的特殊信任是建立在私人关系或家族关系等熟人关系基础之上的由个人情感等非理性因素产生的信任。基于社会信用的社会信任，也称普遍信任，是陌生人之间存在的、像法律一类的惩戒式或预防式的机制，其目的是降低社会交往的复杂性。社会信任是人际间、群体间以及个人与群体间信任的集中反映，它不仅可以从制度建设中建立，还可以从社会公众拥有的共同信仰、文化和价值观等基础上产生。由于社会信任更多地依靠理性，而特殊信任则更多地依赖情感等非理性因素（马俊峰，2012），因此，在经济活动中，人们之间的交往更多地依赖社会信任，而非特殊信任。社会信任虽然以特殊信任为基础，但并非特殊信任的自然延伸，它比特殊信任更具理性和社会性，并以法规、制度、契约为保障。社会信任与特殊信任之间存在着互补或替代效应。所谓互补效应就是当社会信任水平越高时，特殊信任越有助于降低交易成本；所谓替代效应就是当社会信任水平越低时，特殊信任的作用越大，越有助于降低交易成本。社会信任产生于某一社会群体内共识和共享的行为规范和价值取向，反映了人际交往过程中受到的社会结构和社会规范影响的一种社会现象。这既是实现社会群体内和社会群体间合作互惠基本的公共道德，也是市场交易发生和持续的前提条件。

作为中小企业社会资本核心构成要素的社会信任，是中小企业社会资本生成的条件，也是中小企业社会资本发挥作用的渠道。它不仅能够提供稳定的心理预期，减少合作过程中的不确定性，增加企业间的合作机会，而且也可以减少可能出现的机会主义行为等问题，从而节约交易成本，保证互惠交易能够得以实现。同时，社会信任对于降低制度的运行成本和提高规范的效用具有不可替代的作用。与法律等正式制度相比，信任在各种经济主体之间起着“润滑剂”的作用，是一种隐性的约束和激励。非正式制度作为一种软性的激励和约束，对正式制度起到凝聚、规范的作用，可以降低正式制度运行的成本。社会信任作为一种非正式制度的作用体现在它与以市场为基础的交换和分配体系的相互补充或者相互替代上。Williamson（1979）是在经济学领域对信任问题有独到见解的学者，他在交易成本理论中从机会主义和有限理性两个角度来认识信任，他认为现实中的人都是处在交易过程中的契约人，而契约人只能是“愿望合理，但只能有限做到”的有限理性人。人们为实现自我目标、追求自我利益必然会去追求机会主义。信任的重要作用就在于能够提供稳定的心理预期，从而降低交易双方由于彼此间信息不对称而产生的交易成本。当某种不可预见的事件（如契约中不能明确指定的事项）发生时，较高程度的信任促使交易各方对如何解决该事件以及交易的可能性达成共同的理解，从而更快地达成协议、交换资源。Porta et al.（1997）将信任定义为社会中的个体倾向于合作并产生社会效率的机制，以避免因不合作而陷入“囚徒困境”的陷阱。在这里，信任作为一种能够对行为主体产生约束力的非正式机制，除市场价格和政府权威之外的另一种组织控制机制，是组织有效运转的要因，也是调节市场失灵、保证群体组织高效运转的关键因素。Williamson（1985）认为，代理成本可以看成交易活动之间的“摩擦力”，而信任使交易双方能够减少交易“摩擦”，如同“润滑剂”，使交易得以顺利进行。李新春等（2008）认为，不论是在个体间还是在组织间，信任对于沟通交流是非常重要的，相互间的信任可以影响伙伴的合作动机，有效减少合作中的机会主义倾向，降低合同的执行和监督成本，从而提高双方整体的组织绩效。信任和社会资本相互作用、相互促进，信任能够产生社会资本，而社会资本又可以强化信任。社会信任在社会资本形成中的作用主要体现在以下两个方面：

第一，增加企业间的合作机会。社会信任能够对经济行为的正常运行产生极大影响，如果合作双方由于信任危机而产生不遵守契约等欺骗行为，那么合作双方就会产生不可估计的经济损失。经济得以正常运行的基础是合作双方的信任，因此，要想使得经济行为有效进行，首先要做的就是相互信任。社会信任是交易双方伙伴关系的一个特征。社会资本有利于传播有关其他人行为的信息，通过重复交易来建立信任。首先，信任使他人具备了与其合作的动机。信任以及它所隐含的道德准则，是企业合作形成的前提。在企业的经济活动过程中，信任体现于他人对企业行动者完成特定任务能力的确信，相信他人具有胜任的能力，从而其他的行动者才愿意一起合作来从事生产经营活动。信任还体现在他人相信行动者的诚实性，不会利用对方的弱点来进行投机行动的可能性。对于此点，Arrow（1974）指出，信任作为经济交往的重要元素，既是经济交易的“润滑剂”，也是非常有效的规则机制，任何交易得以实现都必须给予对方信任，信任是不容易买到的独特商品。其次，信任为合作提供了基础。信任通过减少人类活动的复杂性来有效协调人与人之间合作的顺利开展。在信任度水平较高的社会环境中，由于行为主体对自身的道德约束能力较强，因此无论环境是否熟悉，信任建立了行为个体对彼此诚实守信合作行为的预期，减少了交易各方行为的不确定性。因此，当某种不可预见的事件（如契约中不能明确指定的事项）发生时，较高程度的信任，促使交易各方对如何解决该事件以及交易的可能性达成共同的理解，从而更快地达成协议以交换资源。同时，信任又是经济运行的基本保障，企业的经济行为只有建立在信任的基础上，才能得到有效实施。社会信任产生于特定社会结构和社会网络，能够通过限制机会主义行为带来的欺诈等建立对彼此诚实守信合作行为的预期，规避交易的不确定性，最终促进合作行为的产生。最后，在企业间合作过程中，制裁机制对信任水平的提高扮演着重要的角色。其中，联合制裁是其制裁机制之一。所谓联合制裁是指在企业合作过程中，如果一方为了追求自身利益，违反了网络内部达成共识的规则，则其他各方将集体通过社会或经济力量对其进行惩罚。联合制裁减少了合作中的风险，使得合作双方在追求自身利益及进行违规操作前有了忌惮，各方在合作中将更加放心大胆地去信任其他利益主体。因此，联合制裁能够阻止参与者陷入“囚徒困境”的境地，促进他们把支持组织间信任作为一个重要的业务准则，从而使得组织间信任作为一种关键的行为规范被行业中的参与者所接受，并通过企业间社会关系网络的产生在行业中形成高度信任的特征。Yamagishi（1994）认为，网络成员能够相互信任，不是因为一方认为另一方是善意的，而是因为每个成员都意识到联合制裁能够诱发其他成员以值得信赖的方式行动。联合制裁使企业社会关系网络中的大多数企业产生相似的对组织间信任的乐观积极的认可，因为它超越了单个的合约关系，促使网络内的参与者积极塑造善意的精神和建立组织间信任，并产生联合利润最大化的动机。

第二，降低企业之间的交易成本。社会信任作为一种非正式的关系与规则，属于非正式制度范畴，它通过促进合作和监督功能降低交易成本。一方面由于促进了企业之间的合作，降低了信息的搜寻成本。另一方面由于监督功能的存在，约束了机会主义等行为也降低了监督成本。同时，信任通过加快信息的流通速度和处理速度提高了企业间合作的效率。首先，社会信任能够降低企业在交易发生之前为了获得交易机会而发生的信息搜集成本和相关事项的协商成本。社会信任通过减少人类活动的复杂性来有效协调人与人之间合作的顺利开展，在信任度水平较高的社会环境中，由于行为主体对自身的道德约束能力较强，因此，社会信任建立了行为个体对彼此诚实守信合作行为的预期，减少了交易各方行为的不确定性，较高的社会信任降低了信息搜集成本，使有限的社会资源更多地投入经济生产中，从而为社会创造出更多的财富。其次，社会信任降低了合约的执行成本。由于信任是行为主体间多次互动的产物，因此信任有助于交易各方互惠规范的建立，并增强交易主体对不确定环境变化的适应能力，当经济环境发生变化导致不可预见的事件发生时，较高程度的社会信任促进行为主体为追求共同利益而就如何解决该事件达成共同的理解并采取合作行为，进而减少由于契约的不完备性带来的风险问题，降低合约的执行成本。同时，作为治理方式之一的社会信任，产生于特定的社会结构和社会网络，对于违背合作规范的行为，其惩罚方式是交易的终止，这与第三方强制执行的制度安排相比较，是一种成本更低的约束机制。因此，较高的社会信任降低了合作成本。最后，社会信任能够减少机会主义行为，降低监督成本。在经济学家的眼中，信任之所以是经济交易的必要条件，主要缘于现实世界信息的不对称。新制度经济学对古典经济学和新古典经济学中“完全理性人”的假设进行了修正，认为人是有限理性的，在有限理性和信息不对称的前提下，受逐利性和追求自身效用最大化的驱使，往往会产生机会主义倾向和行为；机会主义行为通常会导致交易无法实现，或者造成经济效率的损失。社会信任作为一种约束机制，是主体之间行为互相适应产生的一种社会秩序，在法律制度不完善或不能很好发挥作用的情况下，可以起到替代法律的作用，通过契约的隐性治理机制，可以有效抑制“搭便车”等机会主义行为，避免“囚徒困境”，降低合约的执行成本。因为当法律保护机制等正式制度较弱时，交易双方需要花费大量时间和成本以保护自己免受掠夺，但社会信任能够提高社会交往中交易双方的信任程度，交易双方不需要花费太多的时间和成本保护自己即可达成交易，提高企业之间的合作效率。Coleman（1990）从委托—代理的视角，构建了信任的理论及模型，分析了两个或多个行动者之间的信任关系，得出信任可以降低交易成本（监督和惩罚的成本）的结论。

2. 社会信任与中小企业融资。社会信任作为一种重要的私人治理方式，是国家经济增长和社会进步的基础，也是影响融资交易的重要因素（Fukuyama，1996），信任对于企业融资行为的有效运行以及能否在更大范围内得到扩展发挥着重要的作用。Coleman（1990）较早地从金融视角分析社会资本对融资与经济的影响，指出社会资本强化了普遍信任的程度，从而促进了人们在资本市场上的合作。经济领域最基本的行为就是交换，而交换行为得以发生的基础是双方在一定的社会结构中进行，如果交易双方不信任，就会面临较高的交易成本和监督成本。从某种意义上讲，企业的融资行为就是以现值对未来收益承诺的交换，这种交换不仅需要合同的法律效力作为保障，也取决于债权人对债务人的信任及双方之间的关系。契约双方彼此信任程度越高，不确定性越低，契约签订的可能性越大；而且，信任关系以诚信为基础，契约双方信任程度越高，契约执行过程中的机会主义问题也就越小。信任因具有协调社会关系的功能，直接影响到交易活动的规模以及经济活动的整体效率（张维迎、柯容住，2002），所以被认为是一种重要的社会资本。任何时期的商业交易均依赖于信任，信任已成为一个社会经济构建和运作的“润滑剂”。逻辑上，信任能够确立有效率且低成本的契约执行机制，因而构成了市场经济中一切交易的前提。市场上的任何一笔交易，如果买方对卖方所提供产品或服务的品质缺乏一定的信任，或者卖方质疑买方的支付手段以及方式的可靠性，那么交易活动就不会发生。从这个意义上而言，没有信任就不会发生交易行为（张维迎、柯容住，2002）。社会信任对企业微观机制的影响机理是信任的“连坐制”。社会学家韦伯指出，参加社会团体的人会被打上烙印，相当于获得了一个“社会印章”，当团体中的部分人有败德等坏的行为而被惩罚时，团体中的其他人也会受到牵连，这实质上一种“团体惩罚”或“连坐制”（张维迎、柯荣住，2002）。社会信任作为一种非正式制度，也能产生自发性的连带效应，具有类似的“连坐制”，人们对每个个体的信任程度受到对该个体所属组织信任程度的影响，信任的连带效应会使人们对一个地区的信任映射为对该地区企业的信任（张兴亮、夏成才，2016）。因此，信任的“连坐制”会使人们对一个地区的信任程度映射为对该地区企业的信任程度。刘凤委等（2009）、Wu et al.（2014）发现，在社会信任水平高的地区，企业更容易被供应商信任，因而能获得交易成本较低的商业信用融资。张敦力等（2012）发现，在社会信任水平高的地区，商业银行对该地区的企业更信任，这些企业能够获得更多的银行借款，借款的成本也更低，通过社会信任的“连坐制”，社会信任会显著影响银行与企业的缔约机制。此外，经济学家认为理性的人在追求长期利益的过程中逐渐形成了信任，在这一过程中信任会使人们更易形成对对方的可确定的预期。从这一角度来讲，社会信任因为能使投资者产生稳定的心理预期，从而增强了他们的投资意愿，使企业面临的融资约束减轻（贺京同、范若滢，2015）。一方面，在一个相对稳定的社会网络中，基本消除信息不对称问题，来自网络成员的甄别与筛选机制、成员压力机制、有效监督机制和强大的社会制裁机制等都可以避免道德风险和减少机会主义行为。这样，网络成员中的个人责任感越强，其违约率就越低（周广肃等，2014）。另一方面，非正式制度中的信任有助于保障契约的执行从而减少代理问题。信任机制是社会资本的重要作用机制，能够在一定程度上解决借贷双方长期存在的信息不对称和违约所引发的问题。由于社会关系网络中存在特殊的信任机制，融资双方都会给予对方一定程度的信任，如果一方违规，他受到的不仅是这次的惩罚，他在这个关系网络中的信用、声望和经济机会都会被剥夺，因此信任可以有效克服交易双方的风险心理障碍，降低交易双方的道德风险和逆向选择发生的概率，减少监督成本等融资成本，提高运作效率。信任机制在社会资源发挥作用时占据重要地位，在借贷企业之间，一旦构建起信任关系，就可以有效节约因信息不对称而产生的成本以及考核资格所需要的成本，而且有效保障了贷款方的经济权益，减少了借方违约的可能性，有效提升信任的作用力度。在真实的融资过程中，社会信任对于中小企业融资影响的作用机制主要表现为以下两个方面：

第一，有助于提高融资交易双方的合作机会。这主要是由社会信任能够提供稳定的心理预期、减少合作过程中的不确定性决定的。在中小企业的融资过程中，融资合同所涉及的不确定性使得融资双方的信任更为重要。融资双方存在一定的信任关系，就能够降低企业融资过程中的道德风险，减少不确定性，产生良好的交易预期，有利于最终目标的实现。从本质上讲，融资交易的实质就是以现在的钱财换取一个将来可以获取更多钱财的承诺。一笔融资交易是否可以达成，不仅取决于法律等正式制度的保证，而且还取决于借款人与贷款人之间的相互信任。而这种信任是需要企业主动与金融机构、风险投资机构联系以及长期交往才能建立起来的。贷款人对借款人的信任程度越高，越能够促成借贷合同的实施，借款人从金融机构和风险投资机构那里获得资金支持的可能越高。同时，在融资活动中，社会信任作为私人秩序，通过对违约行为“用脚投票”的惩戒方式，增加其违约风险，同时增加了一种对投资者违约补偿的机制。并且企业间一旦形成了信任关系，由于彼此之间相互了解，合作机会就会增多。因为企业的社会信任是过去的交易行为所产生的社会性评价，债权人能以债务人这种过去交易行为评价来给自己一个合理的未来预期，并最终决定是否贷款，因此，基于企业社会信任而发放的贷款未来违约的可能性会相对较低。具体而言，目前大多数的融资合同特别是金额比较大、期限较长的融资合同均存在一定风险，在交易双方信息不对称的情况下，借款人出于谨慎很难做出抉择，这就使得彼此之间的信任显得尤为重要。事实上，社会信任度的形成是基于一定的道德准则和行为规范，它们能够约束人们的行为。一个地区的社会信任程度越高，对失信者的惩罚力度就会越大，人们遵从不成文规定的意愿就会越强烈。此时，交易能否顺利实现不仅取决于法律等正式制度的强制保护，也受到信任等非正式制度因素的影响。因此，贷款人的信任度越高，从保险、银行等金融机构或者其他债权人那里获得长期借款的概率就更大。如果融资双方之间缺乏基本的信任，势必会导致“囚徒困境”的出现，即贷款者由于难以放贷不能取得贷款收益，而借款者难以融资而无法为能够取得收益的投资项目融通到资金。

融资交易活动是否发生，不仅取决于契约的法律执行质量，而且还依赖于债权人对债务人的信任程度（Guiso，2004），银行贷款契约属于对交易各方信任度要求较高的一种特殊类型的契约形式，中小企业融资困难，本质上源于商业银行对企业的不信任。如果融资双方的交易行为是基于信任关系进行的，由于信任可以扩展声誉，良好声誉会增加企业之间的合作机会，还会使企业的良好品质在网络内得到广泛传播，增加企业与其他企业的交易机会，从而在一定程度上可以打破人的有限理性和机会主义的限制，使得融资交易双方的博弈具有走出“囚徒困境”的可能性。因此，社会信任是企业融资行为的基本保障，也是其运行的结果，即信任可以在互助合作行为的增强中得到加强。Guiso 等（2004）认为，由于信贷合约是高度依赖于信任的合约，社会资本应该对信贷市场的发展有重要影响。信贷融资能否发生，不仅取决于合约的法律强制性，而且取决于投资者对融资者的信任程度。潘越等（2009）发现，社会信任度越高，人们越倾向于合作，越容易促成资金借贷，借贷成本也会越低，借贷期限也会越长。Afandi et al.（2012）研究发现，在企业间信任程度比较高的国家中，企业获得银行借款的可能性更高。罗党论等（2011）通过对温州苍南龙港镇新渡村的信贷调查发现：陌生人或彼此不信任的人之间，融通到资金的概率非常小，且融资风险大；而彼此熟悉的人或相互信任的人，融通到资金的概率非常大，且融资风险小。因此，他们认为，紧密的人际信任是互助融资得以维持的主要因素。Duarte et al.（2012）通过检验借款人的“形象”在P2P借款中的作用来判断信任与信贷之间的关系，他们发现，那些拥有值得信任“形象”的借款人获得借款的可能性更大，信用评级更好，借款违约概率也更小。这些证据说明，信任是影响融资的重要因素。因此，在社会信任水平高的地区，社会信任的连带效应可以减轻商业银行对企业的不信任，使企业获得更多的融资便利。张敦力等（2012）认为，社会信任越高的地区，人们越容易合作，资金的借贷会更加便利。他们发现，社会信任程度越高，民营企业能从银行获得越多的银行借款，借款期限也更长，借款成本更低。此外，社会信任对企业融资的影响还体现在借款后银行对企业的监督会因为社会信任水平不同而有差异。张兴亮等（2016）以银行对借款企业的会计稳健性需求来衡量银行对借款企业的监督程度，研究发现，在社会信任水平越低的地区，由于社会信任的负连带效应，银行对借款企业的信任程度越低，对企业借款后的会计稳健性需求越高，即监督越严格。

社会信任作为一种非正式制度，其对某一国家或地区经济绩效的影响机理在于能对正式制度产生补充或替代作用。当正式制度缺失时，社会信任可以作为促进交易达成的替代性机制，其作用在正式制度越弱时越显著。因为当法律保护机制等正式制度较弱时，交易双方需要花费大量时间和成本以保护自己免受掠夺，但社会信任能够提高社会交往中交易双方的信任程度，交易双方不需要花费太多的时间和成本保护自己即可达成交易。Knack et al.（1997）发现，社会信任有助于经济增长，这一现象在贫困的国家中更显著，原因在于贫困国家的金融机构、产权保护以及契约的履行制度均不完善，在正式制度缺失或不能发挥作用的国家，人与人之间的信任在经济活动中的作用更大。Guiso et al.（2004）研究发现，在社会信任水平较高的地区，家庭更多将财产投资于股票而只保留少部分现金，家庭也更多地使用支票或可以给予对方一定的信用期限；同时，从亲戚及朋友处获得的借款会减少。他们进一步研究发现，社会信任的上述效应在法律执行力越弱的地区越显著。类似地，社会信任对企业行为的影响也可能在正式制度越弱时越显著。Lee et al.（2014）研究了社会信任对公司避税行为的影响，发现社会信任与公司避税负相关，这种关系在投资者保护制度、信息披露制度以及税收执行制度等正式制度越弱时越显著。贺京同等（2015）研究发现，在社会信任水平高的地区，投资者投资意愿强烈，企业受到的融资约束会降低，因而企业持有现金预防风险的动机会下降，并且社会信任对企业现金持有水平的这种影响，在正式制度对投资者保护越差的地区越显著。这些研究结果意味着，社会信任能够成为正式制度的替代，从而减轻企业的避税动机以及持有现金预防风险的动机（张兴亮等，2016）。另外，Ang et al.（2015）认为，若要研究社会信任对企业契约行为的影响，应当选取正式制度较弱的国家作为研究对象，这样才能观察社会信任对正式制度的替代作用，当很难设计完备的契约以及由于法律的不完善很难保证契约履行时，信任是十分重要的。这其中暗含着社会信任作为正式制度替代的思想。

第二，有助于降低融资交易成本。交易成本主要是“发现相对价格的成本”，是为达成交易目的而进行的信息搜寻、讨价还价、签约等活动所耗用的成本，以及合约签订后为了保证契约的履行所支付的监督成本等。中小企业难以从金融机构处获得资金的主要原因之一就是金融机构在信息搜寻、管理监督等过程中需要花费大量时间和金钱。另外，也有研究指出，金融机构单位贷款交易成本随贷款规模的下降而上升，而中小企业贷款又具有规模小、频率高的现实特点，金融机构考虑到交易的成本效益原则，一般会选择拒绝向中小企业提供资金。建立在信任之上的交易不仅可以降低双方的交易成本，还可以降低后续贷方的监督成本。社会信任通过如下两种作用机制解决交易的不确定性，降低交易成本。第一，社会信任通过建立信息共享机制降低融资活动的信息搜集成本。融资过程中信息不对称引发的道德风险和逆向选择始终存在，面对交易对手潜在的机会主义行为倾向，理性的经济人往往会选择建立契约或者引入信任。无论是基于可信的信任还是基于善意的信任，信任都是相信交易对手采取的行动能给自己带来益处的信心（史小坤，2018）。以这个信心为基础的网络关系就可以有效地实现信息共享，信息共享帮助融资双方实现信息交流与传递，降低了双方信息搜集的成本，也降低了融资领域信息不对称会带来道德风险和逆向选择问题。第二，社会信任通过合作机制的建立降低交易成本。社会信任是融资双方合作的基础，融资双方的信任水平越高，相应的合作表现就会越好，双方交易成本也会下降，最终使合作趋于稳定。高信任水平增加了投资者可获取的“软信息”，降低交易行为的不确定性，帮助投资者全面评估融资方的可信度，并在信息稀缺的情况下为投资者的决策提供支持。高信任水平可以降低融资后的监督成本，减少代理问题和交易成本。因为在高社会信任地区，贷款者通常会一视同仁地认为该地区的借款者信任水平高，借款者相当于从贷款者那里得到一个具有良好声誉的“社会印章”。当高信任地区的某个借款者出现违约行为时，贷款者往往会对整个地区的借款者实施“团体惩罚”，并且一旦被打上“值得信任”或者“不值得信任”的标签，这种标签在短时间内是不容易被摘掉的。因此，高信任地区的借款者有动力去提供“值得信任”这一公共物品，尽最大努力履行贷款契约，进而降低违约风险。同时，由于社会关系网络中存在特殊的信任机制，融资双方都会给予对方一定程度的信任，如果一方违规，他受到的不仅是这一次的惩罚，他在这个关系网络中的信用、声望和经济机会都会被剥夺，因此，信任可以有效地降低交易双方的道德风险和逆向选择发生的概率，从而克服交易双方的风险心理障碍，减少监督成本，提高运作效率。因此，这种信任机制越是牢固，融资关系越是融洽。Granovetter（1992）认为，经济活动主体的行为与所处的社会关系网络结构类型直接相关，并认为信任是经济领域物物交换和以货币为媒介的交换的基础，可以有效降低交易监督成本。此外，银行贷款契约是信任密集型契约（Guiso et al.，2004），社会信任在银行与借款者之间发挥了重要的桥梁作用，能够加速双方间的信息流动，使信息交流更加通畅，降低信息不对称程度，有效遏制借款者的机会主义行为，保证贷款契约的有效执行。在高信任地区，由于拥有对方较为全面充分的信息，可以减少监督贷款契约履行的费用，促使契约双方“自觉自愿”遵守约定俗成的行为规范，进而减少贷款契约违约行为。并且，企业之间一旦形成了信任关系，由于彼此之间相互了解，合作机会就会增多。因为企业的社会信任是过去的交易行为所产生的社会性评价，债权人能以债务人这种过去交易行为评价来给自己一个合理性的未来预期，并最终决定是否贷款，因此，基于企业社会信任而发放的贷款未来违约的可能性会相对较低。不同企业处于同一社会信任的语境中，知道对方应该有什么样的行为举止，知道对方企业的期望是什么，从而增进企业间合作的可能性。较高的社会信任能够减少行为主体在商业合同执行过程中的机会主义行为、利己行为和道德风险问题，从而保障合同被有效执行。同时，信任通过加快信息的流通速度和处理速度而提高企业之间合作的效率。融资作为一种以契约为基础的交易活动，在面临事后违约等危及缔约关系持续发展的情况时，可以求助于法庭等第三方治理机构，但是由于证实成本和执行成本的影响，需要注入私人治理秩序或结构来转移冲突，实现双方的共同利益（Williamson，2002）。在实物担保或抵质押等私人治理秩序不能获得的情况下，社会制裁将替代解决信贷配给问题（Impavido，1998），信任通过终止未来交易的可置信威胁，从而起到社会制裁的作用。Kim（2009）研究发现，高水平的社会资本能增进社会成员的利他主义道德观，激励社会关系网络中的诚信行为，所以，金融契约双方的相互信任程度越高，越有助于抑制机会主义行为，缓解债权人和债务人之间的代理冲突问题和信息不对称问题，从而降低监督成本、契约执行成本、信息搜索成本、担保成本以及剩余损失。另外，企业融资网络的关系嵌入使得投资者与融资者之间的正式契约关系看起来没有那么严格，合约的重议也较为容易，投融资双方的关系在很大程度上基于信任和声誉的双边承诺。这种信任机制明显提高了融资效率。并且社会信任是基于过去交易的经验，在长期重复交易博弈中形成的稳态均衡。经济主体之间通过频繁的交易，可以通过社会信任将个体信息转换为公众信息，使得类似于“连坐机制”的集体惩罚成为可能（王永钦等，2014），社会信任的这种“连坐机制”不仅使违约方的任何一次失信行为的成本远远超过所获收益，而且还会丧失再次交易的机会。在高信任地区，社会信任的“连坐机制”更加有效，违约行为的机会成本更高，人们更倾向于遵守社会规范，对于借款者而言，会自愿选择履行贷款契约。同时，由于在社会关系网络中的成员彼此了解，而且也因为这个网络使大家相互制约，除了利益的基础，也有一定的情感纽带，这使得由于社会资本所带来的融资对于资金供给方而言会更加安全，无论是从长期发展还是信任度上，都愿意用可以接受的较低交易成本进行交易（陈德萍、张文灵，2017）。

（三）社会规范

1. 社会规范的特征与作用。关于社会规范的定义，目前尚无统一的判断。具有代表性的观点包括：哲学家认为，规范即范式，是指社会成员共同享有的一套规定，它决定着社会成员的共有信念以及价值标准，即他们的自然观、世界观及价值观（Edurds，1967）。社会学家则认为，社会规范是长期社会生活中形成的规则与标准，他对人们之间的相互关系起着限定作用（Magill，1995）。行为科学家认为，社会规范是指一个社会各个成员之间共有的行为规则和标准，它既可以内化成个人意识，即使没有外来的奖励他也会遵从，也可以因外部的正面裁决或反面裁决而发生作用（Gwin and Norton，1993）。心理学家认为，社会规范是一种社会行为规则，代表着社会群体成员可接受或不可接受行为的各项文化价值标准（Corsin，1994）。事实上，在社会活动过程中，人类为了共同生活的需要，在社会互动行为过程中，相习成风、约定成俗或者人们共同制定并明确施行，从而产生了社会规范。因此，从本质上来说，社会规范是指社会为了调整人们之间以及个人与社会之间的关系所确立的行为标准，它可以是行为准则、规章制度，还可以是风俗习惯、道德法律和价值标准等。社会规范是人们对社会关系的反应和社会关系的具体化，一个人要在社会中生存，要获得与他人合作的机会，就需要遵守社会规范。社会规范可以是群体领导制定的，也可以是行为者在合作活动中交流沟通后达成的一致共识，既可以是基于正式契约的刚性约束机制，如各种法律、制度、合同和协议等，还可以是基于道德习惯的柔性约束机制，如伦理道德、风俗习惯和价值标准等。一般把基于正式契约的社会规范称为正式社会规范，基于道德习惯的社会规范称为非正式社会规范。也就是说，正式社会规范是法律条文的限定，是法律法规下的规范，而非正式社会规范则是不成文的形式，是“非正式的，社会成员在长期社会生活中所产生的判断标准”。作为中小企业社会资本构成要素的社会规范主要是指非正式社会规范，如伦理道德、风俗习惯和价值标准等。这主要是因为，社会资本视角下的社会规范主要是中小企业所构建的社会关系网络的运行规则，是网络内成员在长期互动中基于道德习惯而非法律的行为准则所形成的价值判断标准，是一种柔性的、内化的非正式的约束机制，其更多强调从情感激励、道德感化、人际互动和舆论监督等意义去规范社会关系网络内个体的行为，规定了网络内的个体应当如何、不应当如何。失去了这种规范，中小企业社会关系网络必将瓦解，中小企业的社会资本也将无从产生。也就是说，社会资本视角下的社会规范一方面是对人们社会行为和社会关系普遍规律的反映，是一定社会和阶级对人们行为和相互间关系基本要求的概括，另一方面，它是通过某种习俗、传统方式固定下来或由国家、团体认可的，从而构成一定社会成员普遍遵行的社会行为准则，也是确定与调整人们共同活动及其相互关系的基本原则。

社会规范作为中小企业社会资本的另一重要构成要素，是社会资本形成的必要条件，是人们在长期的交往中达成的共识，它以协调群体成员行动一致性，实现群体目标而存在。它不仅是社会信任的现实表述，而且也是对人的行为进行规约和引导的具体实施方案。Akerlof（1976）研究发现，一些非帕累托最优甚至非纳什均衡的社会规范之所以能驻存，是因为在一个群体或社会中的每个人都唯恐被排斥而不敢破坏规范。排斥别人的人之所以要这么做，是因为他们害怕如他们不排斥那些破坏规范的人，他们自己就会被排斥或受到社会指责。正是因为上述种种原因，人们把社会规范视作维系社会尤其是市场运行的基础之一。Coleman（1988）认为，社会规范是社会资本形成的重要组成部分，社会规范在一定程度上是对法律体系、金融体制等正式制度的一种重要代替或补充，它是一种社会奖惩制度。他认为，社会资本的维持与强弱依靠网络成员的互动，社会资本的实力表现为作为社会关系网络对网络成员的约束力。Fukuyama（2003）认为，社会资本是一种社会规范，是存在于两个或两个以上个人或组织之间合作的非正式规范，非正式规范的形成不是企业制度文化的简单复制，而是由认知到认同、再由认同到内化的一个逐步发展的过程。网络及其成员之间在相互信任、相互尊重的条件下所形成的社会规范，不但可以维护网络的稳定，而且对网络成员的行为具有一定的约束作用，较好地促进社会资本的形成与发展。可以说，社会规范是社会资本形成的条件，是社会资本产生的基础。社会规范在社会资本形成过程中的作用主要体现在以下两个方面：

第一，有效约束机会主义行为。社会规范是人们在改造社会的长期实践中形成的适应性行为模式，是人们在长期的互相博弈中所达成的共识，人们在实际的社会生产活动中实现对规范的了解和掌握。社会规范被认为是引导个人行为的有效手段，它能够促进网络内的合作。当个人的行为符合规范时，个人能得到社会认可；而当个人的行为违反它们时，则会遭到社会指责。在社会规范的导向作用下，人们可以以它为准绳，了解自己的社会价值，调整自己行为的定向，使人际互动之间的遵循和规避呈现出一定的规律性，使人们之间可以互相理解。社会规范对个人信用行为有重要的约束作用，会激励个人放弃一定的个人利益而服从公共利益，使经济目标更容易实现。因此，社会规范有助于达成交易，也有助于网络成员获取网络内的资源、信息和情感等方面的支持，并通过社会关系网络建立口碑和树立起威望（李恒，2015）。社会资本的实力表现为作为一个组织的社会关系网络对成员的约束力。成员在该组织的评价反映了其未来可能获得的利益的大小。评价的依据主要是成员是否遵守组织的社会规范以及成员的人缘、声誉等，因此，社会规范在实质上提供了一种约束机制，约束企业的机会主义行为。社会规范主要依赖社会关系网络的力量对行为人进行奖惩。如果行为人遵守社会规范，将会得到奖励，奖励的主要形式为遵守规范者在社会关系网络中的信任得到增加，声誉得到传播，并得到物质补偿或者获得比较高的威望和地位。相反，如果行为人违背组织规范，行为人的行为损害了他人利益或者集体的利益，将会受到组织规范的惩罚，惩罚的主要形式为社会排斥，排斥就是不允许那些不遵守规则的成员与社会团队交往。排斥不仅能够孤立企业在网络中的地位，使其失去未来的合作机会，还会使其违约行为在网络内得到迅速传播，使企业家在情感上受到创伤。另外，社会规范作为一种社会价值，例如利他主义、履行责任以及相互信任等，也有利于提高人们的相互团结合作水平。在合作规范较强的社区内，人们通常将机会主义行为视为与既定价值观和社区规范背道而驰的不端行为，任何产生这种机会主义行为的个体都将遭受来自社区内部和外部的制裁和处罚，由此可见，社区的规范水平越高，人们的机会主义行为越容易受到抑制和约束，追求集体利益的目标越趋于一致，相互合作水平越高。同时，社会规范还具有强迫性。社会规范是通过社会化的途径为人们所接受的，具有强迫人们遵行的约束力。在社会化过程中，社会或团体会把既定的社会规范传授给每一位社会成员，并且根据他们履行这些社会规范的表现来执行奖励和制裁。社会和团体可以通过给予或拒绝个人所企求的认可来控制它的成员，从而强迫人们接受和遵守这些社会规范。这里既有精神力量的强迫，又有物质力量的强迫。社会正是由一定方式的强迫（舆论、国家执法机关等）才保证社会规范实施的。在中国乡土社会之中，宗族的背叛或者道德沦丧，使得该成员无法获得来自该社会中其他成员的认可和接受。“人言可畏”作为一种历史惯例和非正式规范，将约束社会成员不至于冒被社群边缘化的风险而做出格的事情。另外，社会规范通常被理解为一种非正式的制度，它通过引导社会公众形成的价值理念，在正式的法律规范框架外发挥了积极的社会治理作用，成为正式制度的一种重要替代，约束着人们在诸如此类的人际网络中必须保持一贯的人格品质行为特征，以维持其身份地位所对应的声誉和信任力，这是一种在广泛的社会基础之上的有效的个人理性约束机制，也正是现实社会生活中，在基本的制度、法律缺位的情形下，社会仍能自发维持基本运转的原因所在。Guiso（2004）研究认为，具有经济产出效应的社会资本诞生于社会关系网络和共同的道德信念之中，能够促进团结合作行为，并建立较强的合作规范。这种合作规范是一种非宗教式的社会规范，它有利于约束个人狭隘的自私自利心态（Knack and Keefer，1997），遏制交易活动中的机会主义行为（Coleman，1988），克服免费搭便车问题（Guiso，2004）。

North（1990）认为，非正式制度对人类行为的约束具有非常重要的意义，人们的行为在很大程度上受非正式制度的影响。

Romer（1984）与 Cole et al.（1992）等研究早已表明，社会规范对人类经济行为具有重要影响。社会规范作为一种非正式制度，是经过社会历史长期积淀后形成的行为准则，同样可以用来指导和约束人们的行为，它通过引导和强化社会公众的共同信念，影响社会成员的经济行为，而且在时间的推移中，社会规范形成的价值理念，将逐渐影响正式社会制度的演进过程，并最终作用于并改变社会资源的配置水平。Jackson（1965）认为，人们的任何行为都是贯穿着某种规范，总是受到处于某种文化下的社会规范的制约。Akerlof（1980）认为，社会规范是社会成员信念的非正式制度，它能够对人们的经济行为产生影响。具体来说，社会规范代表了社会关系中社会成员的共识程度，对社会成员的道德和行为所产生的内在影响和制约，不仅表现为会在人们的意识中形成一种道德观念，使每个社会成员都下意识地去服从，而且还表现为对社会成员外在行为的评判（青木昌彦，2001）。当然，在社会规范的约束下，个体的行为并非总是理性的。理性建立在条件和利益驱动的基础上，而社会规范则不然，它要么是无条件的，即使有条件，也不是利益驱动的（Elster，1989）。即便如此，社会成员一般仍然会遵从社会规范的约束，按照社会可接受的方式行动。这是因为，当社会规范深入人心的时候，即使没有其他社会成员的监督，违反社会规范的行为也很难发生（Lindbeck，1995）。相反，即使社会规范没有根植于社会成员内心，只要社会规范能够提供足够的“社会制裁”，社会规范依旧可以有效运转（Akerlof，1980）。

第二，强化社会奖惩制度。社会规范要求每个网络成员遵守道德标准，自觉服从组织规范，并通过社会网络对遵守规范者进行奖励，对违约者进行惩罚。奖励的主要形式表现为使遵守规范者在社会网络中的声誉得到传播，信任得到增强；惩罚的主要形式为社会排斥，排斥不仅能够孤立企业在网络中的地位，使其失去未来的合作机会，还会使其违约行为在网络内得到迅速传播。Coleman 在其著作《社会理论的基础》一书中提到了有效规范的实现问题，Coleman（1988）认为，“如果有任何行动者不服从规范，必须对其施行惩罚，只有这样，规范方能行之有效。而有效的惩罚措施依赖于社会关系”。社会规范通常被理解为一种非正式的行为准则，这种准则限制了自利行为，但得不到权力机关的强制执行。但是，没有强制执行并不意味着没有惩罚，企业违反了一项规范所遭受的名誉损失会很严重。社会规范的社会奖惩制度主要体现于两个方面：一方面，通过对违反规范者的声誉制裁而发挥监督作用；另一方面，对违反社会规范行为的制裁。其中，违背社会规范所受到的惩罚来自两个层面：一个是行为层面，即对这种违反社会规范行为本身的惩罚，另一个是道德层面，即对于这种违反社会规范行为不采取措施或者进行谴责的行为的惩罚，又称之为元规范（Axelrod，1986）。也就是说，对违反社会规范的成员进行惩罚，不仅来自公众对违反社会规范行为本身的蔑视，更是因为惩罚行为本身就是重要的社会规范。如果社会成员不去谴责违反社会规范的行为，那么，他们自身就可能成为其他社会成员谴责的对象。Teoh et al.（1999）认为，如果机构投资者不采取积极措施，公众就会责怪它们，媒体和其他社会团体也可能对机构投资者的不作为进行批评。在这样的社会压力下，机构投资者可能不得不对支持南非政府的美国企业进行制裁，这就是元规范所发挥的作用。采用相同的思路，Hong et al.（2009）分析了社会规范对“罪恶”公司（如烟草、烈酒和博彩三类公司）的经济影响。他们发现，机构投资者对“罪恶”公司股票的持股比例显著低于其对其他类型股票的持股比例，而且这些“罪恶”公司的权益资本成本远高于市场平均水平。我国学者李培功等（2011）从环境治理的角度研究发现，由于受到社会规范的约束，机构投资者往往倾向于减少对污染企业的投资，并且这些投资者的退出让污染企业受到了市场的惩罚。

但社会规范作为一种正式制度的补充机制，它与正式的治理机制是不同的，这种基于社会成员信念和社会伦理的治理机制不是借助直接的法律和行政力量，而是通过社会的、道德的和文化的压力促使企业改正不良行为。虽然社会规范与法律一样，都是调整人类行为从而实现社会秩序的规则，但社会规范来源于社会，其执行不依赖于专业化的政府，而法律来源于政府，专业化的队伍负责法律的制定和实施。从实践角度来看，只有首先明白规范和法律作为两种不同的规则，我们才可能恰当处理两种规则的定位。社会秩序的建构离不开正式法律的规定，一个有国家强制力的、专业化的执法机构对于构建社会秩序具有重要的意义，但是，并非一有了法律就万事大吉，有法律而无法治是常有的事，除了厉行法治之外，还应当关注社会中形成的和已经形成的社会规范。

当然，由于社会规范依赖于个人愿意为惩罚规则违反者付出多大成本，因此它们本身也会遇到集体行动问题。这是因为监督他人行为并实施相应的惩罚对个人来说是会有成本的，但监督和惩罚行为带来的利益却是由全体成员分享的，这是公共品的一种形式。一般来说，规范在比较小的、成员联系紧密的群体中更为有效，因为在这样的群体中，成员更容易得到群体中他人过去和现在行为的信息，也更容易实施低成本惩罚。不过，大量的关于人类行为规律的实验证据显示，在很多情况下，人们愿意根据规范来合作，虽然经济人假说认为在这些情况下不合作才是理性行为（阮青松、黄向晖，2005）。Ellickson（1998）认为，当社会关系变得复杂时，政府就会缺乏能力获得和加工足够的信息，社会规范仍然会在不同的层面上进一步发挥更多、更好的作用。

2. 社会规范与中小企业融资。能否建立信任关系是企业能否融资成功的关键，但是这种信任关系是融资交易双方在长期交往过程中建立起来的关系，需要双方进行长期反复的博弈。当发生新的交易、面对新的交易对象时，不可能在短期内对对方有全面的了解，双方的信任关系也不可能在短期内产生，这时企业就不能依靠信任关系而进行融资，就需要依靠社会关系网络成员共享的"社会规范"。社会规范是网络成员一致认可的行为标准和准则，它存在于社会关系网络之中，被网络中每一个节点的成员所认可，代表着该社会关系网络中所有成员的共识程度，这种共识程度严格约束了企业的相关行为。社会规范不仅表现为会在人们的意识中形成一种道德观念，使每个企业都下意识地去服从，而且还表现为对企业外在行为进行评价（青木昌彦，2001）。在社会资本发展水平较高、合作规范较强、社会关系网络较为密集的环境中，人们采取自私自利机会主义行为的可能性较低，因为在社会合作规范严谨的社会关系网络内，网络内的成员将机会主义行为视为与合作规范所规定的价值观背道而驰的可耻行为，网络内成员之间紧密的社会关系网络不仅将对这种可耻的机会主义行为施加各种严厉的外部社会制裁和惩罚，如社会驱逐（Uhlaner，1989）、舆论谴责（Posner，2000）等，而且还将迫使机会主义者产生各种强烈的负面道德情感，比如犯罪感、羞愧感等。此外，在社会资本发展水平较高的社区，即便已经发生的机会主义行为暂时没有被察觉，但仅仅只是产生机会主义行为的动机都可能使机会主义者遭受沉重的心理负担（Elster，1989），这是因为每一个行为个体都对维护道德认知感和社会声誉具有强烈的心理需求（Mazar et al.，2008），而不端的机会主义行为恰巧凸显出心理上的道德认知与实际行为之间的强烈反差。由此可知，社会资本通过增加债务人机会主义行为的边际社会成本而对债务契约产生影响，并激励债务人采取合作诚信的态度，以降低债权人面临的机会主义行为等道德风险问题。Portes（1998）提出了社会规范的两种作用机制：一是社会规范通过建立行为模式而发挥作用，使网络内成员都能自觉按照这个行为模式约束自己的行为。二是社会惩罚机制，即通过惩罚机制约束企业的不端行为。传统的金融行业强调的是企业之间的担保抵押，而社会资本作用下的金融服务强调的是充分发挥社会资本机制下的网络成员共享的社会规范，利用网络成员之间的相互监督、社会奖惩等因素的作用，充分弥补传统金融服务的缺陷，从而对企业的融资行为起到积极的促进作用。社会规范不仅可以抑制交易双方可能产生的机会主义行为等道德风险问题，而且违约者还会受到网络内其他成员的排斥和谴责，甚至付出高昂的代价。社会规范对于中小企业融资的影响主要表现为以下两个方面：

第一，有效制约融资交易双方的违约行为。社会规范作为一种约束机制，可以有效约束借款者的机会主义倾向，降低融资交易的违约风险，有效制约融资交易双方的违约行为。社会规范是人们在长期的交往中达成的共识和一致认可的行为准则，也是社会关系网络成员之间行为活动的约束限制条件，更是保证企业长期合作的前提。在中小企业的融资过程中，一个企业要想和其他企业（如金融机构）进行合作、获得融资，首先就要遵守这种共识和行为准则，并得到大部分企业的认可。只有如此，才有与其他企业合作的可能性，融资交易双方交易才可以作为一种自发的程序而实施。同时，在社会关系网络内进行融资交易的企业，共同生活在一个较为稳固的经济环境下，受到共同文化和价值观的影响，有着相同的共识和相近的经营理念，经过长期的互动交往和重复博弈，就会形成较为固定的合作规范，即以集体合作、共同分享、相互回报为行为特征的主观行为。在这种相对稳定的社会关系网络内，融资交易双方通过长期互动，就会从经验中逐步认识到长期合作收益将会大于短期的背叛收益。因此，社会规范不仅表现在对守约者的奖励和对违约者的惩罚方面，还表现在社会规范会在每个人心中形成一种道德标准，使每个人都下意识地去遵守这种道德标准。企业的融资行为正是建立在社会规范的基础上，依靠企业经营理念中的道德观念，实施奖惩制度，诚实守信就会得到社会奖励，违约欺诈就会受到社会惩罚，并且，这种惩罚具有传播性。如果社会关系网络内的企业在融资交易中违约，一旦被发现，它将受到惩罚，丧失网络内成员对其的信任，失去将来与其他企业、银行合作和融资的机会。另外，社会信任在中小企业融资中发挥着重要作用，但社会信任的正常运转主要依赖社会规范的有效实施。社会信任是社会成员之间的普遍信任程度，具有高度社会信任的区域可以被理解为具有一套促进合作行动的社会规范的区域，这些社会规范约束个人执行相应行为，是建立和维持社会信任的关键。这些规范作为博弈的规则，尤其是法律制度通过增加违约的机会成本（张维迎、邓峰，2003）为社会信任约束作用的发挥提供可置信威胁，增加了交易者对违约行为实施惩罚的可能性。但社会规范的实施却依赖于非正式的奖励和惩罚。其中，惩罚可以是自我实施的，如违反规范时一般人会感到内疚，惩罚也可以是社会其他成员实施的。根据实施惩罚的行为主体及其影响范围的不同，社会规范的实施机制可以分为三种形式：一是个人实施机制。这一实施机制是指由贷款者直接施加给违约借款者的惩罚。当融资交易参与者中的借款者有拖欠、欺骗甚至违约等机会主义行为时，贷款者将选择停止交易等触发战略（采取针锋相对或冷酷的战略）直接报复对方。二是第三方实施机制。这一实施机制指通过声誉约束机制的信号传递效应，将违约的借款者的欺骗行为信息传递给其他潜在交易者，于是，潜在交易者将拒绝与有违约前科的借款者交易，此时违约者受到了更多的惩罚。针对选择了机会主义行为的借款者，将会遭受被损害贷款者以外的第三方惩罚，这一实施机制的基本特点是实施惩罚的主体超越了受害者本人，还包括了与违约借款者进行潜在交易的其他贷款者。例如，当潜在交易者获得借款者机会主义行为的信息之后，将会拒绝该借款者未来的借款要求，这个潜在贷款者就会成为惩罚违约借款者的第三方。三是社会实施机制。这是一个基于社会嵌入理论的实施机制，通过声誉约束机制的资本效应，声誉水平较低的借款者不仅在直接的经济交易中受到排挤，而且在借贷交易之外的其他社会交易中也受到排挤。青木昌彦（2001）认为，参与者的博弈域发生变化，将会产生关联博弈，这种更大范围或规模收益的变化，强化了对借款者机会主义行为的约束。

第二，为融资交易双方提供社会担保机制。社会担保是一种存在于社会关系网络成员之间，依据网络成员对于信任贷款的需求而形成的相互监督、社会性奖励以及社会性惩罚的机制。社会规范进行监督的原理在于对违背社会规范者的声望进行影响（Akerlof，1980）。在融资交易过程中，借方企业因担心承受违约后来自网络成员的压力（失去合作机会、舆论谴责等）而不敢轻易违约，这实质上起到了非物质性抵押担保的作用，降低了企业的借款成本和违约风险。因此，依靠社会规范可以建立社会担保制度。在社会关系网络中，网络成员由于建立了信任关系，相互之间为了获得更长期的金融资源，就会自发形成一种社会担保制度。融资交易双方通过相互观察和互动，可以自我选择建立社会担保制度。在相互监督过程中，社会规范的社会奖励机制和社会惩罚机制在企业融资过程中能够有效制约不良企业的行为失范问题，有时甚至可以作为国家法律制度与金融制度的补充及替代机制。同时，诚信作为社会规范的重要内容，内在地制约着社会或组织成员的道德和行为，在一定程度上有助于双方交易的达成和顺利实现，从而大大降低了双方的交易成本。如果企业遵守合约、诚实守信，则其诚信的声誉会在网络内得到迅速传播，并给它带来更多的合作机会，得到更多社会奖励；相反，如果处于社会关系网络中的企业在融资交易过程中存在违约失信行为或传递虚假消息的行为，则其行为将很快通过这个关系网络成为共同的信息，一旦被证实，该企业将面临严重的后果，它不仅会受到另外一方终止合作的惩罚，失去网络内其他成员对其的信任以及长期以来培育起来的声誉和社会关系网络资源。并且由于信息不断扩散，导致潜在的交易者也不会与之合作，从而降低竞争优势，失去未来获利的机会。显然，企业不讲诚信、违约或传递虚假消息的做法是得不偿失的。从短期看，该企业实现了欺骗的目的，得到的短期收益大于成本。但从长期看，它不仅将丧失网络成员对其的信任以及长期以来培育起来的声誉和社会关系网络资源，并且由于网络的可传递性和“弱关系”的桥梁作用，它也将会失去将来与其他企业、银行合作和融资的机会。由于违约的代价往往比较高昂，通常情况下，理性的借款人都会着眼于长远利益，在现实的经济生活中，恪守诚信，遵守社会规范，而不会恶意拖欠借款而选择违约。因此，从某种意义上可以说，社会规范能够在金融抵押中替代实物资产，形成独特的社会担保机制。社会规范的社会担保机制使人们为了获得长远利益而克服自身的短视行为，保证中小企业借贷契约的顺利完成。Burke（2002）认为，越来越多的金融机构开始利用社会担保，向穷人提供信贷，即用借款人的名声作为一种抵押，这种抵押制度在很大程度上依赖于借款人的声誉和与其他人的关系强度。孟为等（2017）在进行该方面研究时发现，现有的金融借贷机构开始根据居民的信用借款给这些居民，这种借贷主要依靠借款人的社会关系和信用。此外，社会规范的自身特性决定了其社会管理的有效性，能够确保社会关系网络中信息传递的准确性和真实性。由于社会规范的社会奖罚机制在某种程度上较之单纯的经济惩罚更为有效，所以，社会规范在一定程度上保障了社会网络中信息传递的真实性。魏卉等（2018）指出，社会规范可以弥补我国法律规范的缺失，能够在一定程度上促进与保障社会中信息传递的真实性。已有的研究表明，社会关系网络的社会规范约束力越强，网络成员之间违约的概率越低，且借款者更加重视偿还贷款，从而保持长期稳定的借贷关系。同时，发生在企业（债务人）和银行（债权人）之间的信贷契约代表着一种典型的债务责任。而履行债务责任的可能性越高，自私自利的机会主义行为发生概率越低，意味着债务违约发生的可能性越低，因此，债务企业的社会规范水平越高，预期银行贷款利率越低，贷款非价格型条款的优惠程度越大。

上述理论分析表明，银行等债权人一般根据中小企业的“社会风险”评估其违约风险，较高水平的社会资本是一种社会信任水平较高、合作规范较强、社会关系网络较密集的社会制度环境（张樱，2017），这种制度环境形成的压力能够抑制中小企业的机会主义行为，降低中小企业的道德风险和信息风险，进而降低中小企业的违约风险。因此，中小企业社会资本水平越高，社会风险越低，违约风险也相应越低。根据“契约代理理论”和“契约结构理论”，在这种情况下，银行等债权人愿意为社会资本发展水平较高的中小企业提供契约条款宽松程度较高的银行贷款。具体而言，以社会关系网络为主要载体的中小企业社会资本以其自身获取信息的优势和特殊的约束机制提高了中小企业融资的可获得性和便利性，降低了中小企业的融资成本：（1）中小企业社会资本的网络治理机制是市场治理机制的补充，它缓解了信贷市场失灵中的中小企业由于信息不对称而面临的信贷配给问题，增加了中小企业融资的可获得性。（2）中小企业社会资本由于自身的网络优势有利于传递企业的信息和企业获取信息，降低了融资交易双方的信息不对称程度，增加了中小企业的融资渠道，提高了中小企业融资的便利性。（3）内含于中小企业社会资本中的信任机制和规范机制有效约束了中小企业融资中的违约行为（道德风险），提高了融资交易双方的合作机会，降低了融资交易成本和融资监督成本。图 3－1 较为直观地表达了社会资本对中小企业融资行为的影响。

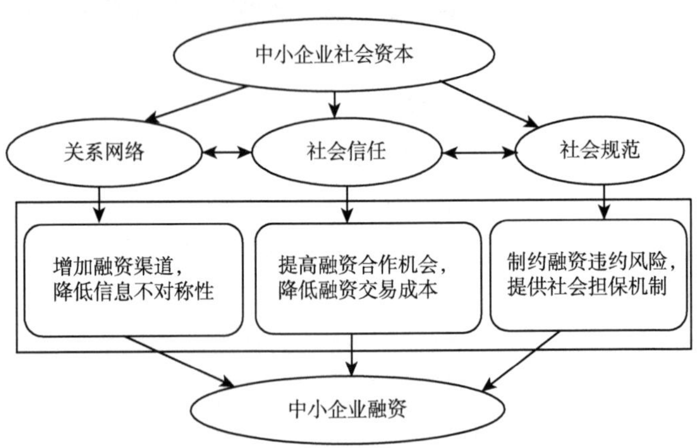

图 3－1　社会资本对中小企业融资行为的影响

二、中小企业社会资本发挥作用的条件

无论是中小企业社会资本的信任机制还是规范机制，其发挥

作用的关键都在于交易者信息的有效传递和对违约者惩罚的可置信性。如果交易者的信息传递无法达到或受到阻碍，该机制就无法有效阻止借款者的机会主义选择；一旦对违约者进行惩罚的可置信性受到怀疑，违约者失信的惩罚成本不够高，交易便无法达成。因此，在特定的社会关系网络内，融资交易双方经过长期重复交易而建立的信任和合作关系，以及基于共同信念而形成的社会规范，其作用机制的实施均需要一定的条件。

（一）有效的信息传递

有效的信息传递是中小企业社会资本融资作用机制发挥作用的关键条件，同时也是中小企业社会资本形成的基础。无论是中小企业社会资本的信息效应还是中小企业社会资本的资本效应，都必须以有效的信息传递为前提。这里所谓“信息传递效率”至少包括以下几点：其一，信息是准确、客观的；其二，信息传递是快速、及时的；其三，信息的传播范围足够广，至少能够到达与借款者有关的潜在交易者。以中小企业社会资本的信任机制为例，信息传递的速度越快、传递的范围越广，借款者越珍惜贷款者对他的信任；相反，借款者就越不珍惜贷款者对他的信任。信息的有效传递是约束借款者行为的基础，如果一个借款者不守信用的行为不能被其他贷款者及时发现，他就越有放弃信用的动机。另外，信号传递的作用在于交易者违背信任的行为被有效和及时观察。同时，信息传递的范围和速度决定了信任的治理边界，中国传统社会中以血缘和亲缘为渠道的信息传递，它所决定的社会信任的差序格局很好地印证了信号传递对社会信任治理作用的激励。血缘、亲缘、业缘等社会网络具有信息分享和减少机会主义的作用，通过有限范围内的监督和未来交易终止威胁等非正规的履约机制，实施违约信息的传递和违约惩戒威胁。信息传递效应主要与网络范围和网络结构有关。网络范围越大，信息传递的效率越低。网络结构对信息传递具有重要的影响，水平网络和垂直网络在传递信息的效率上存在较大差异。水平网络对于内部信息传递效率较高，而垂直网络对于外部信息传递效率较高。另外，网络成员的异质性也影响信息的传递效率，成员的异质性越高，信息传递越有效。

（二）对违约行为实施有效的惩罚

社会关系网络对违约行为的惩罚就是减少甚至拒绝和不遵守网络隐性规则的成员进行交易，即便网络内缺乏有效的正规监督与惩罚机制，社会惩罚都是一种可执行的惩罚措施。这是因为，行为人参与网络活动是有成本的，并且网络关系是一种特定的投资，不能零成本或低成本地转移到新的社会关系网络之中，因此，社会资本的专用性使得网络内惩罚可执行。另外，执行惩罚的成本较小，不会给执行惩罚策略的行为人带来较大的成本，保证了社会惩罚是一种可置信的威胁。但这里也必须要求惩罚要及时（例如，行为主体对借款者违约行为反应迅速，而且在进入博弈的下一个阶段就要实施惩罚策略）。对违约行为及时有力的惩罚不仅对借款者潜在的机会主义行为具有威慑力，更重要的是，及时有力的惩罚对市场乃至社会上的其他潜在交易者也具有警示作用，这对维持社会惯例、道德规范，保证市场的其他交易活动意义非凡。而且，对违约者的惩罚越及时有力，借款者就越重视自身声誉，声誉约束机制也就越容易发挥作用。社会资本理论从社会组织和网络关系来寻求解决集体行动困境的新途径。这其中最重要也是最首要的一点是，中小企业社会资本提供了一种契约机制，从而有效制约了个人理性的最大化动机即通过种类繁多的组织之间的横向弱联系（公民参与网络），个人扮演多种社会角色使其经常挂靠在多个组织内部，这种交织网络化关系使得人们不能轻举妄动和恣意妄为，而是更加重视自己在组织间的声誉信任的影响力。

（三）交易必须是重复的或关联的

重复博弈或关联博弈不仅是中小企业社会资本形成的必要条件，也是中小企业社会资本发生作用的必要条件，两者必具其一。如果融资交易双方的博弈是一次性或者孤立的，那么该博弈缺乏对参与人创建和维护社会资本的有效鼓励，贷款者也无法拥有对违约借款者进行惩罚的机会。博弈参与人的交易频率越高，交易信息的传递越有效，社会惩罚越有约束力。因此，这就要求社会网络的稳定性要高，以保证网络成员之间的关系具有长期性、重复性，保障社会网络在没有正式合约的约束下得以维系。同时，还要求网络规模不能过大。这是因为网络规模越大，重复交易的频率就下降，历史交易信息就难于在所有成员间及时传递，从而不能保证惩罚的及时性，导致惩罚有效性下降。

第三节 社会资本影响中小企业融资的博弈分析

一、社会关系网络影响中小企业融资的博弈分析

社会关系网络是中小企业社会资本的载体和得以实现的媒介，也是中小企业获取信息的主要途径。而社会关系网络的运行和维护需要网络成员的共同“投资”，由于社会关系网络投资的“公共物品”特征，使得网络成员对社会关系网络的投资具有策略性，表现为一种博弈行为。其博弈过程如下：

1. 基本假设。假设一：博弈参与人为一定区域的融资交易企业，他们都是经济意义上的理性人，都会在给定情况下做出保

证自身利益最大化的理性选择。由于参与人处于同一区域，可以认为其博弈为完全信息静态博弈。

假设二：在一定区域内的网络资源为 G；每个融资交易企业为该区域网络资源提供贡献为 g，且每个融资交易企业对该区域提供资源是自愿的，则所有融资交易企业愿意提供的总的网络资源为：$G = \sum_{i=1}^{n} g_i$，融资交易企业 i 除了消费网络资源外，还需要消费私人资源（如私人物品等）x_i。

假设三：融资交易企业 i 的效用函数满足柯布－道格拉斯函数，即 $u_i = x_i^{\alpha} G^{\beta}$，其中，$0<\alpha<1$，$0<\beta<1$，$\alpha+\beta\leqslant 1$。并假定 $\partial u_i/\partial x_i>0$，$\partial u_i/\partial G_i>0$，且私人物品和网络资源之间的边际替代率是递减的。

假设四：每个融资交易企业的预算约束为 M_i，私人物品 x_i 的价格为 p_x，区域网络资源的价格为 p_G，则融资交易企业的预算约束函数为：

$$M_i = g_i p_G + x_i p_x$$

2. 模型建立及分析。假设在一定区域 L 内，融资交易企业之间还没有形成社会关系网络。这时，由于融资交易企业之间彼此孤立，因此其间也没有实现资源共享。每个企业在资源约束下各自实现效用最大化。

那么，每个融资交易企业对区域 L 所能提供的网络资源的最优决策就是在给定其他融资交易企业选择的情况下，选择自己的最优战略 (x_i, g_i)，以最大化其下列效用函数：

$$Max u_i = x_i^{\alpha} G^{\beta}$$

$$st: p_x x_i + p_G g_i = M_i$$

求解过程须构造 Lagrange 函数：

$$L_i = x_i^{\alpha} G^{\beta} + \lambda(M_i - p_x x_i - p_G g_i)$$

其中，λ 为 Lagrange 乘数

最优化的一阶条件为：$\beta x_i^{\alpha} G^{\beta-1} - \lambda P_G = 0$；$\alpha x_i^{\alpha-1} G^{\beta} - \lambda P_x = 0$

从而有：$\frac{\partial u_i / \partial G}{\partial u_i / \partial x_i} = \frac{\beta x_i^{\alpha} G^{\beta-1}}{\alpha x_i^{\alpha-1} G^{\beta}} = \frac{P_G}{P_x} i = 1, 2, \cdots, n$

将预算约束条件代入并整理，得到每个融资交易企业对区域 L 提供的资源为：

$$g_i^* = \frac{\alpha}{\alpha+\beta} \frac{M_i}{p_G} - \frac{\alpha}{\alpha+\beta} \sum_{j \neq i} g_j \ i = 1, 2, \cdots, n \quad (3-1)$$

也就是说，每个融资交易企业对区域 L 所能提供资源如同提供私人物品一样，满足消费者均衡条件，并且每个融资交易企业都相信其他融资交易企业对区域 L 提供的资源越多，自己愿意提供的资源就越少。

如果所有融资交易企业对区域 L 所能提供的网络资源都相等，预算收入也相等，即 $g_1 = g_2 = g_i = g$，$M_1 = M_2 = M_i = M$。

在纳什均衡条件下，每个融资交易企业对区域 L 所能提供的网络资源为：

$$g_i^* = \frac{\beta}{\alpha n + \beta} \frac{M}{p_G}, i = 1, 2, \cdots, n \quad (3-2)$$

纳什均衡条件下区域 L 的网络资源总供给为：

$$G^* = n g_i^* = \frac{n\beta}{\alpha n + \beta} \frac{M}{p_G} \quad (3-3)$$

如果融资交易企业之间进行联合，组成一个紧密的社会关系网络 L^*，则整个社会关系网络 L^* 的效用函数满足：

$W = r_1 u_1 + r_2 u_2 + \cdots + r_i u_i + \cdots + r_n u_n, r_i \geqslant 0$

其中，r_i 为融资交易企业 i 在整个社会关系网络 L^* 效用中所占的比例。

整个社会关系网络 L^* 的总预算约束为：$\sum_{i=1}^{n} M_i = p_x \sum_{i=1}^{n} x_i +$

$p_G G = nM$

整个社会关系网络 L^* 中企业帕累托最优的一阶条件是：

$$\sum_{i=1}^{n} r_i \beta x_i^{\alpha} G^{\beta-1} - \lambda p_G = 0 \text{（}\lambda\text{ 为 Lagrange 乘数）}$$

$$r_i \alpha x_i^{\alpha-1} G^{\beta} - \lambda p_i = 0, i = 1, 2, \cdots, n$$

应用 n 个等式消除 r_i，得到帕累托最优的 Samuelson（1954）条件：

$$n \frac{\beta x_i^{\alpha} G^{\beta-1}}{\alpha x_i^{\alpha-1} G^{\beta}} = \frac{p_G}{p_x}$$

将预算约束条件代入，得到融资交易企业 i 对社会关系网络提供资源的帕累托最优贡献：

$$g_i^{**} = \frac{\beta}{\alpha+\beta} \frac{M}{p_G} \tag{3-4}$$

帕累托最优条件下的网络资源总供给为：

$$G^{**} = n g_i^{**} = \frac{n\beta}{\alpha+\beta} \frac{M}{p_G} \tag{3-5}$$

纳什均衡条件下的资源总供给与帕累托最优条件下的资源总供给的比率为：

$$\frac{g^*}{g^{**}} = \frac{\alpha+\beta}{n\alpha+\beta} < 1 \quad \frac{G^*}{G^{**}} = \frac{\alpha+\beta}{\alpha n+\beta} < 1$$

或 $g^{**} > g^*$，$G^{**} > G^*$

也就是说，当融资交易企业之间形成紧密的社会关系网络时，每个融资交易企业为社会关系网络所提供的网络资源及网络资源总供给将大于没有形成社会关系网络时的网络资源及网络资源总供给，这说明社会关系网络所发挥的作用是显著的，网络成员能从其构成的网络中获得更多的资源，同时每个融资交易企业也为网络资源的共享作出更多的贡献。网络中的融资交易企业越多（n 越大），社会关系网络越稠密，网络中融资交易企业拥有可支配的资源就越多，这些网络相互交错连接，形成了相互交换、相互合作的平台。具体到中小企业融资，社会关系网络将为中小企业融资提供资源交换、信息共享的合作平台，社会关系网络越紧密，资源交换越便利，信息共享越充分。

二、社会信任影响中小企业融资的博弈分析

社会信任对于中小企业融资的有效运作发挥着关键的作用。融资交易双方建立了信任关系，不仅能够提高融资交易双方的合作机会，而且还会减少融资交易成本。Radner（1981）利用重复博弈模型证实了存在较高信任水平的委托人（银行）和被委托人（企业）在利益博弈之下会保持长期合作关系，由于“声誉效应”的存在，委托人和代理人都会自觉遵守合约。社会信任对于中小企业融资的影响，实际表现为对融资交易双方博弈行为的影响。其博弈过程如下：

1. 基本假设。假设一：博弈的参与人为处于同一社会关系网络中的金融机构和中小企业，它们都是经济学意义上的理性人，都会在给定情况下作出符合自身利益最大化的理性选择。

假设二：融资交易市场是完全竞争的，即存在许多的金融机构向中小企业发放贷款，中小企业可以自由选择合适的金融机构贷款。由于社会关系网络的信息传递性，网络内金融机构与中小企业之间的博弈可以认为是完全信息动态博弈。

假设三：金融机构 B 给中小企业 N 的贷款本金为 P，银行贷款利率为 r，贷款期限为 t 年，由于贷款额度较小，偿还期限较短，采用单利计算利息，到期后中小企业应偿还的本利和为 $P(1+r\times t)$，中小企业将贷款资金投放后可获得收益为 R，且 $R>P(1+r\times t)$。

假设四：在博弈过程中，金融机构先行动，也就是说，金融

机构首先选择是否发放贷款。如果金融机构选择不发放，则中小企业和金融机构的收益都为零。

2. 模型构建与分析。

(1) 不存在制约条件的博弈分析。由于中小企业对声誉的影响认识不足，以及中小企业可以用于贷款担保的资产很少，因此，目前金融机构和中小企业的博弈是不存在声誉和担保制约的。在不存在声誉和担保制约的前提下，如果金融机构选择发放贷款，到期中小企业选择偿还贷款，则中小企业的收益为 $R-P(1+r\times t)$，金融机构的收益为 $P\times r\times t$；若中小企业选择不偿还贷款，则中小企业的收益为 R，金融机构的收益为 $-P$。中小企业和金融机构的博弈分析过程如图 3-2 所示。

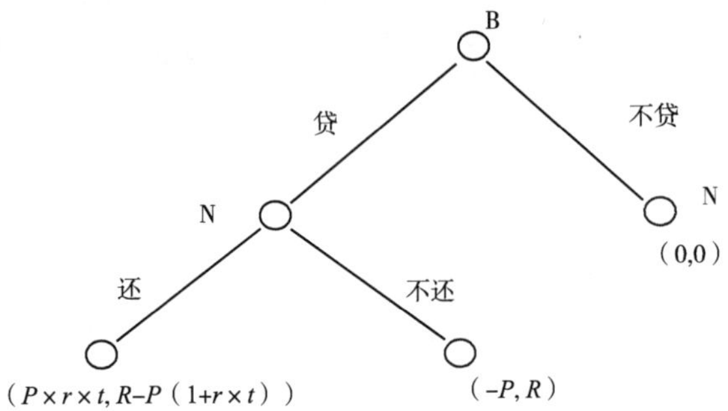

图 3-2　不存在声誉和担保约束下的博弈

运用逆推归纳法进行分析，在第二阶段博弈中，由于中小企业是理性的经济人，选择不还款的收益是 R，大于其选择还款的收益 $R-P(1+r\times t)$，因此，中小企业的最优策略就是不偿还贷款。在第二阶段博弈中，倘若金融机构选择发放贷款，到期若中小企业不偿还贷款则金融机构的收益为 $-P$，不仅得不到利息，连本金也失去了；金融机构选择不发放贷款的收益为 0，则不会有利息收入，也就没有损失。因此，金融机构的最优策略就是不发放贷款。在不存在声誉和担保约束的条件下，金融机构和中小企业博弈的结果是金融机构不发放贷款，中小企业也不偿还贷款，这是最不经济的策略组合。

（2）存在制约条件的博弈分析。从上面的分析可以看出，在不存在制约条件时，金融机构和中小企业博弈的结果是金融机构不发放贷款，中小企业不偿还贷款。为了解决这种不利的结果，可以增加一些制约条件。例如，建立中小企业个人信用系统，如果到期中小企业不偿还贷款，金融机构可以选择信用体系惩罚，增加中小企业再贷款时的道德成本；或者在申请贷款时，金融机构要求中小企业抵押一定的资产，如果到期中小企业不偿还贷款，金融机构可以选择变现中小企业的抵押资产。因此，存在制约条件的博弈分析又可以分为两种情况，即存在信任制约的博弈分析和存在担保制约的博弈分析。

第一种情况：存在信任制约的博弈分析。建立中小企业个人信用查询系统以后，如果到期中小企业不偿还贷款，假设金融机构选择信用体系惩罚，中小企业承担的道德成本为 N_1，金融机构披露中小企业个人信用信息的成本为 $B_1 < P \times r \times t$，并且一旦金融机构选择信用体系惩罚，中小企业就会偿还贷款。那么，如果到期中小企业不偿还贷款，金融机构选择信用体系惩罚时，金融机构的收益为 $P \times r \times t - B_1$，中小企业的收益为 $R - N_1$；金融机构选择信用体系不惩罚时，金融机构的收益为 $-P$，中小企业的收益为 R。具体的博弈分析过程如图 3 - 3 所示。

运用逆推归纳法进行分析，在第三阶段博弈中，由于金融机构为理性经济人，其选择信用体系惩罚获得的收益为贷款利息与披露信息成本之间的差额即 $P \times r \times t - B_1$，大于其选择信用体系不惩罚获得的收益 $-P$，因此，金融机构的最优策略是选择信用

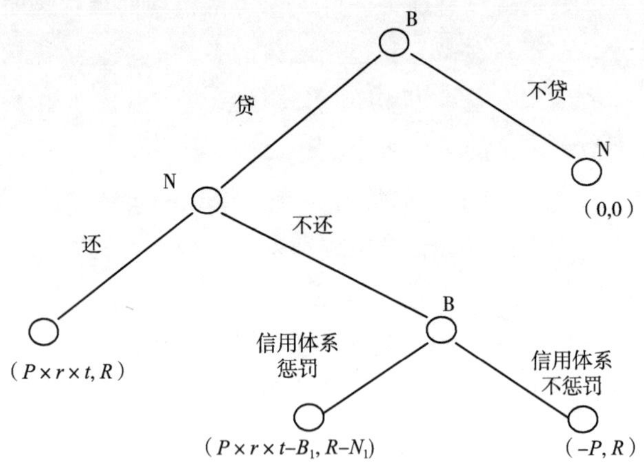

图 3-3 存在信用约束下的博弈

体系惩罚。由于第三阶段博弈中金融机构选择信用体系惩罚，则在第二阶段博弈中，中小企业选择偿还贷款获得的收益为 R，大于其不偿还贷款的收益 $R-N_1$，因此中小企业的最优选择是偿还贷款。由于第二阶段博弈中中小企业选择偿还贷款，则在第一阶段博弈中，金融机构选择发放贷款的收益为 $P\times r\times t$，大于其选择不发放贷款的收益 0，因此，金融机构会选择发放贷款。在有声誉制约的条件下，金融机构和中小企业博弈的最终结果是金融机构选择发放贷款，中小企业选择偿还贷款，金融机构选择信用体系不惩罚。可见，在存在声誉制约条件下，虽然金融机构最终选择信用体系不惩罚，中小企业也会按期偿还借款，最终达到经济的策略组合。

第二种情况：存在担保制约的博弈分析。有条件的中小企业在申请贷款时，金融机构要求中小企业以其财产（如房屋等）作抵押，或者要求其亲戚朋友进行担保。到期如果中小企业不偿还贷款，金融机构可以选择变现中小企业抵押的资产或者要求其担保者偿还。假设变现财产的收入或者担保者能够偿还贷款，金融机构变现财产或者向担保者追要还款发生的成本为N_2，要求中小企业承担。如果到期中小企业不偿还贷款，金融机构变现担保获得的收益为$P \times r \times t$，中小企业获得收益为$R - N_2$；金融机构选择不变现担保获得的收益为$-P$，中小企业获得的收益为R。具体的博弈分析过程如图3－4所示。

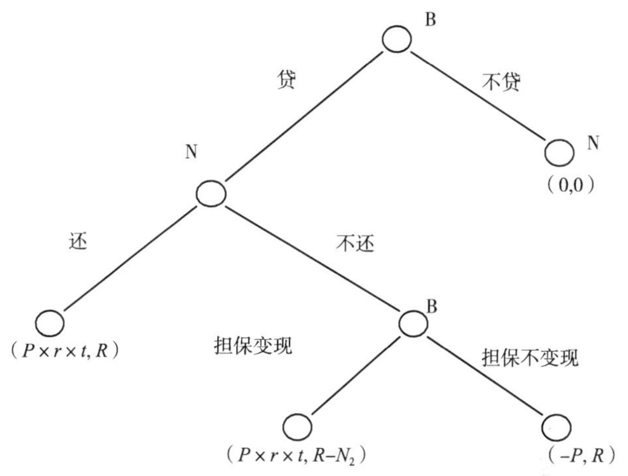

图3－4　存在担保约束的博弈

运用逆推归纳法进行分析，在第三阶段博弈中，由于金融机构为理性经济人，其选择担保变现获得的收益为$P \times r \times t$，大于其选择担保不变现的收益为$-P$，因此，金融机构的最优策略是选择担保变现。由于在第三阶段博弈中金融机构选择担保变现，则在第二阶段博弈中，中小企业选择偿还贷款获得的收益为R，大于其不偿还贷款的收益$R - N_2$，因此，中小企业的最优策略是偿还贷款。由于在第二阶段博弈中中小企业选择偿还贷款，则在第一阶段博弈中，金融机构选择发放贷款的收益$P \times r \times t$，大于其选择不发放贷款的收益0，因此金融机构会选择发放贷款。在有担保制约的条件下，金融机构和中小企业博弈的最终结果是金融机构选择发放贷款，中小企业选择偿还贷款，金融机构选择担保变现。可见，在存在担保制约的条件下，虽然金融机构最终选择担保不变现，中小企业也会按期偿还借款，最终达到经济的策略组合。

因此，中小企业的还款可能性越强，越容易得到金融机构贷的信任，随着金融机构认为中小企业可信度的增大，金融机构的效应也就越大，因此，社会信任机制能显著影响中小企业的融资行为，且具有自我增强和可积累性的作用。

三、社会规范机制影响中小企业融资的博弈分析

经济学家的研究表明，市场的博弈过程是一个不断排斥和抑制欺诈行为的过程，如果一个企业违背了合约，那么它失去的不仅仅是合作机会、信任和声誉，甚至是部分或全部的网络资源，同时也可能遭到其他企业的抛弃，这种社会性的惩罚有时比经济惩罚更为有效。社会规范对中小企业融资行为的影响，主要是通过约束企业行为、强化社会惩罚机制进行的。因此，社会规范对于中小企业融资的影响，也实际表现为对融资交易双方博弈行为的影响。其博弈过程如下：

1. 基本假设。假设一：在中小企业社会关系网络融资体系中，只存在借款企业（中小企业）和贷款企业（银行）两个参与人，且都是理性经济人，其融资交易活动不存在政府干预。

假设二：贷款企业存、贷款利率固定，不受存款者资金供给的影响。借款企业项目投资收益固定，即项目投资收益和企业的信誉无相关性。

假设三：融资交易中借款企业只有守信和失信两种战略，贷

款企业只有贷款和不贷款两种战略。融资交易双方对相互的特征、战略空间均有明确的认识。

假设四：社会关系网络的特殊性使得市场信息完全，任何一方背离契约的失信行为都被社会关系网络内的其他企业所熟悉，并受到社会关系网络的惩罚。

另外，假设融资交易双方在做出决策之前均不知道对方的行动，可以认为他们的行动是同时进行的。也就是说，借款企业和贷款企业之间的融资博弈可以被视为完全信息静态博弈。

2. 模型构建与分析。依据上述假设，令借款企业（中小企业）从贷款企业（银行）借入资金为 M；贷款企业贷款利率为固定利率 r，$r\geqslant 0$；资金存款利率为固定利率 π，$\pi\geqslant 0$。借款企业借入资金进行投资活动获得固定收益为 R，否则，借款企业收益为 0。借款企业在其社会关系网络中形成的社会关系、声誉、信任度等可以量化为 L。由于企业社会关系网络信息的传播性，在融资交易中，“声誉机制”将发挥重要的监督作用。也就是说，当借款企业失信不归还贷款时，它将损失社会关系、声誉、信任度等。同理，如果贷款企业面对守信的借款企业而拒绝贷款，它也将失去社会声誉和信任 F。p 为借款企业守信即归还贷款的概率，q 为贷款企业发放贷款的概率，也可视为交易双方参与社会关系网络的程度。

由此，对借贷企业而言，其战略组合包括：如果借款企业选择守信归还贷款，贷款企业选择发放贷款，则此时借款企业获得的实际收益为 $R-M-Mr$，贷款企业获得的实际收益为 $Mr-\pi M$。如果借款企业选择失信而不归还贷款，贷款企业选择发放贷款，借款企业虽获得短期收益却带来社会声誉等损失，此时，获得的实际收益为 $R-L$，而贷款企业将失去本金和利息 $M+\pi M$。如果借款企业选择贷款且守信，贷款企业面对诚实守信的企业却不积极参与贷款交易即选择不贷款，此时借款企业的收益为0，而贷款企业将失去收益 $\pi M+F$。如果借款企业选择失信，贷款企业不参与贷款交易即选择不贷款，此时借款企业因为失信而承担损失 L，而贷款实际收益为 $-\pi M$。

依据上述博弈双方的战略组合，可以构造如下融资交易双方的支付矩阵。具体见表3-1。

表3-1　融资交易支付矩阵

		借款企业（中小企业）	
		守信	失信
贷款企业（银行）	贷	$Mr-\pi M$，$R-M-Mr$	$-M-\pi M$，$R-L$
	不贷	$-\pi M-F$，0	$-\pi M$，$-L$

假设借款企业的混合战略为 $p_1=(p,1-p)$，即借款企业以概率 p 选择“守信”，以概率 $1-p$ 选择“失信”；贷款企业的混合战略为 $p_2=(q,1-q)$，即贷款企业以概率 q 选择“贷款”，以概率 $1-q$ 选择“不贷”。根据表3-1融资交易支付矩阵，借款企业的期望收益函数为：

$$\begin{aligned}v_1(p_1,p_2)&=p[q(R-M-Mr)+(1-q)\times 0]+(1-p)\\&\quad[q(R-L)+(1-q)(-L)]\\&=pq(-M-Mr)+pL+qR\end{aligned}\qquad(3-6)$$

同时，贷款企业的收益函数为：

$$\begin{aligned}v_2(p_1,p_2)&=q[p(Mr-M\pi)+(1-p)(-M-M\pi)]+(1-q)\\&\quad[p(-\pi M-F)+(1-p)\times(-\pi M)]\\&=pq(Mr+M+F)-qM-pF-\pi M\end{aligned}\qquad(3-7)$$

这样，寻求混合战略纳什均衡(p_1^*,p_2^*)，即为求解最优化问题：

$$\begin{cases} \max\limits_{p_1 \in P} v_1(p_1, p_2^*) = \max\limits_{0 \leq p \leq 1} [pq^*(-M - Mr) + pL + q^*R] \\ \max\limits_{p_2 \in P} v_2(p_1^*, p_2) = \max\limits_{0 \leq q \leq 1} [p^*q(Mr + M + F) - qM - p^*F - \pi M] \end{cases}$$

用微积分求极值的方法，最优化的一阶微分条件为：

$$\begin{cases} \dfrac{\partial v_1}{\partial p} = q^*(-M - Mr) + L \\ \dfrac{\partial v_2}{\partial q} = p^*(Mr + M + F) - M \end{cases}$$

解得：

$$\begin{cases} p^* = \dfrac{M}{Mr + M + F} \\ q^* = \dfrac{L}{M + Mr} \end{cases} \tag{3-8}$$

由此得到融资双方博弈的混合战略纳什均衡 $p^* = (p_1^*, p_2^*)$，其中，

$$p_1^* = \left(\frac{M}{Mr + M + F}, \frac{Mr + F}{Mr + M + F}\right) \tag{3-9}$$

$$p_2^* = \left(\frac{L}{M + Mr}, \frac{M + Mr - L}{M + Mr}\right) \tag{3-10}$$

由此可见，融资交易企业双方达到最优混合战略时收益效用最大化的均衡点为$\left(\dfrac{M}{Mr + M + F}, \dfrac{L}{M + Mr}\right)$，即借款企业以$\dfrac{M}{Mr + M + F}$的概率选择守信还款，贷款企业以$\dfrac{L}{M + Mr}$的概率选择发放贷款。并且，在社会关系网络环境下，借、贷企业参与信贷交易时的行为都受到社会规范的影响。对中小企业来说，由于社会规范的制约，失信的成本很高，一旦失信信息传播到整个社会关系网络，企业会受到网络内其他企业和机构的联合孤立，也就是说，在社

会关系网络中，由于融资行为的社会“嵌入性”，中小企业选择失信是不明智的。对贷款企业（银行）来说，社会规范影响其参加信贷交易的积极性。无论是作为经营方的中小企业，还是作为发放贷款的贷款企业即银行在进行融资交易时，在考虑获取收益的同时，更重要的是要维护社会关系网络的各种社会关系。因此，提高融资交易双方遵守社会规范的自觉性，培育融资交易双方社会资本积累理念是提高融资交易双方融资交易活动参与度的关键，是提高中小企业还款概率、降低银行放贷风险、保障信贷交易顺利达成的内在动因。

上述博弈分析表明，社会关系网络机制促使融资交易企业之间形成一个紧密的网络，在这个紧密的网络中，每个融资交易企业都在网络中积极发挥作用，相互提供和分享资源，促使网络资源总供给增加，每个融资交易企业为网络资源所作的贡献也会增加。建立社会信任机制对于企业融资行为的运作发挥着重要的作用。融资交易企业在长期反复的博弈中，出于对未来收益及自身声誉的看重，往往会采取诚实守信的合作态度，且企业之间的诚信会随着企业交易次数的增多而逐步增强，即借方企业越是本着诚实守信的态度与贷方进行合作，贷方企业就越认为借方企业是诚实守信的。社会规范依靠其社会奖罚制度，奖励诚实守信，惩罚违规欺诈，有效地促进了融资交易企业遵守社会规则、遵守合约。

中小企业社会资本影响融资的实证研究

第三章关于中小企业社会资本与融资之间关系的理论分析表明，中小企业社会资本对融资具有重要影响。基于上述理论分析，本章将对中小企业社会资本与融资之间的关系展开问卷调查并进行实证分析，检验中小企业社会资本与融资之间的相关性，为中小企业社会资本与融资之间关系的理论分析提供实践基础。

第一节　概念模型与研究假设

一、中小企业社会资本影响融资的概念模型

（一）研究主题的界定

在建立概念模型和提出相应的理论假设之前，需要对本书的研究主题再次进行明确。首

先，本书的研究对象是中小企业，包括中、小、微三种类型，并且更多的是指小微企业。对于中小企业的界定，本书依据的是工信部联企业〔2011〕300号文件。这一标准主要是根据企业的职工人数、销售额等指标，并结合企业所在行业的特点来制定的。其次，本书研究的主要内容是社会资本对于中小企业融资的影响作用。从文献综述中我们可以看出，中小企业社会资本可以分为内部社会资本与外部社会资本。由于在内源融资过程中企业具有较大的自主权，而在获得外源融资的过程中，中小企业内部社会资本所起的作用是微乎其微的，并且现代企业的融资路径虽然主要有内部融资和外部融资两种，但对大多数企业尤其中小企业而言，都不能仅仅依靠自有资金来维持运营，由于中小企业自身的特殊性，再加上债务融资因具有利息费用可税前抵扣、节约代理成本等优势，使其成为中小企业融资的主要途径。因此，本章的研究重点将关注中小企业外部的社会资本，研究中小企业外部社会资本（中小企业社会资本）对于外源融资的影响作用。更进一步地说，就是中小企业外部社会资本对于债务融资的影响。另外，许多学者特别关注集群条件下中小企业社会资本对于融资的影响，而为了能够使得模型具有更为普遍的适用性，在进行实证研究时并未限定中小企业的所处地区、行业类型和生存环境。

另外，关于社会关系网络的方位，有的学者以个人关系为社会关系网络的核心要素，重点分析中小企业主的人际关系对融资的影响（Berger et al.，1998；姚铮等，2013）。另一些学者则重点关注组织或机构之间的网络关系对企业融资的影响，Brass（2004）最早指出，社会网络不仅仅是个人之间的联系，还包括个人、政府、企业以及各种类型的机构之间的复杂联系。朱福林等（2014）认为，中小企业的社会网络关系包括企业与政府、银行等金融机构、中介机构、其他企业和高校科研院所等五类，并以北京市科技型中小企业为例，调查分析了五种网络关系对中小企业融资的贡献作用。由此得到启示，张彩江等（2015，2017）将中小企业的社会关系网络分为政企网络、银企网络、人企网络、企业网络、产学研网络和中介网络等六种子网络关系，并以广东省中小企业为样本，实证分析了六种子网络的关系质量对融资能力的影响、关系强度对信贷可得性的影响等问题。我们认为，以企业为主体的社会资本主要体现在以企业为实体与外部相互合作、相互协同、资源互补基础上形成的社会关系网络，为突出中小企业与其他网络成员之间的关系，防止问题研究的泛化，本书把中小企业“社会关系网络成员”界定为中小企业的外部利益相关者，具体包括：企业的客户、供应商或者其他与企业有竞争和合作关系的企业；政府、行业协会等管理部门；银行、财务公司等金融机构。中小企业与这些外部利益相关者形成社会关系网络，构成不同形式的社会关系，为中小企业调动包括资金在内的资源、实现企业目标提供了动力或方便。

（二）概念模型的确立

中小企业社会资本与融资之间关系的理论分析表明，中小企业社会资本对于融资具有积极的促进作用。其内在机理关键在于信息传递和融资渠道建立两个方面。信息的传递是双向的，对于中小企业而言，中小企业社会资本为中小企业对市场价格和贷款机会等公开信息的检索、提炼以及对非公开信息和资源的获取和使用提供了便利，从而有助于降低融资成本；对于银行等金融机构而言，中小企业社会资本弱化了其间的信息不对称程度，有助于银行等金融机构建立信息甄别机制、降低贷款审查成本和对抵押物的要求，从而有助于中小企业获得关系贷款。另外，中小企业丰富的社会关系网络也使得中小企业的融资通道更为多样化，从而可以突破内源融资的局限，建立民间融资、关系融资以及合作信用融资等更为多元化的融资渠道，提高融资的便利性和灵活性。同时，中小企业社会资本的惩罚机制自动启用，也会大大增加违约成本，企业需要在违约收益与违约后经济收益损失和社会资本丧失之间进行权衡，其结果是促使中小企业选择诚信合作，进而有效增加融资交易双方走出“囚徒困境”的可能性。事实上，很多学者较早认识到非物质资本也可能为不具备足够抵押能力的中小企业建立融资平台，只要这类资本能使中小企业增加被信贷方信任的程度，同时为中小企业捕捉更多的展示自身实力及发展前景的机会，那么在利益互惠基础上，借贷机构依然愿意为其提供资金支持。这类非物质资本即为社会资本，主要体现为中小企业个体通过与其他个体进行接触、了解和交流所形成的具备互信、互知及互惠的网络式资本。Uzzi et al.（2002）的研究表明，企业的嵌入性关系能够产生独特的治理效果，使企业更容易获得贷款，从而提高企业的融资能力。戴亦一等（2009）对中国各地区的社会资本进行研究后发现，在社会资本较高的地区，企业更愿意进行债务融资，且企业可以使用较少的抵押物获得债务融资。中小企业社会资本对其融资作用机理为本书概念模型的建立提供了扎实的基础。

关于中小企业融资，根据文献检索发现，以往对于中小企业社会资本与融资之间关系的研究，大多关注于中小企业社会资本对于融资结构、融资行为及其过程的影响。事实上，我国中小企业融资困难不仅表现为融资渠道单一，而且融通资金的时间也较长，并且往往要求提供一定的抵押物，融资成本较高。因此，为更为全面地分析中小企业社会资本对融资的影响，需要设置一个更为综合的变量来测量中小企业融资的难易程度。融资便利性便是一个较好的选择。吴小瑾等（2008）在研究社会资本与企业融资行为之间的关系时，得出了社会资本与融资便利条件呈正相关的结论，这是为数不多的从融资便利性角度阐述融资行为的典型研究之一。

另外，中小企业在融资过程中不仅存在融资难的问题，而且还存在着融资贵的问题。当银行贷款紧张，而中小企业又出现资金缺口的时候，中小企业就只有选择从民间融资来解决资金缺口问题。而民间融资的最大问题就是成本较高，这无疑又给中小企业的发展带来巨大的阻力，增加了中小企业的负债压力和经济负担。较高的融资成本不仅影响了企业经济效益的进一步提高，而且也影响企业长远、健康的发展，并最终造成企业二次出现融资缺口问题。如果说中小企业的融资难涉及的是资金可得性不足的问题，而中小企业的融资贵涉及的则是资金的成本过高的问题。

因此，中小企业融资状况主要表现为“融资难、融资贵”，其实质反映为中小企业融资的便利性和经济性。因此，关于中小企业社会资本与融资之间关系的研究，也实际包含了中小企业社会资本结构维度、关系维度和认知维度分别对融资便利性和经济性影响的分析。

基于上述分析，本节提出如图 4－1 所示的中小企业社会资本对融资影响的概念模型。

二、理论分析与研究假设

中小企业社会资本的结构维度主要在于产生信息收益，获得更多的知识和信息；关系维度主要体现为建立信任基础，促进市场主体间信任关系的建立；认知维度则是形成共同的价值观和规

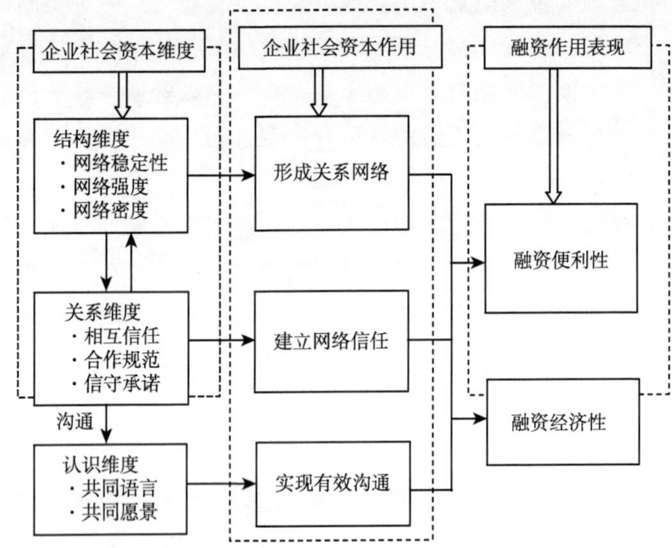

图 4-1　中小企业社会资本对中小企业融资影响的概念模型

范，促进市场主体间的有效沟通。中小企业社会资本的任一维度都有助于提高中小企业融资的便利性和经济性，并且三个维度之间相互作用、相互影响，共同促进中小企业融资能力的提高。

（一）中小企业社会资本结构维度与融资便利性和经济性的关系分析

中小企业社会资本的结构维度主要是指中小企业社会关系网络各种联系的总和及其结构特性，体现的是社会关系网络成员之间连接的规模、连接的强度、连接的多元性和连接的持久性等，它主要是通过网络成员之间的不同连接，使社会关系网络各个节点的成员为了自己的利益寻求利用网络资源，并接入和交换不同程度、不同范围内的资源，促进资源和信息的交流和传播，从而降低网络成员之间的信息不对称，并对中小企业融资渠道和融资成本发生影响。其中，网络规模是中小企业在其社会关系网络中与外部组织之间的连接数量。中小企业获取资源的重要渠道就是与网络成员之间的网络连接。通过网络连接，网络成员之间能够实现资源共享，获取自己发展需要的稀缺资源。拥有更大网络规模的企业将会占有更多可能的资源渠道，可以更及时并以较低的成本获取有用的信息和知识，从而可以更多地获取共享资源的机会。但较大的网络规模不一定必然引起中小企业资源和信息的更多集聚，也即资源和信息的获取数量还与网络成员所拥有的信息和资源的多元性有关。网络连接的多元性是指社会关系网络中连接关系的异质性程度。社会关系网络行动者之间的关系种类越多，则这个网络的连接多元性较高，多元性可操作为网络行动者间连接关系的类型。如果企业社会关系网络中各节点的资源基础相同，它们都向核心企业提供相同的知识和信息，那也就谈不上资源的共享和互补，企业网络可用资源的数量也就不会增加（Burt，1992）。因此，中小企业社会资本的高低不仅受网络规模的影响，还受网络异质性的影响，通过更多的异质性节点来获取更多的互补性信息和资源。网络连接强度是指构成社会关系网络的成员彼此间关系的强度，反映了网络成员之间联系的紧密程度，连接强度能够提升网络成员之间的信任程度。中小企业与外部组织之间的“强连接”，可以促进相互间的协作和资源共享。Coleman（1990）分析了“强连接”的社会关系网络，认为虽然关系维持成本相对高些，但由于网络成员间关系密切、内聚度高，所以连接紧密的网络明显比连接松散的网络具有更高的集体社会资本。Granovetter（1973）用互动频率、感情深度、亲密程度和互惠交换程度来衡量网络关系强度。互动频率高、感情深、相互信任度高或者互惠交换多而广，则为强关系，反之则是弱关系。强关系群体同质性较高，个体所了解的事物和事件、所掌握的信息往往趋同，它主要起着维系群体、组织内部关系的作用；而弱关系往往连接的是具有异质性特征的个体，弱关系联结的人越多，收集的信息也会越多，因此，“弱关系充当信息桥”，在群体、组织之间建立了纽带联系，它比强关系更能跨越其社会界限去获得信息和其他资源。社会关系网络的持久性是指社会关系网络成员之间的关系保持不变的性质。因为个人社会关系网络的连接关系很强，相对而言，网络成员之间的关系较为持久和稳定。如果整个社会关系网络连接的关系是稳定和持久的，网络的整合性就高。如果企业频繁更换社会关系网络中的合作伙伴，那么必然会增加企业的信息搜寻成本、交易监督成本和关系维护成本。网络关系的维持时间是获得网络优势的重要保证，相对稳定的网络成员不仅是双方信任和合作的基础，还是他们决定是否帮助他人的重要因素。中小企业社会关系网络的稳定性还有利于帮助网络成员建立起共享资源的信心，降低机会主义行为的倾向（Gulati，1998）。David（1993）认为，社会资本的结构维度从网络规模与连接度的角度促进了信息的传递和交流。广泛的网络能够产生更多的信息量，较高水平的结构维度有助于企业识别其他网络成员所拥有的信息和资源的价值。中小企业社会资本的结构维度水平越高，对外部信息和资源越具有更多的获取和利用机会。另外，社会关系网络中的定位也非常重要，因为良好的定位有利于取得各种不同的信息（Burt，1992）。跨越结构洞的企业扮演了中间人的角色，取得了快速获得资源和信息的渠道，从而形成信息优势，这种信息优势有助于缓解网络成员之间的信息不对称，减低交易成本。Birley et al.（1991）认为，居于社会网络中心位置的企业能够获得更多的资源和机会，并对企业成长具有积极性的作用。具体到中小企业融资，已有研究表明，信息不对称是造成中小企业融资困难的最主要原因之一（Stiglitz and

Weiss，1981）。中小企业社会资本结构维度通过其关系网络优势可以有效缓解中小企业与银行等金融机构之间的信息不对称性，从而使得企业与贷款银行两者间建立的关系更加良好和紧密，企业由此也更有可能获得银行信贷支持，降低中小企业信贷融资的交易成本，提高中小企业信贷融资的可得性。理论分析表明，社会关系网络不仅有助于增加中小企业的融资渠道，而且也有助于降低中小企业融资过程中的信息不对称，同时也有助于减少债务违约发生的概率。Uzzi（1999）考察了社会嵌入对企业获得金融资本及其成本的影响，他通过实证研究发现，在二元关系层面，借款企业通过社会关系能获得较低的贷款利率。在网络层面，如果它们的银行关系网络能整合嵌入关系和市场交易关系的话，那么企业就更有可能获得贷款和更低的贷款利率。Petersen et al.（1994）通过对美国一些小企业与银行之间关系的研究认为：第一，企业与银行建立关系的时间长短对其贷款可获得性和贷款数量有明显影响；第二，当企业将各种业务集中于一家银行并与之保持密切联系时，能够增加其获得贷款的可能性。产生上述结果的一个重要原因是企业与银行等金融机构保持紧密联系，可以增强彼此间的了解，降低信息不对称带来的逆向选择和道德风险，从而使信贷市场更有效地运行。类似地，Berger et al.（2001）也认为，银企关系的建立有利于降低企业的融资成本，银行与企业关系建立的时间越长，企业贷款的利率就越低。

基于以上分析，中小企业社会资本的结构维度与融资的便利性和经济性应该具有密切的相关性。因此，本部分提出以下假设：

H1a：中小企业社会资本的结构维度与融资的便利性正相关；

H1b：中小企业社会资本的结构维度与融资的经济性正

相关。

（二）中小企业社会资本关系维度与融资便利性和经济性的关系分析

中小企业社会资本的关系维度是指中小企业社会关系网络成员之间联系的深度和强度，它主要关注网络关系中所蕴含的情感属性以及网络成员之间的关系质量，体现的是社会关系网络的存在质量，如这些网络联系中是否具有信任和规范、是否具有承诺和隐私等。如果对待同一网络成员存在着情感上和态度上的差异，即使是两个占有相同网络结构的中小企业，也会导致相互间行为的重大差别（李作战，2010）。由于信任反映了关系的质量（Tsai and Ghoshal，1998），社会资本的关系维度主要强调信任的作用，并将信任作为中小企业社会资本关系维度的关键内容。信任作为度量社会资本的一项重要指标，在经济学研究中已得到广泛应用（张维迎、柯荣住，2002）。众多学者把信任看作社会资本的一种表现形式或者是一种来源，一些学者甚至把信任等同于社会资本。中小企业社会资本的形成是基于关系中的信任，无论是客户关系、与供应商的关系、与政府的合作关系，还是与朋友的友谊、与同乡的情谊都是需要维护的，而维护的基础就是建立信任。一般认为，信任是在社会互动中产生的，行动者的交往越多、联系越密、彼此共识越多，信任就越有可能产生、越有可能持久。Putnam（1993）和 Guiso et al.（2008）等研究认为，社会资本较高的地方的主要特征就是人们之间的互信度较高。信任可以激励积极的态度和行为，相互信任的双方能够找到解决冲突的有效方法。Pastoriza（2008，2009）等认为，对于中小企业而言，由于大家的规模都很小，信用等级都很低，所以信任可以使网络节点之间的沟通更加顺畅，从而促成网络成员之间的互助合作。理论分析表明，融资交易双方建立的信任关系对于中小企业融资行为的有效运行以及能否在更大范围内得到扩展发挥着重要的作用。它不仅能够有助于提高融资交易双方的合作机会，而且能够有助于降低融资交易成本，提高中小企业的融资效率。Uzzi et al.（1999）在拓展嵌入观点的基础之上，对于社会资本影响小企业借贷的金融资本市场运作方式进行了探讨和实证，并提出银行和企业贷款一方关系的质量影响了企业为贷款所支付的资本成本。Woolcock et al.（2000）的研究表明，社会信任度水平的提高可以有效降低企业与银行等信贷部门之间的信息不对称所造成的交易成本，从而增强企业的融资效率。

同样，社会规范也是中小企业社会资本的重要组成部分。在社会关系网络中，当控制一项行为的权利由其他行为者而非个体行为者掌握时，规范才存在（Pablos，2005）。Coleman（1988）在其著作《社会理论的基础》中将规范表述为：存在社会系统中被行动者内化的东西。"这类规范要求人们放弃自我利益，依集体利益行动。"Coleman进一步提出，在规范有效存在的地方，规范就构成了一种强有力的社会资本。社会规范通过引导和强化社会公众的共同信念，能够影响社会成员的经济行为。而且，在时间的推移中，社会规范形成的价值理念，也将逐渐影响正式制度的演进，并最终作用于社会资源的配置。另外，网络成员共同遵守的规范节约了交易费用，确保了相关信息和行为的确定性，减少了整个网络的运转成本，使网络的整体利益和网络成员的长远利益得到统一。并且，基于道德习惯而非法律的柔性约束机制的规范，是网络成员认可的行为准则和内心行为标准，代表了网络系统中的共识程度，它在一定程度上发挥着正式制度（如法律制度）的替代作用，它通过惩罚自私自利的行动，奖励大公无私的行动，要求个体放弃自我利益而按公共利益行事，从而使某些行动目标更容易实现，为融资契约的执行提供了社会担保机制。理论分析表明，社会规范不仅能够有效制约融资交易双方的违约行为，而且也为融资交易双方提供社会担保作用。事实上，融资活动中的双方不仅具有借贷关系，还处于一定的社会联系之中，亲密的社会联系本身也是一种稀缺资源，它不仅影响当事人利益最大化的决策行为，还在当事人之间建立起了持久的相互期望和义务，减少了当事人的机会主义行为，为现实融资契约的履行提供了一种隐性担保。借款人一旦违约拒不还款，则这种社会关系的破坏所导致的长期损失可能远远超过违约带来的近期收益。由于社会规范在经济处罚之外对违约的借款人施加了制裁，从而对借款人的行为构成了有力的约束，保障了融资契约的高效率实施。Fukuyama（1997）明确指出，“社会资本应当被简明地表述为一系列的非正式的价值和规范，享有这些价值和规范的个体和群体愿意在他们之间进行合作”。另外，在社会关系网络内的融资交易双方，共同生存在一个比较稳定的环境，受到共同文化和价值观的影响，经过长期的互动交往，会形成一种较为固定的规范。企业的融资行为正是建立在规范的基础上，依靠道德观念与企业之间的互动，对诚信者进行社会奖励，对违约者进行社会惩罚，使得融资交易双方能够保持真诚合作。金智（2013）研究认为，虽然违反社会规范可能增加公司当前的经济利益，但它也可能会导致公司在未来付出更高的成本，如社会公众的制裁、资本成本的增加等。

另外，承诺也是中小企业社会资本关系维度的应有之义，主要是指交往双方发展稳定关系的期望以及用短暂的牺牲换取关系维持的意愿。Ferri et al.（2009）认为，承诺包括三个特征：一是愿意为组织付出努力；二是愿意接纳组织目标和价值观；三是愿意拥有组织成员身份。承诺对于中小企业融资的影响也非常大，它是社会关系网络成员保持良好合作关系的重要保障，也是网络成员彼此对关系非常重视的一种体现。

基于以上分析，中小企业社会资本的关系维度与融资的便利性和经济性应该具有密切的相关性。因此，本部分提出以下假设：

H2a：中小企业社会资本的关系维度与融资的便利性正相关；

H2b：中小企业社会资本的关系维度与融资的经济性正相关。

（三）中小企业社会资本认知维度与融资便利性和经济性的关系分析

中小社会资本的认知维度主要是指社会关系网络中的认知范式，它代表了网络成员之间通过通用语言、编码和叙述进行沟通，从而形成的通用理解、解释和含义系统的资源。它是中小企业社会关系网络成员在共同的目标与任务中不断培养而形成的，主要表现为共同的语言和符号、共享的价值观以及共同的愿景等价值因素。共同的语言和符号、共享的价值观等认知性因素是社会资本整合能力的内在性力量，它通过组织内共同的语言、符号和共同的经历等来影响中小企业的关系（信息）整合能力。学者们已经认识到社会网络中特有的语言是有价值的资产（Kogut and Zander，1992；Chiu et al.，2006）。事实上，在现实的中小企业社会关系网络中，尽管很多网络成员各自拥有独特的信息和资源，却不一定能给整个网络带来价值，原因之一就是沟通障碍，因为只有在关系双方对他们经由传递过程所获得的知识尤其是隐性知识具有共同的语言和理解基础时，也即在认知框架上比较接近时，对这一知识的利用与开发才有可能变为现实（王凤彬，2007）。语言和符号是社会群体交往的最直接和重要的工具，是互动交往的基础，也是人们进行沟通的手段。如果一个人想要与其他人采取一致行动，该群体就必须使用共同语言（或符号、编码）。共享的语言和符号为网络成员提供了交流平台，促进了网络成员之间频繁交往的可能性，提高了网络成员沟通和共享信息的效率。共享的语言还为资源的共享和整合提供了一个共同的概念基础，为网络成员之间的互惠交换提供了可能（Bonner and Walker，2004）。同时，共享的语言也提升了中小企业共享和整合网络资源的能力，进而促进了其资源的获取。因为语言、符号的差异在一定程度上会制约人们对于社会网络的进入。资源的交换和组合过程中有意义的沟通要求行为主体处于相同的背景之下，而为使不同的行为主体处于此状态，则需要通过共同的语言和共同理解的表达方式来达成共享。另外，语言还会影响人们的预期，在具有共享语言的条件下，能够对不同行动的可能结果产生共同的预期，这种预期是协作的前提。而在共享语言缺失的情况下，协作的预期则较难产生。Nahapiet et al.（1998）指出，企业获得信息的能力与网络中共享语言的程度成正比，人们在某种程度上拥有共同的语言会提高他们接近他人并获取信息的能力。如果他们的语言和法则是不同的，这就容易造成他们之间的分离并限制了他们之间的交流。柯江林等（2007）认为，共同语言是沟通的基础，当对他人专业知识有所了解时就很容易对其知识发生兴趣并能很快理解与吸收。赵凌博（2008）认为，该系统的共同语言或含义可以改善组织信息和资源组合的交换能力，同时资源的组合和信息交换也能产生新的知识，这构成该组织的社会资本认知维度的一部分。

同样，共同愿景是网络成员基于相互交流和融合后对未来所形成的一种“共识”，包括组织成员间共同的目标、期望与抱负等。共同愿景和文化是社会资本认知维度的基本要素（Inkpen and Tsang，2005）。更进一步说，企业间有了共同的目标或利益后，它们就能够预见资源交换与结合的潜在价值，因此更能凝聚其合作的意愿。所以，Dyer et al.（2000）认为，拥有共同的愿景是联盟成员所独享的社会资源，在网络中将会增加各成员企业对于知识共享的承诺，更有利于组织间的学习。并且中小企业社会关系网络中共同愿景的理解和认同，可以把一个松散的连接系统聚集和整合起来，并最终影响到每个网络成员资源获取的能力。综上所述，这种拥有共同语言与共同愿景的企业间的认知系统可以促使企业网络成员产生一致性的行为，降低机会主义行为的可能性。

社会资本的认知维度对中小企业融资的影响作用主要体现为中小企业与银行等金融机构之间形成的有效沟通。中小企业与银行等金融机构之间资金需求与供给方面的问题本质上是合作双方缺乏"有效沟通"引起的。社会资本的认知维度对于解决中小企业与银行等金融机构合作中资金需求与供给方面的问题有着重要影响，它可以促进企业与银行等金融机构形成共同的理解和有效沟通，帮助企业与银行等金融机构了解彼此的资金需求和潜在的有效供给，建立双方对于融资合作风险的评估和控制机制，形成双方认可的包括融资规模、融资期限及融资成本等在内的融资方案，从而促进彼此间合作形式的达成和融资交易行为的实现。事实上，中小企业与银行等金融机构本处于不同的背景之下，具有不同的利益目标和价值取向，其间融资合作中的隐性知识的显性化和共享过程等都需要双方使用共同的语言进行沟通并取得对知识信息的共同认知。而共享的认知机制如语言、符号等则是知识分享和交流的最主要媒介。共同的语言符号和共同的经历对于彼此之间信息的获取和交换具有重要作用。一般认为，共同的语言符号和共同的经历等决定认知模式的因素，可以影响人们的思考方式和行动方式，促进信息的交流，增进网络成员间的理解和支持，并导致更密切、更频繁、更深入的信息和资源沟通，增强网络成员的社交能力。较强的社交能力使企业能更好地斡旋于网络中，为满足企业资金的需求提供一定的便利。此外，相同的语言和共同的经历也会影响人类的认知模式和手法，同样的认知模式，令网络中的成员能够迅速、深入地了解彼此的意图，从而有利于形成一种集体取向，这种集体取向一旦形成，那么双方将会形成相似的价值观和愿景。拥有共同的认知模式使得个体间比其他不了解的人更容易彼此支持、交流及分享知识，方便中小企业融资，增加其融资经济性。企业对网络中认知范式形成的影响越大，获得的组织支持越多，中小企业自由度越高，其融资的灵活性也就越大。Kim 等（2014）研究发现，债务人的伦理道德行为水平越好，银行贷款利率越低，贷款条款的优惠程度越高，尤其是当债权人和债务人之间在伦理、道德等价值观方面的认同度和相似程度越高，伦理道德行为对银行贷款条款优惠程度的影响越显著。

基于以上分析，中小企业社会资本的认知维度与融资的便利性和经济性应该具有密切的相关性。因此，本部分提出以下假设：

H3a：中小企业社会资本的认知维度与融资的便利性正相关；

H3b：中小企业社会资本的认知维度与融资的经济性正相关。

第二节　实证研究设计

为了保证基于概念模型的实证研究的有效性，本节的研究在前人研究成果的基础上结合对相关中小企业的访谈，设计调查问卷，发放问卷和收集数据后，对本研究的相关变量进行度量。同时，根据问卷调查数据对样本的基本信息进行描述性统计分析。

一、调查问卷设计

定量分析的一个重要工作就是在定性分析的基础上正式提出一个测量工具，并通过一定的手段收集数据，以进一步验证所提出的各个假设。在对有关中小企业融资的研究文献进行梳理后发现，国内学者的很多研究都是以证券交易市场中的中小企业作为研究对象的。这种现象产生的原因一方面是这些中小企业的融资问题也很重要，另一方面则是数据收集难度上的考量。本研究认为，公开上市的中小企业虽然还被称为中小企业，实际上规模已经非常大，这些中小企业的融资困境问题往往不突出，因此这样的样本数据往往不能很好地代表我国的中小企业群体，而且对于进行中小企业与银行之间关系的研究，这些上市的中小企业年报中也往往不能充分进行披露。基于以上的原因，本研究不将这些上市中小企业作为研究对象，而是将更具有代表性的一些非上市中小企业作为主要研究对象。

（一）调查问卷的设计过程

在实证研究中，调查工具的选择适当与否，将直接影响到研究的可靠性和价值。由于本研究确定的研究对象所需要的研究数据难以从公开资料中获得，因此本研究将以问卷调查作为主要研究工具，采取统计调查研究方法进行数据收集。经过对样本的收集和手工整理，得到实证研究所需的数据资料。因此，如何设计一份严谨而有效的调查问卷，并通过对足够数量可靠样本的调查来获取假设检验所需的资料就成为本研究定量研究的关键。

在问卷设计原则和可靠性方面，徐淑英（2008）指出，问卷设计包括研究构思与目的、问卷结构、问卷的语句语法和问卷用词等四个方面。在设计问卷的过程中，首先要注意问卷的结构和内容安排要根据研究设计的指向和目的来确定，问卷设计中应避免使用复杂冗长语句或启发引导式问题，语意层次清晰，语句明确具体，避免多重含义或隐含某种假设问卷用词不涉及褒贬，用词不能过于抽象以防止反应定式。马庆国（2002）认为，正确设计问卷的要点有：要根据研究目标设计问卷，要根据调查对象的特点设置问项，不能设置得不到诚实回答的问项，对于有可能得不到诚实回答而又必需的数据，可以通过其他方式处理，如变换问题的角度和提法，从而获取相关数据。李怀祖（2004）指出，问卷设计要遵循以下几个原则：（1）问卷的内容结构要与研究的概念框架相呼应；（2）问卷中的问项要尽量让问卷填答者容易看懂并容易回答；（3）尽量不涉及填答者个人隐私如收入、年龄等；（4）前面的问项不要影响后续问项的填答；（5）在设计问卷的前期工作中，首先要确定哪些是封闭式问题哪些是开放式问题；（6）在正式的大规模调查之前必须经过预测试过程。Churchill（1979）以及 Dunn et al.（1994）建议，调查问卷的开发应采取以下流程：（1）题项通过文献回顾以及企业的经验调查和与企业界的访谈形成；（2）与学术界专家和企业界专家广泛讨论；（3）选取预样本进行预测试，并通过预测试对题项进行修改、完善和优化，进而形成最终问卷。依据上述建议，本研究调查问卷设计分为以下四个阶段：

第一阶段：搜集相关的研究文献，为编制初始问卷提供借鉴。为了能够和以往的研究进行比较，保持研究的承接性，通过阅读分析国内外关于企业社会资本和中小企业融资及其相互关系的相关文献和研究成果，对变量的研究背景和运用情景进行分析，提取了文献中被国内外学者证实有效或者相对成熟且较为权威的相关变量的测量指标。同时，考虑中国人的语言文化习惯，并结合本研究的具体情景以及数据收集的难度确定基本测量指标，形成问卷的初稿。

第二阶段：小规模访谈，消除歧义，提高研究调查问卷的适合性。在形成初始问卷后，就其合理性和适合性征求相关研究领域颇有建树的学者意见。主要包括对初步问卷的题项设计、语气措辞、变量之间的逻辑关系以及问卷格式方面的意见，并根据意见进行修订。关于题项设计的意见主要包括两方面：一是关于构思的合理性，请他们判断题项与构思维度之间联系的紧密程度，从而检测研究构思的内容效度。二是检查反映同一内容的题项之间是否重复，删除重复题项。据此对题项选择进行筛选和修改，对调查问卷的结构进行优化。

第三阶段：选择一些对中小企业的外部关系网络、融资情况比较熟悉的企业高管和财务管理人员进行深入交流，征求他们对本研究重要问题的意见，包括研究模型的表面效度、题项设计以及如何度量企业社会资本、中小企业融资等，并根据征求意见对问卷再次进行进一步的补充和完善。另外，为了数据收集得客观、及时和有效，能够反映中小企业社会资本及其融资行为的最新情况，本问卷尽量调查中小企业最近三年的状况。

第四阶段：将问卷发放给 20 位左右对中小企业的社会关系网络、融资情况比较熟悉的企业高管和财务管理人员进行预测试，根据他们的填写效果和反馈意见，对一些测量题项的语言和表达方式进行再修改。包括对表达模糊的题项进行明晰化处理，对过于复杂的题项进行简单化处理等。同时，为了避免问卷填写者可能产生的因果暗示，问卷设计没有对研究项目及相互之间的逻辑关系进行说明，而且将指标测量的相关问题在问卷中进行了分散化处理。在此基础上形成最终的调查问卷。

另外，调查问卷中的问项全部采用封闭式。所谓封闭式调查问卷，是指答案已经确定，由调查者从中选择答案的调查问卷。封闭式调查问卷的优点是便于综合，缺点是有时答案可能包括不全。本研究涉及中小企业社会资本结构维度、关系维度和认知维度与融资之间的关系，研究的层面属于企业层面的研究，而非个体层面的研究。因此，使用封闭式调查问卷时，作者通过多次的企业实地访谈和二手数据收集，并通过预测试过程，尽可能全面地包括所需要的问项。

（二）样本数据有效性控制

由于在问卷调查中可能存在应答者不愿答、不会答以及题项设计本身存在缺陷等现象，导致调查问卷的回收率不高，甚至导致应答者对题项做出非准确性的回答。为提高调查问卷的有效回收率，尽量降低上述现象对获取准确答案的负面影响，确保样本数据的有效性，本部分的研究对问卷设计与调查采取了以下控制措施：

第一，控制被调查对象范围。本问卷所要调查的企业为中小企业，而对所在行业和地域并没做限制。问卷填写对象主要选择对企业的社会关系网络和融资情况较为熟悉的企业高管人员，如总经理、副总经理、财务总监、财务经理或者在企业工作年限较久的部门经理。为确保这一点，问卷的第一部分要求被调查者填写自己的个人基本信息，如现任职务、现任职务年限、在该企业工作年限等，其目的就是在今后的分析中剔除那些职位较低、对企业情况不甚了解的人员所填写的问卷，以提高问卷调查的可靠性。

第二，问卷采取匿名填答的方式。在问卷调查过程中，如何尊重填答者的隐私，使得填答者愿意并准确地回答问题是确保样本有效性的关键。一方面，在问卷调查方式上，为消除填答者顾虑，提高问卷数据的有效性和真实性，所有调查问卷均采用匿名制的方法填写，并且在调查问卷的“卷首语”中明确告知应答者，该调查问卷纯粹属于学术研究，其内容不会涉及企业的商业机密等问题，所获信息也不会用于任何商业目的。另一方面，在调查问卷发放时，主要通过同学、朋友和亲戚等社会关系网络介绍发放。因为在中国的特殊背景下，社会关系因素在社会调查中将发挥非常重要的桥梁作用，通过同学、朋友和亲戚等关系介绍，调查对象能够给予充分的配合。另外，为提高填答者填答意愿，对于那些对本研究感兴趣的调查对象，我们承诺将通过电子邮件等形式把研究结果发给他们。

第三，进一步优化调查问卷。为尽量避免填答者由于不能理解所问的问题而做出非准确性的回答，本调查问卷的设计经历了预测试阶段，从之前听取来自学术界专家和企业界人士的意见到预测试，对问卷的表达方式和遣词造句进行了斟酌修改，以尽量排除题项难以理解或所表达的意思不够明确的可能性。并且，为避免同一时间、同一地点、由相同填答者填答自陈式量表所可能产生的共同方法变异，本研究采纳了 Podsakoff et al.（2003）的建议，在调查问卷编排设计方面进行了隐匿受访信息、隐匿题项意义、平衡项目顺序等处理。

此外，按照 Lee et al.（2001）避免一致性动机问题的建议，我们在调查问卷设计中，并未明确题项所度量的变量，并且将中小企业融资的题项放在企业社会资本的相关测量项后面，这样的题项安排可在一定程度上防止答卷者在填写调查问卷时形成自己的逻辑，导致降低调查问卷结果的可靠性。

（三）问卷设计

根据样本有效性控制要求，本研究的调查问卷主要采用选择题，答案选择采用 Likert 五点量表来表示。五点量表的选择是根据学者 Berdie（1994）的建议，他认为多数情况下，五点量表是最可靠的，选项超过五点，一般人难以具有足够的辨别能力。初步的问卷调查也表明，大多数企业经理反映7级量表会增加思考时间和判断难度，并提出这有可能导致问卷填答人的抵触情绪，给数据收集带来不利影响。五点量表的内容为：非常不同意（1分）、不同意（2分）、不一定（3分）、同意（4分）和非常同意（5分）。同时，每个题项均用中等长度的句子（16到24个字）表示，以符合Andrews（1984）的建议。另外，关于相关题项的设计，考虑到单个问题一般只能度量狭窄的概念，测量复杂的组织现象通常需要多个问题，并且在变量的测量题项具有一致性的情况下，多个题项比单个题项更能提高信度（Churchill，1979）。因此，在调查问卷中对研究所涉及的变量设计多个题项对其测量，以提高效度和信度。Dewilows（2004）认为，问卷的设计要以理论模型为依据。根据本书的研究理论和现有文献对研究模型中相关变量的测量，以及本研究提出的问卷设计要求，本研究设计了实证研究所需要的调查问卷，问卷调查涉及的内容主要包括中小企业基本状况、社会资本基本情况以及主要的融资行为特征等。具体地，本研究调查问卷设计共分为三个主要部分、40个关键问题：第一部分包括企业的基本情况和填答者的基本信息，共有10个关键题项，企业基本情况主要填写企业所在地区、所属行业、年销售额、成立年限以及融资情况等信息。填答者的基本信息主要填写现任职务以及在该企业的工作年限等。第二部分是关于中小企业社会资本情况，共包括三个主要方面：（1）企业社会资本结构维度情况，共3个题项9个问题；（2）企业社会资本关系维度情况，共3个题项9个问题；（3）企业社会资本认知维度情况，共2个题项6个问题。第三部分是关于中小企业融资难易程度和融资成本情况，共包括两个方面的内容：（1）中小企业的融资便利性（融资难易程度）情况，共4个题项（问题）；（2）中小企业的融资经济性，共2个题项（问题）。第二部分和第三部分均采用Likert的五点量表法，对问卷中各题项的测量划分为“完全同意、基本同意、不确定、基本不同意和完全不同意”五种情况，并相应赋予1—5的分值用以测度变量，分数越高表示受测者认为该企业测量层面的条件越好。初次调查的时间是2018年1月—2018年3月，分别请有关中小企业主填写问卷，结果发现普遍存在问卷填写时间过长、措辞比较学术化等问题。针对存在的问题，本书进行了进一步修订和完善。最终的问卷内容详见附件中的调查问卷。

二、研究变量的测量

根据本书前面的理论分析以及研究假设，本书需要测量的变量包括被解释变量、解释变量和控制变量。其中，被解释变量主要包括中小企业融资便利性（融资难易程度）和经济性（融资成本大小）；解释变量主要包括中小企业社会资本的结构维度、关系维度和认知维度三个方面；控制变量主要包括中小企业规模、成立年限和企业所在区域。其题项设计主要来源于以下三个方面：一是直接采用相关研究文献中被普遍采用且被证实是有效或是相对成熟的指标。二是根据相关理论或者文献研究的结论分析确定。三是在以往学者研究题项的基础上，结合本书研究的实际需要和访谈结果进行修改确定。同时，为了确保测量工具的效度和信度，保持规范研究和实证研究的对应性，也便于和过去的研究结论进行对比，本书基于前人的大量相关研究，结合调研的实际情况，采用国内外多次使用验证的成熟量表，总结出本书使用的量表，即对问卷中这些变量的测量题项进行设计。

（一）被解释变量的测量

关于中小企业融资问题，本书选取了两个指标来进行测量：

一是从融资的便利性，即融资难易程度来进行衡量。二是从融资的经济性，即融资成本的大小来进行衡量。针对我国中小企业融资难的现状，大多数关于中小企业融资的测量主要采用中小企业融资的可得性。事实上，当前我国中小企业融资困难的一个重要表现就在于银行审贷时间过长、手续繁杂，而不是是否可得的问题。因此，解决中小企业融资困难主要是简化中小企业的融资手续，提高中小企业融资的便利性。同时，在考虑便利性的同时还要考虑中小企业融资的经济性，因为有时中小企业融资非常便利，但融资成本很高，当无法通过正规金融机构实施融资时，许多中小企业为谋求发展所需资金不得不采用高利贷，或者贷款利率较高的非正规金融的民间借贷等方法。也就是说，中小企业融资的可得性主要考虑融资的数量而非价格上的优势。解决中小企业融资困难，必须同时考虑中小企业的融资便利性（融资难易程度）和融资经济性。基于此，关于中小企业融资困难的测量主要考虑中小企业融资的便利性和融资的经济性两个方面：

1. 中小企业融资便利性（融资难易程度）。中小企业融资便利性或融资便利程度，是一个综合性的概念，目前还没有一个明确的定义。在研究的文献中，通常是取“便利性”的一般常识理解，即方便程度。一般地，如果中小企业受到的融资约束较低，且最终的融资效果较好，总体上可以认为其融资较为便利，中小企业较少面临融资困境；如果中小企业受到的融资约束较高，且最终的融资效果较差，则总体上可以认为其融资较为不便，当面临资金短缺时，企业通常要通过承担较高的成本或者通过其他方式获取资金。关于中小企业融资便利性的测量，在实证研究中，通常使用哑变量表征是否获得融资这两种状态或直接使用资金的成本。吴小瑾等（2008）在研究社会资本与企业融资行为之间的关系时，提出从资金满足状况的评价、获得融资的难易程度、平均资金获得时间、抵押物的多样性和融资方式的选择等5个方面解释中小企业的融资便利性。蔡怀宇（2013）则通过对资金满足状况、平均资金获得时间、抵押品的多样性和资产负债率等4个方面研究中小企业的融资便利程度。本书沿用这种题项设置思想，具体设置4个题项，主要包括：（1）企业资金的满足状况；（2）企业融资的难易程度；（3）企业平均获得资金的时间；（4）企业融资方式选择的多样性。

2. 中小企业融资经济性（融资成本大小）。如果说中小企业融资难涉及的是资金的可得性不足，则中小企业融资贵涉及的是资金的成本过高。融资成本过高是困扰中小企业发展的另一重要因素。一方面，在中小企业融资过程中，银行等金融机构发放贷款时，需要相关调查及审查成本等步骤，这无形中增加了金融机构单笔贷款的管理成本，因此，金融机构对中小企业贷款利率设置较高。另一方面，中小企业从银行进行贷款时，由于自身的信誉水平不高，银行和企业往往存在信息不对称的情况，所以大多情况下银行会要求企业用抵押品或者担保的形式来进行融资，目的就是减少银行的放贷风险，由于企业的规模较小，不能够提供足够的抵押品，导致中小企业的融资成本过高，加剧了中小企业的融资困境。据不完全统计，民间中小企业的借款利率平均在20%左右，有的高达50%以上，这是中小企业融资贵的基本描述。因此，解决中小企业融资难是一个方面，解决中小企业融资贵也是刻不容缓（何翠云，2018）。

目前，中小企业融资成本一般包括：（1）贷款利息，包括基本利息和浮动部分，其中，浮动幅度一般在20%以上。（2）抵押物登记评估费用，一般占融资成本的20%。（3）担保费用，一般年费率在3%。（4）风险保证金利息，绝大多数金融机构在放款时，以预留利息名义扣除部分贷款本金，中小企业实际得到的贷款只有本金的80%。以1年期贷款为例，中小企业实际支付的利息在9%左右，约高出银行贷款利率的40%以上。基于上述分析，本书关于中小企业的融资经济性的测量主要设置2个题项，具体包括：(1) 利率水平（贷款利率）较高；(2) 付出银行规定利率之外的额外费用较多。

（二）解释变量的测量

结构维度、关系维度和认知维度是中小企业社会资本的三个维度，也是本书的解释变量。自从 Nahapiet et al.（1998）提出社会资本三维度划分框架以来，许多学者在具体研究时，根据研究对象的不同，对这三个维度分别赋予了不同的具体内容。例如，Tsai et al.（1998）利用 Nahapiet et al.（1998）关于社会资本维度的划分方式，他们把社会互动、信任与信赖性以及共同愿景分别作为社会资本结构维度、关系维度以及认知维度的表现形式。Yli－Renko et al.（2001）考查了关键客户关系中的社会资本对知识获取和知识利用的影响，他们用社会互动、关系质量以及客户网络联系作为社会资本结构维度、关系维度以及认知维度的替代变量。韦影（2005）分别从企业外部和内部两个视角来测量企业社会资本的三个维度。其中，通过3个题项对企业内、外部社会资本的结构维度进行了测量，通过3个题项对企业内、外部社会资本的关系维度进行了测量，通过2个题项对企业内、外部社会资本的认知维度进行了测量。刘寿先（2008）将企业层面的结构维度社会资本分为社会互动、中心性、行业外部联系和行业内部联系4个方面作为衡量构面，用信任作为企业层面关系维度社会资本的衡量构面，将企业层面的认知维度社会资本分为团结一致性和战略协同性两个方面作为衡量构面。李作战（2010）提出，科技型中小企业社会资本可以从科技型中小企业与外部组织间的社会性互动、与外部组织间的关系质量和与外部组织间的认知3个维度来确定。其中，与外部组织间的社会性互动包括互动范围、互动对象的稳定性、互动强度和互动对象的异质性4个子维度；与外部组织间的关系质量包括与外部组织间的信任、规范和承诺3个子维度；与外部组织间的认知包括与外部组织间的共享语言和代码以及共同愿景2个子维度。尽管这种方式有利于理论探讨的全面性，但是每个维度包含的内容过多会给实证检验带来操作化方面的复杂性（陈建勋、勾东宁、吴隆增，2010）。因此，为了能够既同时保留这3个维度又方便进行实证检验，本书在参考相关文献的基础上只选择了每个维度中的一些关键内容进行测量，具体测量内容如下：

1. 中小企业社会资本的结构维度。国内学者在相关实证研究时对企业社会资本结构维度的测量也进行了探讨。具有代表性的结论主要包括：韦影（2005）认为，企业内、外部联系的频次，反映了双方的重复交互程度。联系的密切程度和数量可反映企业了解对方的程度。其分别从企业联系的频繁程度、联系的密切程度和联系对象的数量（外部）或联系所花费的时间（内部）来度量企业社会资本结构维度，并取得了较好的成果。王三义等（2007）在研究企业社会资本的结构维度对企业间知识转移的作用时，通过企业间的联系频繁程度、企业间关系密切程度、企业联系广泛程度和企业关系稳定程度4个题项对企业社会资本的结构维度进行了测量。刘寿先（2008）在研究企业社会资本与技术创新关系时，根据社会资本的相关文献，将企业层面的社会资本结构维度分为社会互动、中心性、行业外部联系和行业内部联系4个方面，共设计17个问题作为其研究的衡量构面。

本书借鉴上述题项测量的思想和方法，主要考虑中小企业与外部关系网络之间的联系，主要包括：（1）与客户、供应商和其他企业的联系；（2）与政府、行业协会等管理部门的联系；

（3）与银行、财务公司等金融机构的联系，并通过企业与相关联系方（如客户、供应商、政府部门、金融机构等）保持密切互动的联系的程度来对企业社会资本的结构维度进行测量。具体设置3个题项，具体包括：“（1）联系的稳定程度；（2）关系的密切程度；（3）联系的频繁程度。”

2. 中小企业社会资本的关系维度。Tsai et al.（1998）设计了2个题项考察部门之间的信任关系：“（1）请指出自己可以信赖的部门，即无论在任何情况下不会利用你和你的部门；（2）对你信守承诺的人都来自哪些部门。”Yli－Renko et al.（2001）在研究企业与关键客户的关系时，通过以下3个题项测量企业关系维度：“（1）在维持双方关系中，我们避免严重损害对方利益；（2）在双方关系维护中，我们不会利用优势损害对方利益；（3）合作双方相互信守诺言。”Beugelsdijk et al.（2003）在研究组织文化、联盟能力对社会资本影响关系时，通过5个题项测量联盟的信任维度：“（1）我们时常与伙伴交流机密信息；（2）合作伙伴能够信任；（3）对于伙伴提供的信息我们会持有怀疑态度；（4）合作伙伴能够信守诺言；（5）我们对合作伙伴的专业技术有信心。”由此可见，对企业社会资本的关系维度进行研究，首要关注的就是信任，信任是企业的一种关键资源，产生于“关系”（相互的联系），同时关系程度又反过来影响信任程度（Tsai and Ghoshal，1998）。

国内学者在开展相关实证研究时对企业社会资本关系维度的测量也做了有益的尝试。韦影（2005）在研究企业社会资本对企业技术创新绩效影响时，通过3个题项对企业内外部社会资本的关系维度进行了度量。这3个题项分别为：“（1）联系双方在合作过程中，存在损人利己的趋向；（2）联系双方能真诚合作；（3）联系双方能相互信守诺言。”刘寿先（2008）在研究企业社会资本与技术创新关系时，参考相关学者对于社会资本的分类定义，用信任作为企业层面的社会资本关系维度研究的衡量构面，并设计7个问题来衡量信任变量。杨昆（2012）以认知的信任为变量来测量企业社会资本关系维度，并设计了3个题项度量基于认知的信任："（1）如果客户、供应商及其他企业在我们的交往中有较好的历史记录，我们会觉得没有理由去怀疑他们的能力与安排；（2）政府部门、银行及其他中介机构不会因为其粗心大意而导致我们的工作变得更困难；（3）科研院所、高校及行业协会有很强的知识产权观念，非常尊重我们的知识成果。"

基于上述已有研究，本书采用企业与相关联系方保持良好的信任、合作规范的程度和承诺3个方面对企业社会资本的关系维度进行测量。具体设置3个题项，包括："（1）联系双方保持良好的信任关系；（2）联系双方具有一致同意和认可的行为规范；（3）联系双方能够相互信守承诺。"

3. 中小企业社会资本的认知维度。中小社会资本的认知维度指的是通过共同的认知能够为网络成员带来共同的理解和意思表达的那些资源，主要包括共同的语言、共享的文化以及共同的愿景等价值因素。Tsai et al.（1998）通过2个题项测量了企业社会资本的认知维度："（1）我们部门与其他部门面对工作任务时有共同的价值观；（2）我们部门的员工热衷于完成整个组织的集体目标和使命。"Nahapiet et al.（1998）研究社会资本维度与智力资本的关系时，通过以下2个题项来衡量企业社会资本的认知维度："（1）是否使用共享的编码和语言；（2）是否使用共享的叙事方式。"Adler et al.（2002）对社会资本的概念做出了新的界定，认为对社会资本的认知维度的测量主要应该集中在关系双方的一致性的测量上，将集体的目标实现放在首位，而将个体目标的完成放在其次的位置等题项来表述。

国内学者在相关实证研究时对企业社会资本认知维度的测量虽然主要基于上述的成熟量表，但也都结合国内实际情况和研究实际问题有所创新。韦影（2005）在研究企业社会资本对企业技术创新绩效影响时，通过2个题项对企业内外部社会资本的认知维度进行了度量，这2个题项分别为："（1）网络联系因有共同语言能有效沟通；（2）联系中存在相似的价值取向（外部），联系中拥有一致的集体目标（内部）。"王三义等（2007）在研究企业社会资本的认知维度对知识转移影响路径时，采用5个题项对企业社会资本的认知维度进行量化："（1）道德规范共享水平；（2）企业文化相似性；（3）共享的语言平台；（4）公共基础知识；（5）地域文化水平的一致性。"刘寿先（2008）在研究企业社会资本与技术创新关系时，根据社会资本相关文献对于社会资本的分类定义，将企业层面的社会资本认知维度分为团结一致性和战略协同性2个方面共设计17个问题作为本维度的衡量构面。李作战（2010）在对相关研究进行分析的基础上，结合科技型中小企业所处行业中网络成员间沟通交流的特性，提出科技型中小企业与外部组织之间的认知包括共享的语言和代码以及共同愿景2个子维度。杨昆（2012）以共同语言变量来测量企业社会资本认知维度，并设计了3个题项度量共同语言变量："（1）我们与客户、供应商及其他企业沟通时，双方能够清楚地了解彼此的专业术语或行话；（2）我们与政府部门、银行及其他中介机构之间专业背景知识的差异没有显著影响我们在工作中的有效沟通；（3）对于我们描述的问题，科研院所、高校及行业协会都能很快明白。"

借鉴上述研究，并结合社会资本的认知维度的内涵，本书从共享语言和共同的愿景2个角度测量企业社会资本的认知维度。

具体设计 2 个题项，包括：“（1）联系双方通过共同的语言实现有效沟通；（2）联系双方存在共同的愿景。”

（三）控制变量的测量

控制变量可能对被解释变量产生影响，这些控制变量包括企业规模、企业成立年限以及企业所在区域等。

1. 企业规模。企业规模是影响中小企业行为和决策的重要属性（Nadler and Tushman，1988）。企业规模越大，企业的规模效应和声誉优势就越明显，中小企业融资就越具有优势。一般认为，企业的规模越大，其信誉水平相对较高，除了有较为规范的财务管理制度外，企业可以用于融资的抵、质押品就越多，因此规模较大的中小企业与银行之间的信息不对称程度较低（Diamond，1991）。由于资产规模较大、抗击风险的能力较强，因此，规模较大的中小企业破产的可能性也比规模较小的企业要小得多。关于企业规模的测量一般采用企业的资产规模，但由于被调查的中小企业相关人员对资产总额等一些财务类信息都非常敏感和谨慎，一般不愿意提供精确数字，所以关于企业资产的数据多数是一个相对粗略的估计值，其结果与实际情况将有偏差。因此，为保证数据的相对客观性，通常采用企业的员工人数来代表中小企业规模。本书将企业规模按照企业在岗员工总人数划分为 5 个等级，即 50 人以下（含 50 人）、51—200 人、201—500 人、501—1000 人和 1000 人以上（不含 1000 人）。

2. 企业成立年限。企业的经营时间的长短对中小企业融资也会产生重要影响。一般认为，企业经营的时间越长，意味着企业经营具有稳定性及公共市场声誉，因而也越有利于中小企业获取金融机构融资（Berger and Udell，1995）。关于企业成立年限，本书用 2018 年减去企业创立的时间衡量企业的成立年限。

3. 企业所在区域。企业所在的区域不同，文化环境、信用水平等方面都会有差异，因此，企业所在区域会影响中小企业融资。本书根据样本企业所在区域设置虚拟变量来考虑其影响，当样本企业处于东部地区时，令该区域虚拟变量为1，否则为0。

三、问卷调查实施与描述性统计分析

（一）问卷调查实施

鉴于本研究要向大量的中小企业发放调查问卷，并且要保证问卷调查的回收率和有效率，这种情况下，要保证问卷填写的时间和质量比较困难。因此，在问卷目标填答人的确定上，鉴于企业中高层管理者对所在企业有比较全面的了解，能够较好地保证问卷的真实可靠。因此，把企业的中高层管理者作为问卷填答人。另外，假如问卷发放到某一对象企业的中高层管理者手中，而恰好该管理者由于入职不久等原因而对本企业不够了解的，将请求同一企业中其他熟悉本企业的中高层管理者来完成问卷。由于这些人员对企业的经营状况比较了解，因此，能够较好地保证问卷的真实可靠。

另外，为了提高问卷的回收率，本研究采取了以下措施：(1) 设计结构化的问卷。由于问卷设计中问项较多，笔者将不同类型的问题归为大类和小类，便于问卷填写人员思考问题和多人填写。(2) 除了阅读背景资料外，笔者与其他联系人进行学习和沟通交流，沟通交流的内容主要包括了解调研的目的，问卷中每个问题的含义，调研当中的技巧和流程、组织方式等。(3) 在调研过程中，笔者向问卷填写人员承诺，将问卷调查分析后有价值的成果反馈给他们，这也提高了调查的问卷回收率。此外，更有意义的是，本研究所处的中国背景下企业与政府之间的关系相比国外来说要紧密和重要得多，借助于有政府背景的调研联系人，调查对象能够给予充分的配合。另外，社会关系因素发挥了很大的作用。调研联系人通过各种关系渠道与调研对象接触，能得到较好的效果。实际调研结果证明这些措施起到了很好的作用。因此，在问卷发放方式和渠道方面，笔者充分借助同学、亲戚和朋友等社会关系选择调查对象，实施有选择的问卷调查，其目的就是提高问卷调查的有效回收率。据此，在问卷发放上，我们主要采取了以下三种方式：一是委托高校老师和大学同学在 MBA 课堂上向学员发放调查问卷，请被调查者现场填写，现场回收。由于 MBA 学员一般具有较好的理论知识，并具有较为丰富的实践经验，对于企业的社会关系网络和融资情况较为熟悉，因此，采用这种方式发放问卷既有利于调查问卷的回收，也有利于提高样本数据的有效性。二是通过来自不同地区的在校大学生（四年级），利用寒、暑假回家探亲的机会，借助于父母或本人的同学、亲戚或朋友关系对所在地区的中小企业进行问卷调查。在中国特殊环境下，问卷调查借助于同学、亲戚或朋友等社会关系，有利于提高问卷调查的有效性和回收率。三是借助于笔者社会关系网络发放调查问卷。这种问卷发放方式不仅可以利用社会关系提高调查问卷调查有效回收率，更主要的是可以与企业高层管理人员直接进行交流，了解实际调查中存在的问题，优化调查问卷，提高问卷调查效率。另外，为了提高本次问卷调查的准确性和有效性，在发放问卷之前，笔者首先对问卷发放人进行了细致讲解，详细说明了本次调研问卷调查的目的、内容以及各个测量项目的含义，并请他们在发放问卷过程中对问卷填答人进行适当的讲解，保证数据填答和采集的规范，将误读曲解的可能性降至最低。同时，问卷中还提示填答人，在遇到任何填答疑惑或对于研究结果感兴趣，都可以及时与笔者取得联系。问卷的实际调查结果也证明，这些措施起到了很好的作用。

本调查问卷从2018年7月开始陆续发放，最后回收截止时间是2018年10月，问卷调查范围选择江苏、浙江、河南、湖北、贵州和四川6个地区，并将江苏和浙江作为东部代表，河南和湖北作为中部代表，贵州和四川作为西部代表。本次问卷调查共发放调查问卷600份，实际回收482份，回收率为80.33%，调查企业涵盖工业、建筑安装业、零售业、住宿业、餐饮业等8个行业，具有良好的代表性。问卷回收后，集中对问卷进行检查，并根据以下标准进行了筛选：（1）填写缺漏太多或缺漏关键问项的问卷予以剔除。（2）对连续五题以上选择同一赋分的问卷进行了分析，如果类似情况反复出现多次，则视同没有认真填答，记入无效问卷。（3）观察填答数据的规律，若出现多次数据循环现象，则视为无效问卷。（4）问卷填答出现极端化的，经过分析确认后予以剔除。（5）反向问题和正向问题的回答出现自相矛盾的，予以剔除。另外，基本信息部分中被调查企业的员工总数以及近3年的平均销售总额等不符合中小企业的标准问卷，以及基本信息部分中被调查对象的现任职务较低或者入职不满1年者的问卷也视为无效问卷。经检查，符合上述标准的无效问卷共计67份，扣除无效问卷样本后，有效样本为415份，有效回收率为69.17%。其中，第一种发放方式发放调查问卷260份，占问卷调查总数的43.33%，回收213份，回收率为81.92%，201份有效问卷，有效率为77.31%；第二种发放方式发放调查问卷280份，占问卷调查总数的46.67%，回收220份，回收率为78.57%，174份有效问卷，有效率为62.14%；第三种发放方式发放调查问卷60份，占问卷调查总数的1%，回收49份，回收率为81.67%，40份有效问卷，有效率为67%。按照地区划分，从回收的有效问卷来看，样本的地域分布比较广泛。东部地区发放问卷200份，回收有效问卷135份，其中，江苏 76 份，浙江 59 份，有效回收率为 67.5%。中部地区发放调查问卷 200 份，回收有效问卷 152 份，其中，河南 107 份，湖北 45 份，有效回收率为 76%。西部地区发放问卷 200 份，回收有效问卷 128 份，其中，贵州 73 份，四川 55 份，有效回收率为 64%。按照企业规模划分，在有效的回收问卷中，小型和微型企业共 341 家，占样本企业总数的 82.27%。中型企业共 74 家，占样本企业总数的 17.73%，由此可以看出，样本企业以小微型企业为主，符合本书研究的需要。

另外，在抽样调查中，样本容量的确定很重要，而在多元回归分析和假设检验中，为了寻求其中的规律，对样本容量也具备很强的依赖性。样本容量越大，参数估计的精确程度越高，抽样误差越小。但在实际操作中，样本容量太大，会造成人力、物力和财力的浪费，因此，选择合适的样本容量，既能满足分析的需要，又能减轻收集数据的困难。但样本容量最小应当是多少，很多文献上的建议都十分含混，甚至相互矛盾（Marsh，Hau，and Balla，1998），一般而言，多数模型需要 100—200 个样本，因此，本书有效样本数符合样本容量要求。具体数据如表 4－1、表 4－2 和表 4－3 所示。

表 4－1　　　　问卷回收统计表

问卷总数 600 份			
	发放问卷数（份）	样本回收数（回收率）	有效样本数（有效回收率）
第一种发放方式	260	213（81.92%）	201（77.31%）
第二种发放方式	280	220（78.57%）	174（62.14%）
第三种发放方式	60	49（81.67%）	40（66.67%）
合计	600	482（80.33%）	415（69.17%）

表 4-2　　问卷回收统计表（按地区）

问卷总数 600 份			有效回收率
	有效样本数（份）	发放样本数（份）	
回收样本数	415	600	69.17%
东部地区	135	200	67.5%
江苏	76	100	76%
浙江	59	100	59%
中部地区	152	200	76%
河南	107	120	89%
湖北	45	80	55%
西部地区	128	200	64%
贵州	73	100	73%
四川	55	100	55%

表 4-3　　问卷回收统计表（按企业规模）

中小微企业数 415（份）		百分比（%）
小型和微型企业	341	82.27
中型企业	74	17.73

（二）样本数据的描述性统计分析

本书的调查问卷运用 SPSS 软件进行中小企业基本信息和融资行为特征的描述性统计分析，目的在于充分了解中小企业的基本情况。

1. 中小企业基本信息的描述性统计。从回收的有效问卷看，受访企业涵盖的行业非常广泛，其中，所处行业较多的有工业、建筑业、住宿也、餐饮业、软件和信息技术服务业和房地产开发经营业等，样本数量分别为 29、67、43、40、61、47 家，占总行业的百分比依次为 6.99%、16.14%、10.36%、9.88%、14.7%、11.33%。问卷列举了 8 个行业，而社会经济中的行业几乎是可以无限细分的，故在问卷设计中包括了“其他未列明行业”选项，在415份有效回收问卷中，有82份未在题项所列行业中。具体数据如表4-4所示。

表4-4　　样本企业行业类别分析

基本信息		样本数（家）	比例（%）
企业所在行业	工业	29	6.99
	建筑业	67	16.14
	零售业	23	5.54
	住宿业	43	10.36
	餐饮业	40	9.88
	信息传输业	23	5.54
	软件和信息技术服务业	61	14.7
	房地产开发经营	47	11.33
	其他未列明行业	82	19.76
	合计	415	—

表4-5统计分析表明，回收的有效样本企业大多数员工人数在1000人以下，占有效样本企业的94.94%。其中，200人以下的占有效样本企业的47.95%，200—500人的占有效样本企业的29.88%，500—1000人的占有效样本企业的17.11%，拥有1000名以上员工人数的企业仅占5.06%。从企业员工人数方面看，被调查企业大部分为人数较少的中小企业，这符合本书以中小企业为研究对象的情况；中小企业中成立10年以下的居多，占有效样本企业的87.47%。其中，成立3年以下、3—5年、5—10年的企业所占比例分别为43.37%、24.58%、19.52%。从全年营业收入指标来看：1000万元以下的企业居多，共有247家，占有效样本企业的59.52%；1000万元以上的企业，共有

168 家，占有效样本企业的 40.48%；1 亿元以上企业 18 家，占有效样本企业的 4.34%。从企业营业收入看，被调查企业营业收入大部分在 1000 万元以下，体现了中小企业的经营特征，符合本书以中小企业为研究对象的情况。具体数据如表 4－5 所示。

表 4－5　　样本企业基本情况统计表

基本信息		样本数（家）	比例（%）
企业员工人数	50 人以下	81	19.52
	50—200 人	118	28.43
	200—500 人	124	29.88
	500—1000 人	71	17.11
	1000 人以上	21	5.06
企业成立年限	3 年以下	180	43.37
	3—5 年	102	24.58
	5—10 年	81	19.52
	10 年以上	52	12.53
年营业收入总额	300 万元以下	25	6.02
	300 万—500 万元	83	20
	500 万—1000 万元	139	33.49
	1000 万—5000 万元	100	24.09
	5000 万—1 亿元	50	12.05
	1 亿元以上	18	4.34

从问卷被调查者看，被调查者多为企业高层管理者，共有 218 位，占有效样本企业被调查者的 52.53%；中层管理人员共 168 人，占有效样本企业被调查者的 40.48%；基层管理人员共 29 人，占有效样本企业被调查者的 6.98%。从在企业工作的年限来看，有效样本分布集中在 2—10 年的时间跨度，占有效调查对象的 86.03%。被调查者及其在企业工作的年限表明，被调

查者多为问卷调查企业的高层和中层领导者，并且在企业工作年限较长，对企业情况较为熟悉，问卷调查能够较好地反映企业的实际情况。因此，该问卷调查结果与样本有效性控制要求是一致的，问卷调查数据的质量能够得到更好的保证。具体数据如表 4－6 所示。

表 4－6　样本企业被调查者基本情况分析

基本信息		样本数（人）	比例（%）
被调查者职务	高层管理人员	218	52.53
	中层管理人员	168	40.48
	基层管理人员	29	6.98
企业工作年限	2 年以下	37	8.92
	2—5 年	278	66.99
	5—10 年	79	19.04
	10 年以上	21	5.06

2. 中小企业融资行为的主要特征。中小企业融资行为的主要特征主要包括企业是否需要资金、影响企业融资的主要因素以及企业主要的资金来源等。中小企业融资行为主要特征的描述性统计分析如表 4－7、表 4－8 和表 4－9。

表 4－7　中小企业资金需求情况

基本信息	样本数	比例（%）
不需要	60	14.5
需要	274	66.1
非常需要	77	18.6
不清楚	4	0.8

表 4-8　　　中小企业主要外部融资途径

融资途径	样本数	比例（%）
占用上游企业的贷款或预收下游企业的贷款	337	81.2
向其他企业、组织机构等非金融机构借款	79	19
向企业股东和企业员工集资	53	12.8
向银行、信用社等金融机构贷款	324	78.1

表 4-9　　　影响中小企业融资的主要因素

影响因素	样本数	比例（%）
融资的难易程度	279	67.2
融资成本的高低	287	69.2
控制权是否受影响	123	29.6
其他	47	11.3

表 4-7 表明，从外部资金需求看，绝大多数被调查企业都表示需要外部融资，共有 351 家，占样本总数的 84.6%。其中，选择“需要”的有 274 家，占 66%；选择“非常需要”的有 77 家，占 18.6%。这也直接反映了中小企业面临融资瓶颈的普遍程度以及本研究的现实意义。

表 4-8 表明，在中小企业 4 种主要的融资途径中，向银行、信用社等金融机构贷款占样本企业总数的 78.1%，仅次于占用上游企业贷款或预收下游企业贷款融资途径，显示中小企业过分依赖债务融资，尤其是银行贷款。也就是说，当中小企业需要外部融资时，首先想到是向银行等金融机构贷款，这与我国金融机构体系的不完善有一定的关系。由于我国的证券市场起步较晚，而且在成立之初就把目标锁定为国有大中型企业，缺乏符合中小企业融资需求的资本市场，中小企业很难通过资本市场公开筹集

资金，这就导致中小企业对银行信贷融资的过分依赖性。这与其他相关研究中认为的银行融资是我国中小企业外部融资最重要的渠道的结论是相一致的。Brewer et al.（1997）的研究表明，中小企业比大企业更依靠银行贷款。Cole et al.（1998）的研究数据也表明，银行仍是中小企业信贷资金的主要来源。在其他的融资途径当中，占用上游企业的贷款或预收下游企业贷款融资途径占样本企业总数的 81.2%。占用上游企业的贷款或预收下游企业贷款一般称为商业信用融资，商业信用融资是指在进行各种业务交往的企业之间，以应收或应付账款为主要形式存在的一种融资行为，它是经济组织之间商品或服务交易活动中一种较为普遍和流行的债务互欠关系，通常包括应付账款融资、商业票据融资以及预收贷款融资等形式。中小企业商业信用融资比重高于向银行、信用社等金融机构贷款，这反映出中小企业受到的银行信贷配给情况还是较为严重的。中小企业信息不对称问题相对于大企业更为突出，银行对中小企业的抵押担保要求更为苛刻，这都导致了银行对中小企业信贷的种种限制。另外，向其他企业、组织机构等非金融机构借款的中小企业占样本企业总数的 19%，占比相对较少，可能的原因或许是这种类型的融资途径目前还不是十分规范，多数都存在利息较高甚至高利贷现象，从而使得大部分中小企业对此保持谨慎的态度。

表 4－9 表明，在中小企业的融资过程中，融资成本、融资获取的难易程度以及是否会被融资提供方所控制，是影响中小企业融资的主要因素。在被调查的中小企业样本中，融资成本是最重要考虑的因素，这一因素占到了总样本的 69.2%；融资是否容易获得和是否被融资提供方所控制分别占总样本的 67.2% 和 29.6%。根据中小企业融资需求的次序理论，中小企业在融资时将首先考虑内部融资，然后再考虑进行外部融资，在不得不进行

外部融资时，会先考虑进行外部债权融资，然后再进行股权融资。相关研究也表明，中小企业在融资过程中往往首先考虑控制权问题，考虑融资后企业控制权是否发生改变。但在被调查的中小企业中，控制权问题却变成了第三位需要考虑的因素，可能的原因是我们所调查的中小企业均不具备我国中小企业上市的条件，公开的外源股权融资问题还未涉及。然而，即使如此，关于融资过程中控制权的考虑还是占有相当的比例。除了融资成本、难易程度和控制权之外，中小企业在融资中所考虑的其他因素还包括融资周期、融资费率、投资收益以及是否存在信任关系等，这些其他因素的考虑占到总样本的11.3%。

四、回归模型构建

为了进一步检验中小企业社会资本的结构维度、关系维度和认知维度对中小企业融资便利性和经济性之间关系的理论假设，对中小企业社会资本的结构维度（SD）、关系维度（RD）和认知维度（CD）与中小企业融资便利性（FC）和融资经济性（FE）之间关系建立如下形式的多元线性回归方程：

$$FC = \alpha_1 + \beta_{11}SD + \beta_{12}RD + \beta_{13}CD + \beta_{14}LA + \beta_{15}YE + \beta_{16}AR + \varepsilon \quad (4.1)$$

$$FE = \alpha_2 + \beta_{21}SD + \beta_{22}RD + \beta_{23}CD + \beta_{24}LA + \beta_{25}YE + \beta_{26}AR + \varepsilon \quad (4.2)$$

其中，LA 为企业规模，YE 为企业成立年限，AR 为企业所处地域；α 为截距项，ε 为随机误差项，其概率分布具有零均值 $E(\varepsilon)=0$，同方差 $D(\varepsilon)=\sigma^2$。

方程（4.1）用来检验社会资本的结构维度、关系维度和认知维度对中小企业融资便利性的影响，其中，β 为解释变量对被解释变量的回归系数，其大小表示影响程度。β 为解释变量对被解释变量的回归系数，其大小表示影响程度。如果 β 显著大于 0，则说明企业社会资本结构维度、关系维度和认知维度有利于提高中小企业融资便利性；如果 β 显著小于 0，则说明企业社会资本结构维度、关系维度和认知维度不利于提高中小企业融资便利性；如果不显著，则说明社会资本结构维度、关系维度和认知维度对中小企业融资便利性没有影响。

方程（4.2）用来检验社会资本的结构维度、关系维度和认知维度对中小企业融资经济性的影响，其中，β 为解释变量对被解释变量的回归系数，其大小表示影响程度。β 为解释变量对被解释变量的回归系数，其大小表示影响程度。如果 β 显著大于 0，则说明企业社会资本结构维度、关系维度和认知维度有利于提高中小企业融资经济性；如果 β 显著小于 0，则说明企业社会资本结构维度、关系维度和认知维度不利于提高中小企业融资经济性；如果不显著，则说明社会资本结构维度、关系维度和认知维度对中小企业融资经济性没有影响。

第三节　实证检验与结果分析

本节将在前面提出相关研究假设和收集调查数据的基础上，根据研究所讨论问题的性质，以及相关假设所包含因素的特征，对问卷调查中的数据进行效度和信度检验、相关性分析、因子分析和多元回归分析等，检验各研究变量之间的内在联系，并对检验结果进行分析讨论。

一、问卷的效度和信度检验

效度和信度检验是实证研究过程中的一个重要环节，其目的在于检验量表题项设计和数据搜集是否可靠、准确。问卷调查数据只有具备足够的效度和信度，实证分析与结果方具有说服力。因此，本节在进行实证分析前，为保证数据测量的质量，首先对问卷调查数据的效度和信度进行检验，分析其是否符合信度和效度要求，然后重点结合因子分析，检验本研究涉及的变量内部测试题项是否达到效度和信度的要求。

（一）问卷的效度检验

1. 效度的概念。效度即测量结果的有效性或真实性，指的是测量工具或手段能够准确测出所需测量对象性质的程度，或者说，实证测量在多大程度上反映了概念的真实含义（Babbie, 1995）。效度一般包括内部效度和外部效度。内部效度概念首先由 Campbell et al.（1963）提出，主要用来考察经验证过的研究假设，判断其表述的变量之间关系的明确程度。如果变量之间关系并不是由于其他外部变量的影响而变得模糊不清或复杂化，那么这项研究就具有内部效度。李怀祖（2004）认为，内部效度可以理解为研究者的判断可以取得共识并成为知识的程度。内部效度较高的研究，说明研究者对变量间关系的假设在研究设定的情境下是成立的。内部效度越高，说明该项研究内部的论证和推理逻辑越严密。内部效度的获得主要是通过认真细致的变量选择和准确周密的研究设计。外部效度主要用来描述研究者已证实的假设可供推广的程度，辨明此项假设所断定的变量间关系的适用范围和环境。外部效度较高的研究，表明研究者所论证的变量间关系能够一般化和普遍化到其他的总体、变量条件、时间和背景中去的程度较高。外部效度越高，说明此研究成果的应用价值越大。大多数学者认为，效度检验的内容主要包括内容效度、准则相关效度和构建效度。由于本书各测量题项的数据都是通过直接测量的方式获得的，无法在同一时期内找到其他标准资料作为辅助，所以无法进行准则相关效度的检验，因此仅讨论内容效度和构建效度检验。

所谓内容效度指的是测量工具的内容是否能够代表所欲测量的行为领域，即量表测量内容的适切性。对于内容效度的检验目前还没有任何定量检验方法，它的确定主要是通过逻辑分析，仔细判断每一项题项设计是否符合和涵盖所要测量的领域。由于本书实证研究所设计的量表内容都是在借鉴已有研究相对成熟量表设计的基础上，根据本书的研究重点，同时参考比较熟悉中小企业关系网络和融资情况的企业高管和财务管理人员的意见，并经过与相关领域专家反复交流后最终形成的，因此，确信本书设计的量表应具有相当高的内容效度。所谓构建效度指的是测量出理论的概念和特征的程度。目前，检验构建效度的常用而有效的方法就是因子分析。

2. 因子分析。所谓因子分析就是探讨存在相关关系的变量之间，是否存在不能直接观察到但对可观察变量的变化起支配作用的潜在因子的分析方法。通过因子分析，若能够有效地提取公共因子，且此公共因子与理论结构的特质较为接近，则可判断测量工具具有构建效度（吴明隆，2003）。同时，因子分析还可判断同一变量的不同测度题项之间是否存在较强的相关性，可以合并为少数几个因子，从而达到化简数据的目的。

Charles Spearman 在 1904 年首次提出了“因子分析”的概念，该方法的核心思想是将具有复杂关系的多个变量组合成数量较少的几个因子，然后探讨可以直接测量的潜变量是如何受组合因子即隐变量的影响，其实质是一种降维统计方法。因子分析的出现是为了解决这样的一种矛盾，即对于研究者来讲，通常认为在研究的过程中掌握充分的信息，能够对研究事物有一个全面而深刻的认识。但是，在实际建模操作过程中不可避免地出现一种现象，那就是信息越多的研究并不一定是越有效的，因为众多的信息和数据中会存在着大量的无效或作用不大的因素，并且变量之间也会存在着一定的相关性，如果这种相关性不去除，将导致结果准确性与预期的偏离。因此，在使用信息时必须对信息进行一定标准下的筛选，将重复的或无效的信息剔除，同时，也要保证被使用信息的全面性和准确性。为了解决这样的矛盾，就出现了因子分析。因此可以说，因子分析的主要目的就是从变量群中提取公共因子，用这些公共因子来表现原先的数据结构，起到既降低变量数目、简化数据结果，又保存原数据主要信息的作用。

为避免不正确的测量模型导致混淆的结果（Anderson and Gerbing，1988），本书将采用 Smallwaters 公司的 AMOS 软件对中小企业社会资本各维度所涉及的测量模型进行验证性因子分析（CFA），以确定其是否具有构建效度。此外，尽管中小企业社会资本各维度的测量属于二阶结构，但其一阶至多包含三个因子。一阶因子模型只适用于含四个或以上一阶因子的模型（除非有参数相等的限制）（侯杰泰等，2004）。因此，中小企业社会资本各维度的测量也不适于采用二阶 CFA 进行检验。Wayne et al.（1997）的研究采用探索性因子分析精简题项且合并为单一指标进行测量模型的检验。Kishton et al.（1994）建议，通过计算因子得分来获得复杂变量的单一度量值，因子得分可以通过题项原始得分乘以估计的因子载荷而后加总来获得。

为便于采用验证性因子分析（CFA）进行检验，本部分借鉴上述处理方法，首先采用探索性因子分析（EFA）（限定提取一个因子）分别获得中小企业社会资本结构维度、关系维度和认知维度的一阶因子值，然后将一阶因子作为观测变量，采用 CFA 对中小企业社会资本结构维度、关系维度和认知维度测量模型进行检验。最后，通过一阶因子值乘以相应因子值权重估计值后加总为二阶因子值（即各维度的因子值），以便于后续研究。

虽然我们采用因子分析法的初衷是想把选取的变量之间存在的相关性剔除掉，但是如果存在这样一种情况，那就是变量之间本身就不存在相关性或相关性很弱了，这也就意味着因子分析不具备任何意义了。也就是说，因子分析需要一定的前提条件。马庆国（2002）研究表明，因子分析的前提是研究变量之间的相关性，否则，如果研究变量彼此正交，就不会存在公共因子。因此，在进行因子分析前，我们必须要对分析的必要性进行一定标准下的检验，即适合度检验。在分析中，对所选择的变量进行因子分析法的适合度进行检验的方法主要有两种：

第一种就是 Bartlett 球形检验。Bartlett 球形检验主要用于检验相关阵中各变量之间的相关性，相关阵是否为单位阵，即检验各变量是否独立。它是以变量的相关系数矩阵为出发点的，零假设相关系数矩阵是一个单位阵。如果该值较大，且其对应的相伴概率值小于用户心中的显著性水平，那么应该拒绝零假设，认为相关系数矩阵不可能是单位阵，即原始变量之间存在相关性，适合于进行因子分析。反之，则不能拒绝零假设，认为相关系数矩阵可能是一个单位阵，如果对他们进行因子分析，结果就可能是由于彼此之间缺乏相关性而不能产生公共因子，这时因子分析应当慎重或者说不适合进行因子分析。

第二种是 KMO 检验，KMO 检验一般用于检验变量之间的偏相关性，其取值范围为 0—1。按照经验判断方法，KMO 越接近于 1，说明变量间的偏相关性越强，因子分析的效果越好；KMO 越接近于 0，意味着变量间的相关性越弱，原有变量越不适合进行因子分析。Kaiser（1974）给出了利用 KMO 判断是否适合因子分析的常用度量标准：KMO 在 0.9 以上，表示非常适合；

KMO 在 0.8—0.9，表示很适合；KMO 在 0.7—0.8，表示适合；KMO 在 0.6—0.7，表示不太适合；KMO 在 0.5—0.6，表示很勉强；KMO 在 0.5 以下，表示极不适合，此时应考虑重新设计变量结构或者采用其他统计分析方法。

另外，因子分析不仅是检验构建效度的常用方法，同时它还可以判断同一变量的不同测量题项之间是否存在较强的相关性，并将相关性较强的题项合并为少数几个因子，从而达到化简数据的目的，方便被测变量之间的相关性统计分析。一般地，当 KMO 值大于或等于 0.7，且各题项载荷系数大于 0.5 时，可以通过因子分析将同一变量的各测量题项合并为一个因子进行后续分析（马庆国，2002）。

因子分析的步骤主要包括有效公共因子选取和通过因子旋转计算变量的载荷系数。首先，选取有效公共因子。在进行变量的适度性检验之后，我们就可以进行因子分析来提取公共因子了。但是，提取出来的公共因子并不是每一个都具备对变量的良好解释能力，也就意味着可能存在无效的公共因子。所以，对于选取出来的公共因子，我们还要进行筛选，将无效的公共因子剔除之后剩下的公共因子才是我们最终选择模型的组成部分。一般地，按照特征值大于 1 的原则选择有效公共因子。其次，通过因子旋转载荷矩阵计算因子载荷系数。进行因子分析的意图，并不是要对选择的变量按照相关性进行分组，而是想要得到在实际中具有一定意义的公共因子。倘若我们得到的公共因子是有效的，但是它不具备实际的意义，这种情况会造成因子荷载不具备唯一性。所以，我们必须要对有效公共因子进行旋转。此种旋转的方式存在两种：一种是正交的，另一种是斜交的。但是无论正交旋转还是斜交旋转，都是将最初选择变量与组成模型的公共因子之间存在的相关性进行放大，使相关性强的关系更强，相关性弱的关系更弱。

基于此，本书首先根据主成分分析法分别对中小企业社会资本的结构维度、关系维度和认知维度3个解释变量和中小企业融资便利性和经济性2个被解释变量进行因子分析，并筛选出特征值大于1的公共因子，然后以变异数最大法加以转轴计算变量的载荷系数。在检验问卷数据构建效度的同时，也对题项数据进行简化，以获得较为简单且容易解释的因子结构（Kaiser，1974），为后续研究提供便利。

（1）解释变量的因子分析。解释变量包括中小企业社会资本的结构维度、关系维度和认知维度。因此，其因子分析也包括中小企业社会资本结构维度因子分析、关系维度因子分析和认知维度因子分析。根据因子分析适用条件，在对中小企业社会资本的结构维度、关系维度和认知维度进行因子分析前，首先考察其各变量数据是否适合进行因子分析。具体结果如表4－10、表4－11和表4－12所示，中小企业社会资本的结构维度、关系维度和认知维度的Bartlett球形检验统计量分别为476.432、486.231和646.347，相应的概率Sig均为0.000小于0.01，显著水平较高，因此，可认为相关系数矩阵与单位矩阵有显著差异。同时，它们的KMO值分别为0.807、0.812和0.839，均大于0.7，根据Kaiser给出的KMO度量标准可知，中小企业社会资本的结构维度、关系维度和认知维度原有变量间存在较高的相关性，适合进行因子分析。

在此基础上，根据主成分分析法对其进行EFA分析，并筛选出特征值大于1的因子，然后采用最大变异法加以转轴旋转计算旋转后因子的载荷系数。主成分因子分析结果以及旋转后因子的载荷系数见表4－10、表4－11和表4－12。

其中，表4－10显示了中小企业社会资本结构维度9个题项的主成分因子分析结果。结果显示，中小企业社会资本结构维度变量存在3个主成分因子，分别为联系的密切程度、联系的频繁程度和联系的稳定程度，其特征值分别为2.356、2.457和1.845，解释的方差占总方差的百分比分别为21.22%、17.34%和23.45%，累计解释了总变异量的62.02%。证明中小企业社会资本的结构维度分量表的结构效度较高，问卷设计较为合理。描述性统计分析还表明，中小企业普遍具有较高水平的社会资本的结构维度。多数企业都与合作企业、政府管理部门和银行等金融机构建立了频繁、密切和稳定的联系（相应指标的描述性统计均值都在3.5以上），其程度依次为与客户等合作企业、政府等管理部门和银行等金融机构。这也说明中小企业由于资金的需求，有很高的意愿加强与银行等金融机构的联系。

表4-10　企业社会资本结构维度各题项描述性统计与因子载荷系数

题　项	描述性统计		因子载荷系数		
联系的密切程度（ST1）	Mean	SD	ST1	ST2	ST3
与客户、供应商和其他企业的联系	3.904	0.667	0.735		
与政府、行业协会等管理部门的联系	3.541	0.827	0.798		
与银行、财务公司等金融机构的联系	4.097	0.658	0.866		
联系的频繁程度（ST2）					
与客户、供应商和其他企业的联系	3.711	0.945		0.764	
与政府、行业协会等管理部门的联系	3.623	0.737		0.568	
与银行、财务公司等金融机构的联系	4.146	0.876		0.837	
联系的稳定程度（ST3）					
与客户、供应商和其他企业的联系	3.067	0.673			0.714
与政府、行业协会等管理部门的联系	3.631	0.737			0.643
与银行、财务公司等金融机构的联系	4.732	1.066			0.587

续表

题　　项	描述性统计		因子载荷系数		
主成分特征值			2.356	2.457	1.845
解释变异量			21.22%	17.34%	23.45%
累积解释变异量			21.22%	38.56%	62.02%
KMO：0.807 Bartlett's Test of Sphericity：476.432（Sig = 0.000）					

注：萃取方法为主成分分析法；旋转方法为常态化最大变异法。

表 4 - 11 显示了中小企业社会资本关系维度 9 个题项的主成分因子分析结果。结果显示，中小企业社会资本关系维度变量存在 3 个主成分因子，分别为信任关系、合作规范和信守承诺，其特征值分别为 2.464、2.185 和 1.947，解释的方差占总方差的百分比分别为 18.66%、16.13% 和 21.57%，累计解释了总变异量的 56.36%。证明中小企业企业社会资本的关系维度分量表的结构效度较高，问卷设计较为合理。描述性统计分析表明，大多数中小企业普遍具有较高水平的社会资本关系维度，都能与客户等合作企业、政府等管理部门和银行等金融机构之间保持信任关系、遵守合作规范，并相互信守承诺（相应指标的描述性统计均值都在 3.5 以上）。另外，信任关系题项下的均值均高于合作规范和信守承诺，说明信任反映了关系的质量，社会资本的关系维度主要强调信任的作用，并将信任作为关系的主要资源（Tsai and Ghoshal，1998）。

表 4 - 11　　企业社会资本关系维度各题项描述性统计与因子载荷系数

题　　项	描述性统计		因子载荷系数		
联系双方良好的信任关系（RD1）	Mean	SD	RD1	RD2	RD3
与客户、供应商和其他企业的联系	3.828	0.714	0.787		

续表

题　　项	描述性统计		因子载荷系数		
与政府、行业协会等管理部门的联系	4.174	0.645	0.825		
与银行、财务公司等金融机构的联系	3.725	0.717	0.916		
具有一致同意和认可的合作规范（RD2）					
与客户、供应商和其他企业的联系	3.647	0.792		0.577	
与政府、行业协会等管理部门的联系	3.234	0.717		0.764	
与银行、财务公司等金融机构的联系	3.513	0.869		0.821	
联系双方能相互信守承诺（RD3）					
与客户、供应商和其他企业的联系	3.691	0.656			0.755
与政府、行业协会等管理部门的联系	3.316	0.824			0.716
与银行、财务公司等金融机构的联系	3.544	0.755			0.872
主成分特征值			2.464	2.185	1.947
解释变异量			18.66%	16.13%	21.57%
累积解释变异量			18.66%	34.79%	56.36%
KMO：0.812 Bartlett's Test of Sphericity：486.231（Sig = 0.000）					

注：萃取方法为主成分分析法；旋转方法为常态化最大变异法。

表4-12显示了中小企业社会资本认知维度6个题项的主成分因子分析结果。结果显示，中小企业社会资本认知维度变量存在2个主成分因子，分别为有效沟通和共同愿景，其特征值分别为2.372和1.786，解释的方差占总方差的百分比分别为32.68%和27.67%，累计解释了总变异量的60.35%。说明中小企业社会资本的认知维度分量表的结构效度较高，问卷设计比较合理。另外，描述性统计分析表明，大多数中小企业具有较高水平的社会资本的认知维度（相应指标的描述性统计均值均在3.6以上），都能与客户等合作企业、政府等管理部门和银行等金融机构之间由于具有共同的语言和理解而实现有效沟通，并具有共

同的愿景。

表 4－12　企业社会资本认知维度各题项描述性统计与因子载荷系数

题　　项	描述性统计		因子载荷系数	
因有共同语言能有效沟通（CD1）	Mean	SD	CD1	CD2
与客户、供应商和其他企业的联系	3.772	0.686	0.626	
与政府、行业协会等管理部门的联系	4.277	0.743	0.764	
与银行、财务公司等金融机构的联系	3.813	0.777	0.813	
联系双方具有共同的愿景（CD2）				
与客户、供应商和其他企业的联系	4.244	0.824		0.617
与政府、行业协会等管理部门的联系	3.671	0.712		0.729
与银行、财务公司等金融机构的联系	3.716	0.668		0.697
主成分特征值			2.372	1.786
解释变异量			32.68%	27.67%
累积解释变异量			32.68%	60.35%
KMO：0.839 Bartlett's Test of Sphericity：646.347（Sig＝0.000）				

注：萃取方法为主成分分析法；旋转方法为常态化最大变异法。

另外，表 4－10、表 4－11 和表 4－12 的 EFA 分析结果表明，社会资本的结构维度、关系维度和认知维度所包含的题项对各自测度对象均具有单维度特点，KMO 值分别为 0.807、0.812 和 0.839。各题项的载荷系数均大于 0.5（具体见表 4－10、表 4－11 和表 4－12）因此，可以对各一阶因子所包含的题项值经过标准化处理产生一个单一的因子值，然后将该值作为一阶因子的样本值采用 CFA 检验社会资本结构维度的测量模型。

中小企业社会资本结构维度、关系维度和认知维度的一阶 CFA 分析结果如表 4－13 所示。

表 4－13　社会资本维度测量模型的标准因子载荷和整体拟合度

变量	标准因子载荷	C. R	p
结构维度（ST）			
频繁程度（ST1）	0. 813	10. 601	0. 000
密切程度（ST2）	0. 893	12. 723	0. 000
稳定程度（ST3）	0. 721	—	—
关系维度（RDL）			
信任关系（RD1）	0. 572	7. 257	0. 000
合作规范（RD2）	0. 724	9. 432	0. 000
信守承诺（RD3）	0. 857	—	—
认知维度（CD）			
有效沟通（CD1）	0. 714	8. 432	0. 000
共同愿景（CD2）	0. 802	—	—
χ^2	19. 153	RESEA	0. 079
df	7	SRMR	0. 068
$\frac{\chi^2}{df}$	2. 524	CFI	0. 954
p	0. 000	TLI	0. 923

注：表中一些变量因设置该符合为 1，不计算 C. R 值和 p 值。

表 4－14　企业社会资本测量模型的区分效度检验结果

相比较的潜变量		原模型的 χ^2	约束模型的 χ^2	p
结构维度（ST）	关系维度（RD）	32. 72	42. 874	0. 000
	认知维度（CD）		43. 645	0. 000
关系维度（RD）	认知维度（CD）		43. 213	0. 000

从表 4－13 可以看出，模型整体的拟合情况良好，CFI 和 TLI 的值分别为 0. 954 和 0. 923，均大于 0. 90，显示出良好的拟

合状态。RMSEA 尚可（小于 0.10），SRMR 较好（小于 0.08），$\frac{\chi^2}{df}$也可接受（小于3），符合要求。依据 Fornell（1981）的建议，用 CFA 进行检验时，各题项因子载荷的最低可接受值为 0.5 且须显著。从表 4－13 中可以发现，各题项的因子载荷都大于 0.5，且都达到统计显著或非常显著的水平（相应的 C. R. 值均大于 2）。因此可以判定，该测量模型具有较高的收敛效度（Convergent Validity），且测量模型假设与最终的测量模型基本一致。根据 Gerbing et al.（1988）的 χ^2 值均大于无相应约束的原 CFA 模型的 χ^2 值，因此，可以判定企业社会资本的各维度之间具有区分效度。综合表 4－13 和表 4－14 的结果可以认为，本测量模型可以接受，其参数估计有效。

（2）被解释变量因子分析。被解释变量包括中小企业融资便利性和经济性。因此，其因子分析也包括中小企业融资便利性进行因子分析和融资经济性因子分析。根据因子分析适用条件，在对中小企业融资便利性进行因子分析和经济性进行因子分析前，首先考察其各变量数据是否适合进行因子分析。具体结果如表 4－15 所示，中小企业融资便利性和经济性的球形检验统计量为 786.37，相应的概率 Sig 为 0.000，小于 0.01，显著水平较高，因此，可认为相关系数矩阵与单位矩阵有显著差异。同时，KMO 值为 0.785，大于 0.7，根据 Kaiser 给出的 KMO 度量标准可知，原有变量适合进行因子分析。

在此基础上，根据主成分分析法对其进行 EFA 分析，并筛选出特征值大于 1 的因子，然后采用最大变异法加以转轴旋转，计算旋转后因子的载荷系数。主成分因子分析结果以及旋转后因子的载荷系数见表 4－15。表 4－15 显示了中小企业融资 6 个衡量题项的主成分因子分析结果，结果显示，中小企业融资存在 2

个主成分因子，分别为中小融资便利性和经济性，其特征值分别为2.131和1.087，解释的方差占总方差的百分比分别为27.21%和32.47%，累计解释了总变异量的59.68%。证明企业社会资本的认知维度分量表的结构效度较高，问卷设计比较合理。描述性统计分析表明，大多数企业普遍认为，企业融资便利性水平不是太高，融资经济性较弱（相应指标的描述性统计的均值均在3.0以上）。

表4-15　企业融资便利性和经济性题项描述性统计与因子载荷系数

题　项	描述性统计		因子载荷系数	
融资便利性（FC）	Mean	SD	FC	FE
企业资金状况能够得到很好的满足	3.723	1.234	0.59	
能够更容易地获得经营所需要的资金	3.826	1.276	0.658	
平均获取资金的时间较短	3.703	1.735	0.612	
可供选择的融资方式较多	3.125	1.479	0.713	
融资经济性（FE）				
获取资金的平均利率水平较高	3.627	1.684		0.682
付出规定利率之外的额外费用较多	3.376	1.726		0.586
主成分特征值			2.131	1.087
解释变异量			27.21%	32.47%
累积解释变异量			27.21%	59.68%
KMO：0.785 Bartlett's Test of Sphericity：786.37（sig. =0.000）				

注：萃取方法为主成分分析法；旋转方法为常态化最大变异法。

对融资便利性和经济性题项进行EFA（特征根大于1）分析的结果显示（见表4-15），它们具有单维度特点，KMO值为0.785（大于0.7），各题项的载荷系数均大于0.5。因此，可以对融资便利性和经济性所包含的题项值经过标准化处理产生一个单一的因子值，然后将该值作为被解释变量的样本值代入回归模型进行分析。

（二）问卷的信度检验

问卷的信度即可靠性，指的是问卷测量出来的结果的彼此之间达成一致性的程度。它是测量反映被试特征真实程度的指标（王重鸣，1990）。信度表现为多次测验所得测量结果的一致性、稳定性和再现性。一个好的测量工具，在对同一事物进行反复多次测量时，其结果应该始终保持不变才可信（卢纹岱，2008）。本节采用内部一致性系数（Cronbach's α 系数）来检验信度。Cronbach's α 系数首先由 Cronbach 在 1951 年提出，作为信度的指标，它克服了部分折半法的缺点，是目前社会科学研究最常使用的信度检验方法。其意义是“被测试个体在问卷设计中测试的得分”与“如果测试问卷所有项目能获得的得分”两者相关系数的平方，这实际上体现了所设计调查问卷的结果反映真实情况的程度。一般认为：Cronbach's α 系数在 0.9 以上，问卷的信度甚佳；Cronbach's α 系数界于 0.8—0.9，问卷的信度非常好；Cronbach's α 系数界于 0.7—0.8，问卷的信度较好；而 Cronbach's α 系数界于 0.6—0.7，则是最小可接受范围。按照经验判断方法，保留的测量题项对变量所有题项（Item－to－total）的相关系数应大于 3.5，并且测度变量的 Cronbach's α 系数应大于 0.70（Nunnally and Bernstein，1994）。问卷信度检验结果见表 4－16。

从表 4－16 可知，中小企业社会资本结构维度、关系维度和认知维度层面的 Cronbach's α 系数均介于 0.7—0.89，均在可以接受的范围，并且 Item－to－total 在 0.35 以上，说明问卷变量测量部分具有较好的信度。这主要是由于本书中小企业社会资本量表的设计是基于较为成熟的前人的研究成果，因而得到了较为真实的打分情况。结果也表明，中小企业社会资本的三个维度与整体问卷具有较好的一致性，适合进行相关性分析与回归分析。对于中小企业融资便利性和经济性层面，Cronbach's α 系数介于0.6—0.7，尽管信度达不到非常高的水平，但仍然在我们可以接受的范围之内，仍适合进行相关性分析与回归分析。并且 Item - to - total 在0.35以上，这表明本书问卷整体具有较高的信度。

表4-16　　变量信度检验结果

变量类型	变量	*Cronbach's α* 系数	*Item - to - total* 相关系数	
			最小值	最大值
企业社会资本	结构维度 ST	0.7451	0.4381	0.7368
	ST1	0.8123	0.3526	0.8654
	ST2	0.7542	0.4102	0.7521
	ST3	0.7843	0.3654	0.6725
	关系维度 RD	0.7124	0.5641	0.7516
	RD1	0.8436	0.4657	0.6524
	RD2	0.8587	0.6214	0.8127
	RD3	0.8791	0.6324	0.7826
	认知维度 CD	0.8941	0.4768	0.7846
	CD1	0.8724	0.4821	0.8001
	CD2	0.8123	0.5061	0.7225
中小企业融资	融资便利性 FC	0.7576	0.4524	0.6537
	融资经济性 FE	0.6427	0.7253	0.8426

对中小企业社会资本三个维度，以及中小企业融资便利性和经济性量表信度和效度的检验结果表明，本书所设计的量表在统计结果上具有良好的信度和效度，因此以此量表所作的分析也具

有可信性。

二、变量的相关性分析

相关性分析是研究变量间密切程度的一种常用统计方法。相关性有 2 个变量之间的简单相关和 3 个或更多的变量之间的多重相关性。一般情况下，变量之间的对应关系不具有唯一性，线性相关分析是研究变量之间线性关系的强弱程度和方向（卢纹岱，2008），是对变量进行回归分析的基础。

另外，由于本书各变量的测量题项采用的是 Likert 5 级量分法，所获得的数据为非定距变量，因而，采用 Spearman 相关系数来进行分析更为合适（谭荣波等，2007）。基于此，本书在进行回归分析前，首先以 Spearman 等级相关分析来检验两个多元回归模型的解释变量与被解释变量之间是否存在相关关系，以决定该模型是否适合进行回归分析（Hair et al.，1995）。相关性分析结果见表 4－17。

从表 4－17 可以看出，中小企业社会资本结构维度、关系维度、认知维度与中小企业融资便利性之间具有正向相关关系，Spearman 相关系数分别为 0.469、0.510、0.379，且统计上显著（显著水平均为 0.01），这一结果初步表明，企业社会资本的结构维度、关系维度和认知维度对中小企业的融资便利性具有较大的促进作用，其影响关系显著，适合进行回归分析。同样，中小企业社会资本的结构维度、关系维度和认知维度与中小企业融资经济性之间也具有正向相关关系，Spearman 相关系数分别为 0.582、0.601、0.612，且统计上显著（显著水平均为 0.01），这一结果表明，中小社会资本三个维度对中小企业融资经济性具有显著的影响，适合进行回归分析。

表 4－17　　各变量间 Spearman 相关性系数

变量	*SD*	*RD*	*CD*	*FC*	*FE*	*LA*	*YE*	*AR*
结构维度 *SD*	1	0.542**	0.452*	0.469**	0.582**	0.304**	0.104*	0.076
关系维度 *RD*	0.542**	1	0.487**	0.510**	0.601**	0.179*	0.063**	0.082
认知维度 *CD*	0.452*	0.487*	1	0.379*	0.612**	0.512	0.014*	0.013
融资便利性 *FC*	0.469**	0.510**	0.379*	1	0.397**	0.147	0.036	0.064
融资经济性 *FE*	0.582**	0.601**	0.612**	0.397**	1	0.154	0.067	0.0113
企业规模 *LA*	0.304**	0.179*	0.512	0.147	0.154	1	0.0204	0.174
成立年限 *YE*	0.104*	0.063**	0.014*	0.036	0.067	0.0204	1	0.014
所在区域 *AR*	0.076	0.082	0.013	0.064	0.0113	0.174	0.014	1

注：** 表示在 0.01 的显著性水平下，* 表示在 0.05 的显著性水平下（双尾检验显著）。

另外，中小企业融资便利性与中小企业融资经济性之间具有正相关关系，Spearman 相关系数 0. 397，且统计上显著（显著水平均为 0. 01），这一结果表明，中小企业融资便利性对中小企业融资经济性具有显著的影响。这可以理解为中小企业融资贵的主要根源是中小企业融资难。一般认为，中小企业融资贵的根源在于：第一，市场利率超过中小企业的实际负担能力。第二，中小企业的资金成本大于市场利率的应有高位水平。前者是间接、次要的，必然是由中小企业融资竞争力较低引起的；后者是直接、主要的，无疑是由中小企业融资难造成的。因此，中小企业融资贵的主要根源是中小企业融资难，没有融资难就谈不上融资贵。

最后，中小企业社会资本的结构维度、关系维度和认知维度三者之间呈现出较强的正相关关系，且在 0. 01 或 0. 05 水平下显著，这表明三者之间有较强的相互作用，这一实证发现与 Nahapiet et al. （1998）提出的企业社会资本虽然被分为三个维度，但这三个维度之间实际上具有很高的相关性的论述一致。中小企业社会资本的结构维度，能够促进基于共同语言、有效沟通的中小企业社会资本的认知维度水平的提高，联系双方间的密切交往和共同认知又促进了彼此间的信任，即中小企业社会资本关系维度水平的提高。共同认知和信任又强化了联系的宽度和密切程度，促进中小企业社会资本的结构维度水平的提高。韦影（2005）对 142 家企业的实证分析结果也证明了企业社会资本的三个维度之间呈较强的正相关关系。Tsai et al. （1998）通过组织内网络的一些经验数据初步验证了三者之间的相关性。根据研究，结构和认知维度的社会资本对于关系维度的社会资本都具有较强的影响，而结构维度的社会资本对认知维度的社会资本只具有弱影响。

三、多元线性回归分析

相关分析可以说明各变量之间是否存在关系以及关系的紧密程度与方向，是一种研究变量之间不确定性关系的统计方法。回归分析也研究被解释变量与一个或多个解释变量之间的相关关系，但能够进一步指明是否存在以及存在怎样的因果关系。为了验证本书提出的理论假设，本书将采用多元线性回归分析方法，根据中小企业社会资本结构维度、关系维度和认知维度与融资便利性和融资经济性之间建立的多元线性回归模型进行回归分析。

（一）三大问题检验

所谓“三大问题”主要是指多重共线性、序列相关和异方差三个问题。由于它们都会对回归模型结论的科学性和可靠性产生影响（马庆国，2005；Dougherty，2002）。因此，为了保证正确使用多元线性回归模型并得出科学和可靠的结论，首先需要讨论分析多元线性回归模型是否存在多重共线性、异方差和序列相关等问题。

首先，多重共线性是指解释变量之间的相关性。若出现了多重共线性，则认为模型的最小二乘参数估计无效，且这时变量的显著性检验也会失去意义。通常假设解释变量之间是相关的，而且允许解释变量存在相关性。如果把多重共线性看作一个需要解决的问题，那么需要把它解释为相关性“较大”。这样，变量之间没有相关性不好，相关性太大也不好。容忍度和方差膨胀因子是检测各相关变量之间共线性的重要指标，如果容忍度指标越小，相应变量之间的多重共线性问题就越严重。根据相关学者的研究结论，当容忍度指标小于 0.1 时，说明相应变量之间存在严重的多重共线性问题。Marquardt（1960）认为方差膨胀因子（VIF）也是判断共线性问题的非常重要的指标，方差膨胀因子是容忍度的倒数，方差膨胀因子VIF越大，则共线性越重。一般认为，如果VIF小于10，说明模型中多重共线性可以不必考虑；如果VIF大于10且小于100，则说明多重共线性较为严重；如果VIF大于100，则说明多重共线性非常严重，必须要重新设计（马庆国，2005；Dougherty，2002）。从表4－18检验指标的数据结果来看，中小企业社会资本的结构维度、关系维度和认知维度三个自变量的方差膨胀因子指标VIF均小于10，因此各自变量之间的共线性水平是可以接受的，不会影响后续回归结果的准确性。

表4－18　　OLS模型回归结果

变量	企业社会资本与融资便利性回归			企业社会资本与融资经济性回归		
	模型1	模型2	模型3	模型4	模型5	模型6
常数项	1.203*	1.412*	1.715*	1.341*	1.462*	1.601*
社会资本结构维度	0.265**	0.313*	0.127	0.542**	0.291**	0.157*
	(0.092)	(0.102)	(0.124)	(0.091)	(0.102)	(0.104)
社会资本关系维度		0.324**	0.183*		0.427**	0.214*
		(0.112)	(0.132)		(0.087)	(0.102)
社会资本认知维度			0.257**			0.409**
			(0.173)			(0.162)
企业规模	0.248**	0.245**	0.247**	0.052*	0.026*	0.232**
	(0.038)	(0.037)	(0.037)	(0.034)	(0.034)	(0.036)
成立年限	0.126*	0.134**	0.136*	0.013**	0.023*	0.124*
	(0.007)	(0.007)	(0.007)	(0.006)	(0.006)	(0.006)
所在区域	0.008**	0.024**	0.016**	0.045**	0.058**	0.027*
	(0.130)	(0.124)	(0.145)	(0.137)	(0.123)	(0.142)

续表

变量	企业社会资本与融资便利性回归			企业社会资本与融资经济性回归		
	模型 1	模型 2	模型 3	模型 4	模型 5	模型 6
回归模型描述						
VIF 最大值	1.752	1.721	2.624	1.071	1.074	1.376
DW 检验值	2.162	2.637	2.352	2.231	2.047	2.194
调整后的 R^2	0.330	0.272	0.351	0.302	0.313	0.278
F 检验	20.142**	12.068**	15.112**	10.938**	13.071**	17.804**

注：** 表示在 $p<0.01$ 的水平上显著，* 表示在 $p<0.05$ 的水平上显著。

其次，异方差性是另一个值得关注的问题。异方差性是为了保证回归参数估计量具有良好的统计性质，经典线性回归模型的一个重要假定是：总体回归函数中的随机误差项满足同方差性，即它们都有相同的方差。如果这一假定不满足，则称线性回归模型存在异方差性。若线性回归模型存在异方差性，则用传统的最小二乘法估计模型得到的参数估计量不是有效估计量，甚至也不是渐进有效的估计量；此时，也无法对模型参数进行有关显著性检验。对于异方差性的检验，通常是通过对回归模型以被解释变量为横坐标进行残差项的散点图检验。本书使用对异方差稳健的标准误差调整 t 统计量，并以此作推断，结果计算后，表明所有回归模型不存在异方差问题。

最后，序列相关性问题。序列相关性即自相关性是指总体回归模型的随机误差项之间不再是完全相互独立的，而是存在某种相关性。序列相关性的存在使得模型不具有良好的统计性质。所以，当模型出现序列相关性时，它的预测功能失效。关于序列相关性的检验方法，最具有应用价值的是 DW 值检验法。DW 值的判断标准为：若 $DW<dL$，存在序列相关性；若 $DW>4-dL$，存在负序列相关性；若 $dU<DW<4-dL$，不存在序列相关性。

其中 dL 与 dU 的值是根据不同样本的容量和解释变量的数量，在给定的不同显著水平下查得。直观上理解，DW 值越接近于 2，越不具备自相关性。本研究所有回归模型的值均接近于 2，且样本为横截面数据，因此，不存在序列相关问题。

（二）回归结果分析

为了对理论假设做出验证，本书使用 SPSS 统计软件，对本书所建立的回归模型进行回归分析。SPSS 默认进入回归方程的变量的系数其 F 统计量的概率为 0.05，从回归方程中删除变量的系数其 F 统计量的概率为 0.10（马庆国，2002）。各种回归模型的运算结果见表 4－18。

从表 4－18 可知，中小企业社会结构维度、关系维度和认知维度三个维度对于促进中小企业融资便利性和融资经济性的提高均具有积极显著的作用。从总体上看，中小企业通过强化联系的强度和稳定性，提高企业社会关系网络成员之间的信任程度，通过各种联系加强知识共享和共同愿景，实现有效沟通。努力提高社会资本结构维度、关系维度和认知维度三个维度的水平，能够有效提高中小企业融资的便利性，降低中小企业的融资成本。具体如下：

1. 中小企业社会资本与融资便利性之间关系回归分析。为了检验中小企业社会资本结构维度、关系维度和认知维度对中小企业融资便利性的可能影响，本书在控制影响中小企业融资便利性的中小企业其他特征的基础上，检验中小企业社会资本结构维度、关系维度和认知维度对中小企业融资便利性之间的相关性。为此，本书估计了方程（4.1），检验结果见表 4－18。从表 4－18 中模型 1、模型 2 和模型 3 的回归结果可以看出，中小企业社会资本的结构维度、关系维度和认知维度的水平对中小企业融资便利性的提高具有显著的作用。其中，模型 1 只将中小企业社会资本结构维度放入模型进行检验，模型 2 将中小企业社会结构维度、关系维度放入模型进行检验，模型 3 将中小企业社会结构维度、关系维度和认知维度全部放入模型进行检验。分析结果表明，模型 1、模型 2 和模型 3 的 F 统计量分别为 20.142、12.068 和 15.112，三个模型总体在 1% 的水平上显著，表明模型总体都通过了显著性检验，具有统计学意义；其方差膨胀系数 VIF 分别为 1.752、1.721 和 2.624，均小于 10，DW 值分别为 2.162、2.637 和 2.352，且本书研究的数据均是截面数据，表明模型不存在多重共线性和序列相关性问题；调整后的 R^2 分别为 0.330、0.272 和 0.351，表明被解释变量的变动中，分别有 0.330、0.272 和 0.351 可由所选的变量解释。其数值总体来说虽然并不高，但是由于影响中小企业融资便利性的因素很多，回归模型中选取的变量并非构成被解释变量企业融资便利性的全部影响因素，因此，调整后的判断系数较低是回归的一个十分正常的结果，并不会影响到判断中小企业社会资本对企业融资便利性影响实证结果的准确性。

就回归系数而言，中小企业社会资本结构维度对中小企业融资便利性的回归系数为 0.265，且在 0.01 水平下显著，说明中小企业社会资本的结构维度对于提高中小企业融资便利性具有显著的正向影响作用，中小企业社会资本结构维度的水平越高，中小企业融资越便利。本书提出的假设 H1a 得到了验证，即中小企业社会资本结构维度与融资的便利性正相关；中小企业社会资本的关系维度对中小企业融资便利性的回归系数为 0.324，且在 0.01 水平下显著，说明中小企业社会资本的关系维度对于提高中小企业融资便利性具有显著的正向影响作用，中小社会资本关系维度的水平越高，中小企业融资越便利，本书提出的假设 H2a 得到了验证，即中小企业社会资本关系维度与融资的便利性正相关；中小企业社会资本的认知维度对中小企业融资便利性的回归系数为0.257，且在0.01水平下显著，说明中小企业社会资本的认知维度对于提高中小企业融资便利性具有显著的正向影响作用，中小企业社会资本关系维度的水平越高，中小企业融资越便利。本书提出的假设H3a得到了验证，即中小企业社会资本认知维度与融资的便利性正相关。也就是说，在控制了影响中小企业融资便利性的其他因素以后，中小企业社会资本结构维度、关系维度和认知维度均与中小企业融资便利性正相关。

但是，当中小企业社会资本的认知维变量进入回归模型3以后，尽管中小企业社会资本结构维度和关系维度这两个解释变量的回归系数仍为正（分别为0.127和0.183），与研究假设提出的方向一致，但是它们在0.01水平下不显著异于0。这一结果说明，中小企业社会资本结构维度和关系维度的水平可能通过提高认知维度的水平从而间接提升中小企业的融资便利性。另外，中小企业社会资本结构维度的显著性水平值大于0.05，表明中小企业社会资本结构维度与0没有显著差异，因此不应该出现在回归方程中；而其他因子的显著性水平均小于0.05，因此都应当出现在回归方程中。由此，可以得出中小企业社会资本结构维度、关系维度和认知维度对中小企业融资便利性的多元线性回归模型：

$$FC = 1.715 + 0.183RE + 0.257CD \tag{4.3}$$

从上述多元线性回归模型可以看出，中小企业社会资本关系维度对中小企业融资便利性的影响程度（标准回归系数为0.183）小于认知维度对中小企业融资便利性的影响程度（标准回归系数为0.257）。

2. 中小企业社会资本与融资经济性关系回归分析。为了检验中小企业社会资本结构维度、关系维度和认知维度对中小企业融资经济性的可能影响，本书在控制影响中小企业融资经济性的中小企业其他特征的基础上，检验中小企业社会资本结构维度、关系维度和认知维度对中小企业融资经济性之间的相关性。为此，本书估计了方程（4.2），检验结果见表4－18。从模型4、模型5和模型6的回归结果可以发现，结构、关系和认知三个维度的水平在对中小企业融资经济性的促进作用与对融资便利性的促进作用方面存在类似之处。从表4－18中模型4、模型5和模型6的回归结果可以看出，中小企业社会资本的结构维度、关系维度和认知维度的水平对中小企业融资经济性的提高具有显著的作用。其中，模型4只将中小企业社会资本结构维度放入模型进行检验，模型5将中小企业社会结构维度、关系维度放入模型进行检验，模型6将中小企业社会结构维度、关系维度和认知维度全部放入模型进行检验。分析结果表明，模型4、模型5和模型6的F统计量分别为10.938、13.071和17.804，三个模型总体在1%的水平上显著，表明模型总体都通过了显著性检验，具有统计学意义；其方差膨胀系数VIF分别为1.071、1.047和1.376，均小于10，DW值分别为2.231、2.047和2.194，且本书研究的数据均是截面数据，表明回归模型不存在多重共线性和序列相关性问题；调整后的R^2分别为0.302、0.313和0.278，表明被解释变量的变动中，有0.302、0.313和0.278可由所选的变量解释。其数值总体来说并不高，但是由于影响中小企业融资经济性的因素很多，回归模型中选取的变量并非构成被解释变量中小企业融资经济性的全部影响因素，因此，调整后的判断系数较低是回归的一个十分正常的结果，并不会影响判断中小企业社会资本对中小企业融资经济性影响实证结果的准确性。

从回归系数来看，在模型4中，只将中小企业社会资本的结构维度放入模型进行检验，结果发现，结构维度对中小企业融资经济性的回归系数为 0.542，且在 0.01 水平下显著，说明中小企业社会资本的结构维度对于提高中小企业融资经济性具有显著的正向影响作用，中小企业社会资本结构维度的水平越高，中小企业的融资经济性越强。本书提出的假设 H1b 得到了验证，即中小企业社会资本结构维度与融资经济性正相关；在模型 5 中，将中小企业社会资本的结构维度和关系维度放入模型进行检验，结果发现，中小企业社会资本结构维度和关系维度对中小企业融资经济性的回归系数分别为 0.291 和 0.427，且均在 0.01 水平下显著，说明中小企业社会资本结构维度和关系维度对于提高中小企业融资经济性均具有显著的正向影响作用，区别在于中小企业社会资本关系维度对于提高中小企业融资经济性的影响大于中小企业社会资本结构维度的影响。仅就中小企业关系维度而言，其水平越高，中小企业的融资经济性越强，本书提出的假设 H2b 得到了验证，即中小企业社会资本关系维度与融资的经济性正相关；在模型 6 中，将中小企业社会资本的结构维度、关系维度和认知维度放入模型进行检验，结果发现，中小企业社会资本结构维度、关系维度和认知维度对中小企业融资经济性的回归系数分别为 0.157、0.214 和 0.409，且分别在 0.05、0.05 和 0.01 水平下显著，说明中小企业社会资本结构维度、关系维度和认知维度不仅独立，对中小企业融资经济性具有显著的正向影响作用，而且三个维度相互作用，共同对中小企业融资经济性产生正向影响。就中小企业社会资本认知维度而言，中小企业社会资本认知维度的水平越高，中小企业融资经济性越强。本书提出的假设 H3b 得到了验证，即中小企业社会资本认知维度与融资的经济性正相关。也就是说，在控制了影响中小企业融资经济性的其他因素以后，中小企业社会资本结构维度、关系维度和认知维度均与中小企业融资经济性正相关。

把上述回归结果代入回归模型（4.2），可以得出中小企业社会资本结构维度、关系维度和认知维度对中小企业融资经济性的多元线性回归模型：

$$FE = 1.601 + 0.157ST + 0.214RD + 0.409CD \qquad (4.4)$$

从上述回归模型可以看出，中小企业社会资本结构维度和关系维度对中小企业融资经济性的影响程度（标准回归系数分别为0.157、0.214）均小于认知维度对融资经济性的影响程度（标准回归系数为0.409）。

另外，从表4－18可知，控制变量企业规模、企业成立年限和企业所处地域对中小企业融资便利性和融资经济性也具有一定的促进作用。企业规模越大、成立的年限越长，越能提高中小企业融资便利性和融资经济性。企业所处地域不同，文化环境、信用水平和价值观念等方面都会有所差异。因此，企业所在区域也会影响中小企业融资的便利性和经济性。同时，从实证分析来看，它们中可能有一些变量对于社会资本与中小企业融资的关系具有调制作用。在不同的企业规模和企业成立年限下，企业社会资本对于中小企业融资的作用亦可能有所区别。

第五章 制度环境对中小企业社会资本与融资关系的影响

第四章研究结果表明，中小企业社会资本对于中小企业融资具有重要的影响。但是，研究两者的关系，不能忽略中小企业融资行为背后更为重要、更为基础的影响因素，即中小企业所处的制度环境。制度环境被证明是探究企业相关研究课题的一个重要理论基础（Clercq et al.，2010）。同时，近年来，伴随着“法与金融”理论的发展，关于制度环境对企业融资影响的经验研究已逐渐受到部分学者的关注。他们基于国与国之间的制度环境差异，使用跨国数据初步验证了制度环境对企业融资行为的影响。而制度环境差异不但存在于国家之间，亦存在于一国内部的不同地区之间。由于我国不同地区间资源禀赋的不同，导致不同地区在企业融资时面临的外部制度环境存在较大差异，也在一定程度上影响着我国中小企业的融资决策。因此，明确制度环境对于中小企业社会资本与融资之间关系的影响机理，对于解释我国中小企业融资行为具有重要的现实意义。基于上述考虑，为进一步深入分析中小企业社会资本与融资之间的关系，本章将在第四章研究的基础上，引入制度环境因素，并基于我国特殊的制度背景，分析探讨制度环境对中小企业社会资本与融资之间关系的影响。

第一节　制度环境概述

一、制度与制度环境

（一）制度的含义

随着经济学研究的日益深入，人们开始把制度作为研究对象，并运用制度分析经济问题。在此过程中，学者们从不同的角度，对制度的含义进行了广泛而深入的探讨。不同的经济学流派，甚至同一流派的不同经济学家赋予制度的含义也不完全一致。在众多的经济学流派中，真正从最一般意义上讨论过制度含义的主要是美国制度学派（也称旧制度经济学派）和新制度经济学派。美国制度学派创始人 Thorstein（1889）最早将“制度”因素引入经济学研究中，并将制度定义为：“制度实质上就是个人或社会对有关的某些关系或某些作用的一般思想习惯，而生活方式所构成的是，在某一时期或社会发展的某一阶段通行的制度的综合。因此从心理学的方面来说，可以概括地把它说成是一种流行的精神态度或一种流行的生活理论。”Thorstein 把制度看作人们的“一般思想习惯”或者“流行的精神态度”应该说是有积极意义的，至少在一定程度上揭示了新制度经济学家所指的以非正式约束形式存在的制度。因为新制度经济学家所说的非正式约束指的就是道德观念、风俗习惯和意识形态等。可见，在 Thorstein 看来，制度无非是“指导”个人行为的各种非正式约束。当然，Thorstein 的“制度”定义显然还是不科学的，因为它并未抓住制度最一般的本质（袁庆明，2000）。如果说 Thorstein 对制度是“规范个人行为的规则”的表述还不是十分清楚和明确的话，那么，另一位制度学派的主要代表人物 Commons 的表述则是十分清楚和明确的。Commons 在其 1934 年出版的著作《制度经济学》中，从个人和集团的角度对制度的概念进行了界定。他指出：“如果我们要找出一种普遍的原则，适用于一切所谓属于‘制度’的行为，我们可以把制度解释为集体行为控制个体行为。集体行为的种类和范围很广，从无组织的习俗到那些许多有组织的所谓‘运行中的机构’，例如家庭、公司、控股公司、同业协会、工会、联邦储备银行以及国家。大家所共有的原则或多或少是个体行动受集体行动的控制。”而关于集体行动是如何控制个体行动的，他认为：“为个人决定这些彼此有关的和交互的经济关系的业务规则，可以由一个公司、一个卡特尔……一个政党或是国家本身规定和实行。……业务规则有时候叫作行为的规则。亚当·斯密把它们叫作课税的规则。最高法院把它们叫作合理的标准，或是合法的程序。可是不管它们有什么不同以及用什么不同的名义，却有这一点相同：它们指出个人能或不能做，必须这样或必须不这样做，可以做或不可以做的事，由集体行动使其实现。”可见，在 Commons 看来，制度就是集体行动控制个人行动的一系列行为准则或规则。或者更通俗地说，制度就是社会一定范围内（也许是全社会范围内）每个个人必须遵守的行为准则或规范。Commons 对“制度”的界定，应该说抓住了制度最一般的本质，即制度是一种“行为规则”，它的作用在于对行为进行规范，因此该定义也被后人所认可。但 Commons 把制度仅仅界定为规范“人”的行为的规则，换一句话说，制度对人的行为的规范主要是对个人行为的规范至少是不全面的，因此也是有“缺陷”的。制度学派核心人物 North（1990）从最一般意义上对制度进行了界定。他在《经济史中的结构与变迁》一书中指出：“制度提供了人类相互影响的框架，它们建立了构成一个社会，或确切地说一种经济秩序的合作与竞争关系。”“制度是一系列被制定出来的规则、守法秩序和行为道德、伦理规范，它旨在约束主体福利或效应最大化利益的个人行为”。他在《制度、制度变迁和经济绩效》一书中又指出：“制度是一个社会的游戏规则，更规范地说，它们是为决定人们的相互关系而人为设定的一些制约，主要用于界定人与人间的交往。”或者说“制度是为人类设计的，构造着政治、经济和社会相互关系的一系列约束”。这里 North 所说的制度是“规范人们相互关系的约束”显然与制度是“规范个人行为的规则”是一致的。因为，作为规范人们相互关系的制度是以对个人行为的约束和规范为基础的。也就是说，在 North 看来，“制度”就是一种“规范人的行为的规则”。这一点与 Commons 对“制度”含义的界定基本相同，即“制度”是一种规范人的行为的规则，它唯一规范的是“人”的行为，从而将大量规范组织行为的规则排除在制度概念之外。但与 Commons 的“制度”含义不同的是，他把规范人的行为的规则进一步细分为正式规则与非正式规则。类似地，林毅夫在其 1989 年发表的《关于制度变迁的经济学理论：诱致性变迁与强制性变迁》一文中也认为：“制度可以被理解为社会中个人遵循的一套行为规则，包括正式规则和非正式规则。”

显然，Commons 和 North 等学者把制度仅仅界定为是规范“人”的行为的规则是不妥的，在某种程度上来说，是一种不全面的看法。事实上，制度不仅对人的行为是一种约束，而且对各种组织的行为同样具有约束作用。因为制度作为一种规则，不仅创造了一系列机会，也形成了一定的约束，“组织”是在既定的约束下为了捕捉这些机会以实现一定目的而创立的活动主体。组织的存在和演进受到制度的根本影响（例如，企业这种典型的组织形式就受到如公司法、知识产权法、反垄断法等各种规则的约束）。反过来，它们也在一定程度上影响着制度。并且，虽然组织是由许多个人组成的，但组织毕竟不同于个人，一旦形成组织，往往具有独立于个人的特性。因此，制度应是规范人与组织的各种行为规则。实际上，把制度定义为“规范人与组织的各种行为规则”也有着相关研究支持的。新制度经济学家 Schultz（1968）在其著作《制度与人的经济价值的不断提高》中阐述了自己对制度的理解。他指出：“我将一种制度定义为一种行为的规则，这些规则涉及社会、政治及经济行为。例如，它们包括管束结婚与离婚的规则、支配政治权力的配置与使用的宪法中所包含的规则，以及确立由市场资本主义或政府来分配资源与收入的规则。”从 Schultz 对制度的界定可以看出，他并未把制度仅仅定义为规范“人”的行为规则。而且，从 Schultz 对具体规则的解释中还可以看出，规则不仅规范人的行为（管束结婚与离婚），而且也规范组织的行为（确立由市场资本主义或政府来分配资源与收入）。事实上，在日常的经济活动中，不仅存在规范个人行为的规则，而且也存在着大量的规范组织行为的规则。例如，反垄断法是一种典型的制度，但它并不主要是规范个人行为，而是规范市场中的垄断企业和公司的。因此，制度更为全面的定义应该是：规范个人与组织的各种行为约束和规则。本章也在这个意义上理解和界定制度。

制度一般包括国家规定的正式制度和由社会普遍认可的非正

式制度。其中，正式制度或正式规则主要是指国家或地方政府等按照一定的使命感和程序有意识建立起来的并通过正式方式将其确定下来，并且由一定的组织进行监督和强制力保证实施的各种法律、法规、规章和契约等，是对行为主体进行强制性的“硬约束”；非正式制度或非正式规则是指人们在长期的实践中无意识形成，并构成世代相传的文化一部分的风俗习惯、伦理道德、文化传统、意识形态及价值观念等因素，是对行为主体进行规范的“软约束”。Ostrom（1990）认为，制度是指一组正式和非正式的规则，以及对规则的执行和安排。North（1990）是较早从制度的重要性程度的差别对制度进行分类的经济学家，他将制度分为两类，即正式制度（宪法、产权制度和合同）和非正式制度（规范和习俗）。与 North 对制度的理解类似，Chiles et al.（1996）也认为，一个国家的制度应包括正式和非正式的规范、规则和制约着社会和经济交换的价值观，在任何社会对企业行为都有着巨大的影响。林毅夫（1989）指出，正式制度和非正式制度是制度的两种存在形式，正式制度主要为法律、政治经济等制度安排，而非正式制度则为一种约定俗成的诸如文化、风俗习惯、道德标准等没有成文的准则。在一定程度上，非正式制度可以弥补正式制度的不足，甚至比正式制度还要重要。这里必须强调的是，North（1990）在其所著《制度、制度变迁与经济绩效》一书中讨论了正式约束与非正式约束之后，还讨论了制度的实施问题。我国有学者据此认为，制度由正式约束、非正式约束和制度的实施机制三个部分构成。这种表述容易使人产生误解，把“制度的实施机制”也当作制度的组成部分，好像“制度的实施机制”也是一种独立于正式制度和非正式制度之外的第三种制度类型，这显然是不妥当的。因为“制度的实施机制”显然不是什么规范个人或组织的“行为规则”，它只是制度的一个构件，一个不可缺少的内容，它回答的是制度的效率问题，而且是一个很重要的问题，但它毕竟不是制度本身（袁庆明，2000）。制度的构成要素或者说组成部分只有两个，即非正式规则与正式规则。这一点 North 在其著作《论制度》中表述得很清楚："制度是由非正式约束（道德约束、禁忌、习惯、传统和行为准则）和正式的法规（宪法、法令、产权）组成。"

当然，正式制度与非正式制度在本质上并无不同，都是制度的具体表现形式。在人类的早期社会，人与人之间的关系较为简单，正式制度与非正式制度可以说是基本没有差异。但是随着人类社会的发展，阶级的演变和国家的产生使得社会经济政治关系复杂化，自然也就使得制度内部出现了具体机能的分工化。正式制度一般会和国家权力和组织关系联系在一起，而非正式制度往往成为社会伦理方面的重要调和机制。另外，从两种制度的最初起源来看，正式制度来源于非正式制度，一定的正式制度很多时候是在依据相应的价值观念、伦理道德等非正式制度的基础上所建立的，确定之后又会对非正式制度产生新的影响，促进非正式制度的发展与变化，催生新的非正式制度。另外，由于正式制度的不完备性，正式制度作用的发挥往往需要非正式制度的适时有效的补充与辅助，正式制度未规定或未涉及的领域应依据非正式制度的通用做法来执行。同样，非正式制度如果失去了正式制度的支持，在处理复杂的社会经济问题时也会显得力量薄弱，无法从根本上解决问题实质，其结果是社会效率的低下。一个成功的社会经济体制是正式制度与非正式制度共同作用的结果。

除了经济学领域对制度的探究，社会学研究领域的学者对制度也有着类似的理解。Scott（1995）认为，制度是一系列规则的总和，是用来限制与规范一个组织中的个人的行为规范的，其中既有明确的正式的成分，又有不明确的非正式的成分在里面，主要是看有没有正式的文件规定。国家的法律、法规以及企业的正式的文件性的制度都是正式的制度，而风俗习惯、伦理规范、道德标准等则是非正式的制度。面对不同形式的制度要素，Scott（1995）进一步提出，制度通过三个制度性要素来约束行为，即规制性要素、规范性要素和认知性要素。其中，规制性要素强调明确的外在的各种规则设定、监督和奖惩活动；规范性要素指的是社会中的制度，通常是具有说明性的、评价性的和义务性的，包括价值观和规范等；认知性要素是关于世界的、内化于个体的系列符号表象，是一种不证自明的对外部世界的认识和理解。规制性要素属于正式制度范畴，而后两者更多地属于非正式制度的范畴。这三种要素相互独立或相互强化地支撑着整个社会秩序。从 Scott 对制度三个要素的描述来看，其与 North 等人对制度的研究有着异曲同工之妙，规制性要素属于正式制度范畴，而后两者更多属于非正式制度的范畴，在第三点的理解上，甚至上升到了认识的角度，这与 North 后来研究的侧重点也不谋而合。

上述分析表明，制度是约束和规范个人行为和组织行为的各种规则，其构成要素或者说组成部分既包括正式的制度或规则，也包括非正式的制度或规则。

（二）制度环境

由于“制度”本身含义的不确定性，也导致对制度环境概念的判断不完全统一。一般认为，制度环境是指一系列用来建立生产、交换与分配基础的法律制度、政府治理、经济和社会环境，是一个国家或地区正式制度和非正式制度对经济产生影响的因素总和。Scott（1995）认为，制度环境是由各种详尽的规则和条件所形塑的，个体或组织必须遵守这些规则条款才能获得合法性和支持，并认为制度环境中存在正式约束与非正式约束。Meyer et al.（1977）认同 Scott 的观点，认为制度环境是指“一个组织所处的法律制度、文化期待、社会规范、观念制度等等‘广为接受’的社会事实”。夏立军等（2005）认为，制度环境应包括市场竞争、法治水平、制度改革以及政府治理等方面。Tirole（2006）指出，制度环境是借款人、投资者和其他的利益相关者（最典型的是雇员）在签订合约时所处的政策环境。这种政策环境不仅包括规范借贷双方合约行为的法规，而且包括其他一些会影响可保证收入和企业价值的政策变量，如税收、劳动法或宏观经济政策等。事实上，对企业而言，制度环境是一种无法监控的外部因素或一个外生的变量，主要包含经济、政治、社会及法律四个方面的内容，一系列基本的经济、政治、社会及法律规则的集合便构成了一个企业的外部制度环境。

由于制度包括正式制度和非正式制度，相应地，制度环境也包括正式制度环境和非正式制度环境。正式制度环境主要以规则为支柱，包括法律、管制和规则；而非正式制度环境主要以规范和认知为支柱，包括规范、文化和道德。由于社会资本与非正式制度的密切关系，因此本章研究框架中所指的制度环境实际是指狭义的制度环境，也就是正式的制度环境。同时，本章研究的目的是中小企业社会资本对融资的影响，因此，本章的制度环境事实上可看作融资交易双方所处的外部制度环境。

另外，从制度的供给主体来看，制度的供给主体可以是政府、一个阶级、一个企业或别的组织，也可以是一个自愿组成的或紧密或松散的团体，也可以是个人。而以上三种主体（即个人、团体和政府）在制度供给中的作用和地位并不完全相同。以个体和团体为例，这两个主体推动的制度环境会涉及价值观、规范和认知的形成，这一层面的制度讨论主要集中于社会学领域的研究；而早期新制度经济学的传统思路也认为一些个体和团体基于自利的原因会自发进行制度创新，这也主要集中于组织个体微观层面的讨论。根据本章的研究主体，并结合我国企业所处外部环境和市场的特殊性，本章主要关注基于政府产生的外部制度环境。

由于历史传统和自我选择的原因，不同区域的制度环境迥异，发展轨迹和每一时期的发展水平亦不尽相同，并呈现出差异化形态（潘镇等，2008）。La Porta et al. 最早发现了法律制度、产权保护和证券监管机制等制度环境因素存在着显著的地区差异，这些差异对企业的经营决策有着重要的影响。Bergman et al.（2007）、Djankov et al.（2007）深入研究后还发现，社会文化、宗教等制度因素同样存在着地区差异。王小鲁等（2004）认为，不同地区之间的市场化程度、政府干预程度、法治水平、金融市场发展程度以及产品市场发育程度等制度环境存在较大差异，并认为制度因素是主导区域差距相对变化的重要因素。

我国目前正处于复杂的经济转型过程中，这一过程正是制度（与市场经济有关的法律、规则、价值观和认知系统）构建、扩散和变革的过程。我国虽然是一个在立法和政令上高度统一的国家，基本的政治经济制度和宏观经济政策通行全国，但由于地区间资源禀赋、地理位置以及政策的不同，势必会导致地方政府的行为模式、各地区的制度和政策实施形成较大的差别，并最终导致在我国同一法源下的各地区的制度环境存在着明显的差异。在某些省份，特别是沿海省份，市场化已经取得了决定性进展，而在另外一些省份，经济中非市场因素还占有非常重要的地位，形成一种东部地区优于中部地区、中部地区优于西部地区的阶梯式的发展布局。世界银行（2007）对中国 120 个城市的调查也证实了这一点：尽管与商业有关的法律法规在全国基本相同，但 120 个城市的投资环境却存在显著差异，这些差异主要反映了地方政府是否提高了管理效率。樊纲等（2011）、夏立军等（2007）研究发现，处于经济转轨期的我国各地区之间的制度环境存在着显著的差异。

二、制度环境与企业行为

新制度经济学认为，环境对组织的影响至关重要，组织处在一定的环境之中，组织与外部环境是相互依赖的，并在与环境的交换过程中建立相互依赖关系。组织的结构、行为与能力都受到制度环境的影响（Scott，1995），组织只有不断地调整自己的行为才能够适应外部环境的变化，并将其所处环境中的法律、规范和惯例有效地体现在自身的形式、结构、内容和活动中，才能获得其存在的意义（Meyer and Brian，1977）。企业并不是孤立存在的个体，它总是处在一个特定的制度环境之中，是制度协调和制约下的经济活动主体，其结构、行为与能力不仅由企业自身的条件和需求决定，也自然会受到制度环境的影响，在相应制度环境的约束和指引下进行利益最大化的行为选择。企业的各项决策都受到制度环境的影响或约束，其行为都脱离不开特定的制度环境。制度环境不仅能够改变企业从事某一行为的收益和损失，从而影响企业的动机和决策偏好，而且能够提供有效的信息构建行为激励系统，让企业对行为结果进行合理预期，从而有效引导企业的行为选择，减少不确定性，降低交易成本。同时，不同的制度安排和制度环境将导致不同的市场交易成本，制度环境与企业行为由于交易成本的存在而发生关联。这是因为交易成本的产生不仅是所用技术的函数，也是制度的函数，制度与技术一起决定了交易费用。然而，技术革命的发生经常需要长期的积累，从一个较短的时间范围内来看，技术的变化不大，可以近似当成恒定的。制度加上经济理论中的一些限制性条件，决定了一个社会拥有的机会，（企业）组织乃是为了利用这些机会而创立的。从这个意义上来讲，制度环境是影响交易成本的关键因素。企业行为是企业作为利益主体（或潜在利益主体）为实现其自身利益目标对外部环境所作出的持续的、规范的决策或反应。Williamson（1985）认为制度涉及企业组织与市场组织，强调企业等组织在经营过程中必须考虑规范、传统、产权与法律等环境因素。North（1990）认为，制度是人为设计出来的，用以约束人们行为的正式和非正式约束。作为社会博弈的规则，制度环境限定了企业的选择集，并能够减少不确定性和交易成本。刘忠明（2009）认为，制度理论是将外部环境看作一个系统，其核心命题就是处在这个系统内的个体，不管是个人、集体还是企业，其行为和行动都受到这个系统的影响。周五七（2010）指出，制度经济学强调制度因素对经济活动的影响，这一学派认为制度会有利于限制和减少机会主义行为，降低交易成本。

不同的制度环境将会对企业行为产生不同的影响。对企业而言，所处制度环境的差异意味着激励与约束的不同，而在很大程度上，不同的激励与约束又会直接影响到企业所做的最优决策。La Porta et al.（2000）以法律能保护中小股东和债权人免受公司的经理人和控股股东的剥削逻辑，分析了 49 个国家样本的法律及执行程度对这些国家中的公司治理变革的影响。他们随后在 2002 年的 *The Journal of Finance* 中对 27 个发达经济体的 539 家大公司样本进行了实证研究，发现投资者保护程度较高的公司会有更高的公司价值。这一将制度因素纳入企业微观行为的研究范式得到普遍认可。由此众多学者相继将 La Porta et al.（2000，2002）对国与国之间法律环境与公司行为关系的研究模式，拓展应用到研究一国内部各地区之间制度环境差异对公司行为的影响，主要结论可以归结为：良好的制度环境不仅能够为国家或地区的经济发展提供强大的制度支持，也是企业发展的外部保障。因为良好的制度环境可以通过法律约束和市场约束来促进契约的执行，以达到优化配置资源的效果，并对政府干预形成障碍；而不发达的制度环境下，企业会寻求其他替代形式以降低成本和获得资源。李善民等（2009）认为，制度环境对交易规则有重要影响，同样的交易规则在不同的制度环境下会产生不同的效率结果，交易规则与制度环境之间缺乏必要的耦合将导致资源配置效率的降低。他们通过建立成本分析模型和实证发现，在较差的制度环境下，市场规则会导致较高的交易成本，制度环境的改善可以降低交易成本，提高交易效率，其相应的实证也支持了这一点。方军雄（2006）通过研究我国市场化进程对资本配置效率的影响，发现随着市场化进程的深入，我国资本配置的效率有所改善，其后续的研究（方军雄，2007）也通过考察1996—2003年国有工业企业和“三资”工业企业的分行业统计数据，发现整体上国有企业的资本配置效率虽然显著弱于非国有企业，但随着制度环境的改善，两者资本配置效率的差异逐渐缩小。较好的制度环境中，市场能较好地配置资源，因此对政府控制及干预造成障碍。夏立军等（2005）以2001—2003年期间的上市公司为样本，对政府控制、治理环境与公司价值的关系进行了实证分析，发现政府控制尤其是县级和市级政府控制对公司价值产生了负面影响，但公司所处市场化等治理环境的改善有助于减轻这种负面影响。

中小企业融资行为作为中小企业最基本的一种经济行为，也同样不可避免地受到所处制度环境的制约，带有制度环境的痕迹。制度环境是隐藏在中小企业融资行为背后并促使其有效运行的基本保障。中小企业融资能否达到预期的效果，自然也会受到所处制度环境的影响和制约，带有制度环境的痕迹。Demirguc - Kunt et al.（1999）的研究说明，银行贷款契约与法律体系和税收体系等制度环境有关，即在制度环境较好的地区，企业的贷款规模越大，贷款期限越长。Fan et al.（2010）的跨国研究也表明，企业的融资结构受一个国家或一个地区的税收制度、法律制度以及政府干预程度的影响。

制度环境对企业行为的引导作用在处于经济转轨中的国家更容易被观测。这是因为，相比于其他国家的企业，处于经济转轨中的国家的企业所面临的外部不确定性更高，企业必须时刻关注制度变迁过程中自身所面临的发展机遇以及制度变迁对企业发展战略、投融资行为、经营决策、交易成本的影响。目前，我国正处于经济转轨时期，存在着特殊的制度背景，如投资者法律保护不健全、市场发育不完善、政府干预较为严重、金融发展水平较为落后等。在我国，各个省份、自治区和直辖市（统称为地区）在法律制度环境、金融发展水平和地方政府干预等方面存在相当大的差异（樊纲等，2011）。改革开放让东部沿海城市率先发展以市场机制为导向进行资源配置的市场经济，使得东部地区的市场化程度明显高于中部和西部地区。我国各区域制度环境存在差异，企业面临的外部融资环境迥异，这在一定程度上影响着企业的融资决策。与以美国等发达国家为制度背景下发展起来的融资决策理论相比，我国中小企业在融资过程中出现的“异象”，并非是企业的非理性，也许是对外部制度环境的一种理性反应。因为企业行为是对制度的反应，按照成熟市场条件衡量的企业不理智行为有可能是转轨经济条件下企业适应外部制度环境的理性选择。我国学者借鉴国际比较的研究范式，针对我国地区间存在的制度环境差异，研究了制度环境差异对企业融资的影响。樊纲等（2011）、夏立军等（2007）研究发现，处于经济转轨期的我国各地区之间的制度环境存在着显著的差异。这种环境上的差异对中小企业构建与银行的关系会产生不同的影响，进而影响到中小企业的融资可得性。肖作平（2007）基于我国特殊的制度背景，检验制度环境对公司债务期限选择的影响。研究发现，与东部和西部地区的上市公司相比，中部地区的上市公司使用较多的长期债务，并且地区经济发展水平对公司债务期限选择具有显著的负向影响。余明桂等（2008）研究认为，目前我国经济处于转型时期，社会制度、经济环境和法律的完善都还需要一定的时间，中小企业在融资时不可避免地受到国家社会制度、经济发展水平和法律完善程度的影响。苏坤等（2012）深入研究了我国各地区制度环境的差异对债务期限结构的影响，研究发现，市场化程度高的地区具有相对短的债务期限结构；而政府干预能够帮助企业获取较长期限的贷款，政府干预程度与企业债务期限结构显著正相关；法律环境的改善会降低企业债务期限结构。罗付岩（2013）指出，地区的市场化进程越低，市场参与者越少而政府干预越多，信息的不对称和代理冲突越严重，融资约束加大，企业需要承担较高的监督和签约成本，产生非效率投资。杨兴全等（2012）和张良贵（2013）也发现，制度环境的改善能够提供充足的外部资金，减少信息的不对称，减少外部筹集资金的限制，改善了投资不足，法律环境趋于完善，更是带来过度投资的缓解。另外，企业社会资本作为一种非正式制度，在不同的制度环境下，对企业融资的影响可以表现出不同的特征。因此，对具有相同社会规范、风俗习惯、道德水准等非正式制度，并正处于制度变迁、地区经济发展不平衡的同一国家的内部，研究制度环境对于企业融资的影响就显得很有必要。鉴于此，本章将在第四章研究的基础上，引入制度环境因素并将其作为调节变量，实证检验制度环境对中小企业社会资本与融资之间关系的影响方式和程度。

第二节　实证研究设计

为便于实证分析，首先提出关于制度环境与中小企业融资之间关系，以及制度环境对中小企业社会资本与融资之间关系影响的假设。在此基础上，设置研究变量，并根据研究假设建立制度环境、中小企业社会资本和融资之间关系的回归模型。

一、理论分析与研究假设

（一）制度环境与中小企业融资

通过对制度环境与企业融资相关关系的文献梳理，我们不难发现，企业的产权性质、所在地区金融市场发展水平、政府干预、法治水平和地区市场化进程等宏观制度环境因素都会对企业融资产生一定影响，并且不同的制度环境导致了我国企业融资表现出不同的特征：在市场化进程较高、政府干预较少、金融发展水平较高、法治环境较好的国家和地区，金融机构等有较强的信贷风险控制能力，且对企业资金的运用有较强的监督能力，同时债权人在贷款违约时的回收率也相应提高了，从而使银行等放贷者更愿意放贷，进而增强了企业融资能力，具体体现在其信贷规模较大、银行利率较低等方面。然而，制度框架的分析需要考虑具体的领域和主题（Kostova，1997）。具体到企业融资制度环境，指的是一个国家或地区的关于企业融资活动的经济、政治和社会制度的发展情况，它可以从不同的角度进行分析。在以往的研究中，夏立军等（2005）采用市场竞争、法治水平、制度改革以及政府治理等指标衡量制度环境。余明桂等（2008）选取地区金融发展水平、法治化水平和政府掠夺程度 3 项指标衡量制度环境。黄俊等（2010）采用产权保护、价格由市场决定的程度、减少商品市场地区贸易壁垒 3 项指标度量制度环境。姜英兵等（2012）选取地区市场化程度、法律保护、政府干预以及社会资本水平 4 项指标度量制度环境。李延喜等（2012）选取地区市场化程度、法律保护、政府干预水平作为制度环境替代变量来衡量制度环境。但国内研究广泛应用的制度环境代理指标是由樊纲等人编写的“市场化指数”，该指数测度了各省区的市场化进程，包括政府与市场的关系、产品市场的发育程度、法律制度环境等5方面。结合相应的理论分析和本章研究需要，本章主要从金融发展水平、法治化水平和政府干预程度3个方面来考察制度环境与中小企业融资之间的关系。其中，金融发展水平是指各地区金融机构或金融市场的发展状况和金融生态环境的完善程度；法治化水平则是指影响投资者保护状况的法律、法规以及法律法规的制定和执行情况；政府干预程度是指各地区政府对当地企业和经济行为进行干预的程度。三者既相互联系，又各自存在着一定的侧重和区别，并从不同的侧面反映制度环境的状况。

1. 金融发展水平与中小企业融资。金融发展水平是指各地区金融体系或金融市场的发展状况和金融生态环境的完善程度。地区金融发展水平的提高对于企业获得债务融资具有重要意义。国内、外理论界就金融发展水平对于企业债务融资的影响进行了较为深入的研究，以欧、美等成熟市场经济国家为对象的研究基本上认同金融发展有助于企业获得债务融资的支持。Diamond（1984，1991）指出，在金融体系发达地区，银行能够有效地获得和传递借款企业的相关信息，因而能够有效地评价企业投资项目的质量，并根据这些信息，以一个较好的价格向企业提供贷款。在金融体系不发达的地区，信息不对称的问题相对严重，因而以一个较好的价格提供贷款的可能性较低。所以，银行体系的发展有利于企业获得额度更大、融资成本更低的银行贷款融资。Rajan et al.（1998）研究发现，金融发展能够有效缓解融资约束，金融发展较好的国家，企业融资更为方便，能够享受到金融发展带来的融资优势，从而得到资金支持，实现企业成长。同时，金融发展水平的提高可以在某种程度上降低企业逆向选择和道德风险问题发生的可能性，进而降低债务融资成本。Demirguc - Kunt et al.（1999）研究表明，金融中介的相互竞争能够促进企业融资的市场化，缓解资本市场中企业和债权人之间的信息不对称，使银行等金融中介能够以更低的成本鉴别企业的贷款资质，减低企业的代理成本，进而以更优惠的条件提供贷款。Levine（2002）也指出，金融发展可以通过微观渠道来影响经济增长和产出，金融发展水平的提高可以降低企业的融资成本，减轻企业的融资约束。Lerner et al.（2005）从全社会平均融资成本的角度探讨了金融发展水平与企业债务融资成本之间的关系。研究结果显示，金融发展水平的提高能够有效减低全社会的平均融资成本，这对降低中小企业债务融资的成本产生积极的影响。Qian et al.（2007）以金融市场化水平为依托，提出了如下的观点：在金融发展水平比较高的国家，企业贷款的利率明显高于金融发展水平比较低的国家。Becker et al.（2010）以欧洲国家的企业数据为样本研究后得出结论：企业外部融资约束会随着金融发展水平的提高而得到有效缓解。

在中国经济体制改革过程中，各地区银行改革进程的不同导致各地金融发展水平存在差异。关于金融发展水平与企业融资之间的关系，国内学者也进行了大量的实证研究。江伟等（2006）通过我国各地区金融发展水平的差距研究了金融发展水平对企业债务融资决策的影响，研究结果表明，各地区金融发展水平的差异会对企业债务融资产生一定的影响，金融发展水平的提高能够帮助企业获得债务融资，减轻企业的融资约束。饶华春（2009）验证了金融发展有助于降低企业的融资约束水平，民营企业的融资约束较国有企业得到更加明显的缓解。沈红波等（2010）证实金融发展缓解了企业的融资约束，金融发展水平越高，越能够有效减低企业所面临的融资约束，而企业所面临较大融资约束的改善能够为降低企业进行债务融资时的成本产生积极的影响。沈红波等（2011）进一步研究发现，金融发展可以缓解银企之间的信息不对称，显著地降低小规模民营企业的担保贷款比例。魏志华等（2012）研究认为，金融生态环境的改善能使企业获得较低成本的融资，并认为民营企业和国有企业之间的融资成本存在显著差异，而改善金融生态环境能够使两者之间的差异变小。梁琪等（2014）研究认为，非国有企业受到的融资约束比国有企业更为严格，而金融发展水平的提高能够在一定程度上缓解这种融资约束，使其获得更加平等的融资机会。由此可见，国内、外学者基本上认同金融发展对企业融资的规模和成本具有正向作用。

以上分析表明，地区金融发展水平的提高对于企业获得融资具有重要意义。金融发展水平的提高，不仅能够有效缓解企业的融资约束，促进融资自由化，为企业提供更多的融资机会，提高企业融资的可得性，而且能够提高企业信息披露水平，在一定程度上降低由于信息不对称而产生的逆向选择和道德风险发生的可能性，进而降低债务融资的交易费用和融资成本。

2. 法治化水平与中小企业融资。法律的主要功能之一就是保证债权人能够有效地执行其契约，减少银行贷款融资的风险，并因此增加银行对企业的贷款融资。法治化水平就是指影响企业融资行为的法律、法规的制定及其执行情况，它是决定银行贷款如何定价、银行贷款结构如何设计安排的重要因素（张樱，2017）。自从 La Porta et al.（1997）在“法与金融”领域展开开创性的研究以来，越来越多的文献研究表明，法治化水平亦是影响企业融资的一个重要决定因素。La Porta et al.（1997）认为，良好的法律制度环境能够抑制债务人侵占、掠夺债权人利益的机会主义行为，缓解债权、债务双方之间的代理冲突矛盾，降低借款企业违约概率，最大限度地保护债权人的合法利益，鼓励各类资金提供者愿意以更加优惠的条件向债务人提供资金。Demirguc－Kunt et al.（1999）利用跨国数据证实了投资者法律保护对企业融资选择特别是长期债务融资的重要影响，他们的研究结果表明，一个国家或地区的产权保护越好，企业特别是小企业获得的银行贷款越多。Jappelli et al.（2005）的理论模型表明，完善的法律法规和较高的司法效率有助于减少企业的信贷融资约束，提高银行对企业的贷款意愿。因为司法效率的提高，可以有效地增加那些机会主义借款人的违约成本，进而减少了机会主义行为发生的概率。Levine（1998，1999）、Djankov et al.（2007）的研究表明，法律制度环境对信用市场的发展起到重要的决定作用。在信贷市场中，借款人和放贷者需要签订一份初始的借贷合约，事后合约是否能够执行将直接影响到放贷者的放贷决策及放贷成本。法律的存在就是为了保证借款人和放贷者之间的初始融资合约可以在事后被执行，减少放贷者的放贷风险，从而使得放贷者更愿意放贷。Haselmann et al.（2010）同样验证了法律制度环境对放贷者的保护增强时，可以提高借款者的借贷能力。Laeven et al.（2005）研究发现，司法系统效率越高，银行贷款利率越低，债权人权利保护水平每提高 1 个百分点，银行贷款利率平均下降 2.0 至 2.5 个百分点。Qian et al.（2007）研究表明，国家间的债权人和产权的法律保护差异确实可以很好地解释银行与企业之间的信贷契约，以及签订和执行合约的成本。债权人权利、产权保护以及司法质量与银行贷款期限正相关。对债权人权利的法律保护力度越强，银行贷款利率越低。与德系国家相比，法系国家的银行贷款利率相对更高、贷款担保要求更严格。Hall et al.（2008）认为，法律体系对债权人的保障能够促使企业获得更多银行贷款。Bae et al.（2009）研究发现，债务契约的法律执行质量越差，银行贷款利率越高、贷款金额越少、贷款期限越短。Ge et al.（2012）研究发现，在法律制度环境良好的国家，公司治理效率较高，贷款利率较低、贷款额度较高、贷款期限较长、贷款条款的限制性程度较低。Fatoki（2010）通过对南非中小企业难以获得债务融资进行研究发现，外部因素如宏观经济环境、法律制度、犯罪和腐败等对中小企业债务融资的可获得性有重要影响。

承袭国外学者有关“法与金融”跨国比较分析文献，国内学者基于我国地区间制度环境的差异，从企业层面研究了我国法律环境与企业融资之间的关系，并得出了与“法与金融”文献的理论预期和实证结果基本相同的结论。许多研究表明，法治化水平与企业债务融资可得性、债务融资规模和债务融资成本等具有正相关关系。魏志华等（2012）通过研究认为，良好的金融生态环境能够促使企业获得更低的债务融资成本，并且有助于降低不同产权性质企业的信贷融资成本差异。何韧等（2012）实证研究了制度环境与小型和微型企业的信贷可获得性间的关系，研究结果表明，在越有利的制度环境下，经济发展的水平与法治化环境的改善对小型和微型企业银企关系的长远发展具有显著的促进作用。张健华等（2012）研究发现，法律制度环境越好，银行贷款规模越大，银行贷款风险越高。钱先航等（2015）研究发现，债权人权利保护越强，法律执行质量越高，银行对企业贷款的审核要求越宽松，贷款规模越大。佟明亮（2015）研究表明，法律环境的改善有助于提高民营企业贷款融资的可能性。法制环境的改善、地区法律体系的构建对于企业的保护程度的提高，能够促进企业获得银行贷款的概率，而金融市场化对民营企业贷款融资可得性的影响是通过法制环境发生作用的，法制环境的改善会间接影响金融发展对于民营企业的债务融资。王彦超等（2016）从法律的微观视角出发，研究了法治环境与信贷市场的关系，研究结果表明，制度环境的差异会影响诉讼风险与债务融资成本之间的相关关系。张樱（2017）的实证研究表明，法律制度环境越好，银行贷款利率越低，贷款金额越多，即良好的法律制度环境有利于降低银行贷款契约的紧缩程度。

上述分析表明，法制环境是影响企业融资的重要因素。法治化水平越高，债权人法律保护越好，契约在事后越容易得到执行，契约的事前签约成本也越低，因此企业融资约束就会较小，融资成本也会较低。同时，随着法治化水平的不断提高，当企业出现债务违约时，企业控制权向债权人转移，使得债权人拥有更大的谈判力来要求贷款企业偿还贷款，由此减少了债权人的信贷风险，事后合约执行成本的降低有助于提高债权人向企业提供更加优惠和更长期限债务融资的意愿。也就是说，企业所在地区法治化水平的提高，不仅可以提高债权人对于企业的贷款意愿，使企业获得更多的债务融资，而且有助于企业以更加优惠的条件获得债务融资。

3. 政府干预程度与中小企业融资。政府干预程度是指地方政府对当地企业和经济行为进行行政干预的程度。政府干预作为制度环境的一个重要组成部分，深刻地影响着企业的融资行为和融资效果。目前，我国还处于经济转轨时期，尽管我国市场化改革逐步深化，政府职能的转变和国资监管体制的改革等使得政府在经济活动中的作用逐渐减弱，但由于支持市场经济发展的制度还不十分完善，特别是在传统计划经济体制和以公有制为主体的所有制下，政府对经济资源配置依然保留着较强的控制能力，在资源配置中仍扮演着重要的角色。同时，改革开放以来，中央政府推行了以经济增长为基础的“政治锦标赛”，即地方政府官员的提升与当地经济增长状况紧密挂钩。在这种制度背景下，为实现本地经济发展，地方政府有足够的动力和能力对企业的经济活动进行干预。地方政府对企业经济活动的干预不仅可以通过政府担保或财政补贴等形式直接影响着企业的融资行为，还可以通过改变企业在市场运行中的机会来间接影响企业的融资行为。具体表现为，地方政府通过影响和干预当地银行等信贷机构，尤其是国有商业银行的信贷决策，为地方政府控制的国有企业提供不遗余力的贷款支持，如直接干预国有银行的贷款行为、帮助国有企业获得贷款等。地方政府对其控制的国有企业的无效率支持和对银行信贷资源配置的干预，破坏了银行与国有企业之间基于各自经济效率最大化基础的自由信贷契约，导致银行和企业之间的贷款合约的签订更多的是基于政府意志，而不是基于经济效率最大化的原则，结果导致过多的银行信贷资源配置到无效率的地方政府控制的国有企业。在其他情况相同的条件下，地方政府对当地国有企业的支持动机越强，国有企业得到的银行贷款越多。Faccio（2006）的跨国研究认为，若一国的腐败程度较高、产权保护较弱，那么具有政治关系的企业更容易取得债务融资。江伟等（2006）的研究结果显示，相对于民营上市企业，国有上市企业能够获得更多的长期债务融资。在政府干预程度较强的地区，国有银行的差别贷款行为将会有所增强。方军雄（2007）认为，在政府干预强、市场化程度较低的地区，国有企业比民营企业更容易获得融资。余明桂等（2008）分析了我国各地区的政府干预、法治和金融发展对地方政府控制的国有企业的银行贷款的影响，研究结果发现，地方政府的干预越多，国有企业获得的银行贷款越多。进一步的研究表明，与法治和金融发展相比，政府干预是影响国有企业银行贷款的更为基本的因素。在政府干预较强的地区，抵押资产相对较少和风险相对较高的国有企业也可以在政府的支持下获得较多的银行贷款，而抵押资产相对较少的国有企业也可以在政府的支持下获得较长的贷款期限。章细贞（2011）认为，地方政府的干预程度与当地企业的长期贷款的期限正相关，如果一个地区的法治化程度越高、金融发展的情况越好，企业就可以更多地获得贷款，在平常的经营中负担较少的贷款，负债的比例可能更低。但如果地方政府干预较多，则负债的比例则会更高。

上述分析表明，对于地方政府控制的国有企业而言，一方面，地方政府可以通过政府担保或财政补贴的方式，增大地方政府控制的国有企业获取贷款尤其是长期贷款的机会。另一方面，政府可以通过直接干预国有银行的信贷决策，帮助地方政府控制的国有企业获取贷款资源。

基于上述一般企业的分析逻辑，关于制度环境与中小企业融资之间的关系，本章提出以下假设：

H1：制度环境与中小企业融资便利性和融资经济性具有相关性。

具体包括：

H1a：在其他条件相同的情况下，地区金融发展水平和法治化水平与中小企业的融资便利性正相关。地区政府干预程度与中小企业的融资便利性负相关。

H1b：在其他条件相同的情况下，地区金融发展水平和法治化水平与中小企业的融资经济性正相关。地区政府干预程度与中小企业的融资经济性负相关。

（二）制度环境、企业社会资本与中小企业融资

不稳定的环境可以为机会主义行为提供更多的空间和机会，也会通过影响企业的预期来强化其机会主义行为（Li and Zhang，2007），这成为社会资本替代和补充正式制度的重要理论依据。在一定程度上，正式制度的缺陷可以部分地通过非正式制度的运行得到弥补，在正式制度规定不到的地方，非正式制度会起作用（Scott，1995）。社会资本与正式制度的替代或补充关系问题是经济学界在讨论社会资本时经常提到的问题。在正式制度较为薄弱或者未能发挥原本的规制预期，行为主体的利益目标无法通过正式制度发挥机制而得以实现时，行为主体往往会通过创造或者引入一种非正式规则等社会资本机制，如“关系”机制，来替代正式制度的制约机制，实现自身的利益目标，从而避免了与正式制度的直接冲突，这在某种程度上实现了行为主体利益目标与正式制度的规制相容。在此情况下，社会资本等非正式规则在很大程度上替代了正式制度发挥着对行为人的制约引导的作用。另外，在社会生活中，正式制度发挥着重要的规制约束作用，但正式制度的完善是相对的，还存在正式制度缺失或者无法发挥制约机制的状况，如某些突发的事件或问题。而非正式规则能够有效地补位，填补正式制度机制缺失的空白，起到“润滑剂”的作用。此时，非正式规则并不违反正式制度相关的制约机制，反而促使政府结构和组织机能的有效发挥。这主要因为非正式规则的有效补位，降低了行为主体的不确定性，降低了交易成本。正式与非正式制度之间互补关系一般出现在正式制度较为完善稳定的经济体中，如发达国家。而正式制度与非正式制度替代的关系，在发展中国家或转型经济体中较为常见。这主要是因为与发达国家相比，发展中国家或者转型经济体的正式制度较为薄弱，无法取得行为主体较高的制度信任度，它们转而积极借助非正式制度的作用机制，以寻求维护自己的固有利益或者实现自身的利益需求。也就是说，企业社会资本作为一种非正式制度，在正式制度的推行和实施过程中，宏观方面促进了制度创新，提高了效率，微观方面提升了个人参与社交网络获得稀缺资源的能力，从而通过社会网络、信念、规范等对经济的发展产生重要的影响。但企业社会资本对经济发展所发挥的作用依赖于其所在的制度环境，制度环境的差异会在整体上影响企业对社会资本的依赖。已有的研究表明，企业之所以运用社会资本这种非正式的替代机制，根本的原因在于相应制度环境的不完善，在正式制度相对薄弱的国家或地区，企业会更多利用自己的社会资源即社会资本以谋求企业的发展。事实上，从正式制度与非正式制度的起源来看，非正式制度对正式制度有重要影响，非正式制度对行为主体的规制作用不可小觑。在经济发展程度较高、正式制度较为完善的发达国家，正式制度在社会中发挥主要的规制作用，非正式制度发挥次要或者补缺的作用，两者一般体现为互补或者调整的关系，非正式制度在很大程度上推动正式制度的施行，往往呈现一种和谐的互动关系。这主要是因为发达国家的正式制度已经过长期的实践和试行，并且已经将非正式制度中的许多社会价值观融入正式制度体系之中。但是，在发展中国家或者转型经济体中，在制度变迁的重要时期，正式制度不完善或者相对薄弱，正式制度与非正式制度出现冲突的情况时有发生，在非正式制度占据主导的时期，非正式制度甚至能够替代正式制度，发挥重要的规制作用。林毅夫（1994）也认为，在一定程度上，非正式制度比正式制度还更为重要，且正式制度的缺陷至少还可以部分地通过非正式制度的运行得到弥补，在正式制度规定不到的地方，非正式制度会起作用。

对于社会资本与正式制度关系之间的研究，学者 Williamson（1979，2002）在关系契约理论的基础上阐释交易治理机制，提出了可以用私人安排、非正式安排替代和补充法律安排、正式安排的思路，这成为社会资本替代和补充正式制度的重要理论依据。Pamuk Ayse（2000）也认同 Williamson 的观点，他采用实证研究方法对社会资本替代正式制度的原因展开了具体诠释，认为社会资本能降低风险、减少交易成本、削弱不确定性的发生，并最终促进交易。Allen et al.（2005）认为，关系和声誉等非正式制度因素起到了替代法律保护的作用；Ang et al.（2009）和潘越等（2009）的研究则表明，社会资本这一非正式制度也是法律保护的一个替代机制。此外，也有不少学者在中国情境下考察社会资本与正式制度的关系。Xin et al.（1996）以中国企业为研究对象，认为管理者在正式制度支持匮乏的困境下，为降低其企业的运行风险、减少交易成本，通常借助于社会关系寻求非正式支持。边燕杰等（2000）也有类似的结论，认为在市场体制不完善的情况下，企业则会更多利用社会资本来获取和使用信息。然而，正式制度与社会资本之间并不是简单的替代关系。North（1990）一直认为，社会资本并非只是简单地作为正式制度的替代，社会资本自身就是很重要的因素。也就是说，正式制度和社会资本应该处于同一分析层次，两者共同影响了组织。因此，社会资本并非只会简单地替代不完善的正式制度，更不会在正式制度日益完善的情况下就逐渐消失退却，而是不论正式制度完善与否，社会资本都能与正式制度长期并行，社会资本也是组织路径依赖的源泉。由于社会资本可以在一定程度上弥补正式制度不完善的缺陷，在制度环境相对较差的国家或地区，企业会追求更多的社会资本以替代或补充正式制度的不足，并且制度环境越是不完善，这种替代作用越显著。李路路（1997）的研究认为，在缺乏正式制度安排的背景下，人们在经济活动中必定要寻求某种替代物，以弥补不完善的市场经济关系和行政权力关系所带来的困难和风险，维持或者建立经济活动乃至社会交往所必需的基本信任和预期。这时，最方便也最容易的替代物就是非正式的社会网络即企业社会资本。Knack et al.（1997）研究发现，在信任和民间合作较强的国家中，产权以及契约权力能够得到有效的保护。进一步的研究认为，在法律保护不力和金融发展落后的国家里，人与人或组织与组织之间的信任更为重要，因为信任（社会资本）在一定程度上弥补了正式制度的薄弱。Stiglitz

(2001) 研究认为，企业的社会资本与当地经济的发展水平以及法治环境的完善是先下降、后上升的关系。当一个国家的经济水平处于起步阶段，这时的社会发展水平较低，依法治国的氛围还没有形成，较高的社会资本水平能使企业获得较多的信贷资金的支持；当经济发展水平较高、法治环境较完善以后，社会资本对企业融资的影响作用就会减弱。Fafchamps (2004) 研究认为，社会俱乐部和社会网络等社会资本形态对经济发展的重要性是阶段性的，对经济增长的作用主要体现为它是对有效正式制度的一种补充，正式制度发展的水平越低，社会资本对经济活动的影响就越大，反之亦然。边燕杰等 (2000) 也得出了类似结论，认为处在计划经济向市场经济过渡时期的中国，在信息提供方面，旧体制的功能逐渐减弱，但新制度的功能尚未完善，在这种制度背景下，企业则会更多地利用社会资本来获取和使用信息。而随着市场经济的逐步成熟，企业社会资本的作用会相应减弱。陆铭等 (2008) 研究认为，社会资本是一种非正式制度，与社会资本有关的非正式制度对人类行为和福利产生了显著的影响，作为非正式制度的社会资本和正式制度之间既可能是互补的，也可能是互替的。在经济发展和市场化的过程中，社会资本本身及其作用都会发生相应的变化。类似地，Bigsten et al. (2000)，Miguel et al. (2005)，Zhou et al. (2008)，Danis (2010) 和 Ismail (2012) 等在对不同国家或地区进行研究时都对社会资本对正式制度一定的替代或补充作用进行了论证。Ahlerup et al. (2009) 则通过博弈论模型对制度环境相对完善地区和相对落后地区进行了对比分析，发现社会资本在制度环境相对落后的地区对经济增长的贡献会更大。

具体到中小企业融资来说，制度环境不仅对中小企业融资产生重要影响，而且对中小企业社会资本与融资之间的关系也会产生重要的影响。制度环境水平不同的国家或地区，中小企业社会资本对融资约束的影响也不相同。在制度越落后的地方，中小企业越是难以进入资本市场，也越是难以获得产权保护和业务发展的需要等稀缺资源。因此，在正式制度仍无法证明其有效性时，社会资本替代合同机制和保护机制的作用将变得更加明显。储小平等（2003）研究认为，社会信任水平越高的地区，企业获得低利率贷款和长期贷款的机会越多，并指出，在投资者法律保护较差的情况下，这种信任机制会更加明显，因为信任可以在一定程度上弥补正式制度不完善的缺陷。在正式制度环境较差的地区，特别是法制建设还不够完善的地区，法律对企业的约束力不足以使债权人的利益受到有效的保护，在这种情况下，企业仅依靠市场化的原则难以获得银行贷款，此时社会资本的作用彰显，即企业必须着力于利用社会关系网络、双方的信任程度等来获取信贷资源。Faccio（2006）的跨国研究发现，在那些产权保护较弱、政府干预程度严重的国家里，有政治关系的企业更容易取得债务融资。孙铮等（2005）研究发现，在政府干预严重的地区，政府干预直接降低了企业债务履约成本，而政府干预程度低的地区，政府参与企业经营和银行信贷政策的程度要低于政府干预严重的地区。因此，在政府干预严重地区的企业要想获取更多贷款，必然要与政府或银行部门建立长期互动稳定的信任关系，形成企业社会资本，以降低彼此间的信息不对称程度，进而降低交易成本。叶康涛等（2010）利用2002—2007年我国民营上市公司数据，研究了声誉在不同制度环境下对企业家债务融资能力的影响，研究结果表明，公司所在地区的市场化程度越高，声誉对企业家融资能力的影响有限，市场程度在某种程度上可以用声誉机制来代替，且声誉好的企业的债务融资能力也高。张兆国等（2011）利用2005—2009年我国上市公司数据，在我国制度环境下对政治关系、债务融资和企业投资行为进行了实证检验，研究结果发现，存在政治关系的企业不仅能够获得更多的银行贷款，而且融资成本也比较低。叶康涛等（2010）发现，债权人在作出贷款决策时会考虑债务人的声誉，当年存在负面报道的企业，其下一年所获得的债务融资规模会有所减小。此外，企业所在地区市场化程度越高，这种影响越弱，声誉与地区市场化程度之间存在相互替代的关系。马宏等（2014）选取 2009—2012 年在深圳创业板上市公司的经验数据为样本，运用动态面板广义矩法详细考察了企业综合社会资本在不同制度环境下对中小企业融资约束的影响，研究结果表明，融资约束广泛存在，社会资本有助于缓解企业的融资约束程度，在制度环境越不完善的地区，中小企业社会资本对融资约束的缓解作用越大。曹玉贵等（2016）利用问卷调查数据实证检验了制度环境对社会资本与中小企业融资之间关系的影响，结果表明，社会资本作为正式制度的一种替代机制，已成为制度环境交叉地区中小企业融资的重要资源，相对于制度环境较好的地区，制度环境较差地区的社会资本对中小企业融资的影响更大，更有利于提高中小企业融资的便利性和融资弹性。张樱（2017）认为：法律制度环境越好，银行贷款利率越低、贷款金额越多、贷款期限越长；良好的法律制度环境将减弱社会资本对银行贷款契约的正面影响，社会资本和法律制度环境具有相互替代的作用。史小坤等（2019）基于信息不对称理论探讨了上市企业内部董事声誉对其银行贷款的影响，研究结果表明：内部董事声誉对企业银行贷款具有显著影响；拥有声誉良好的内部董事的企业相对没有具备良好声誉的内部董事的企业获得的银行贷款数量更多、期限更长、成本更低。进一步的研究发现，该作用受到外在制度环境因素的影响，在市场化水平越低的地区，声誉对银行借款的影响越显著，即声誉在外在制度环境不完善的地区可作为正式制度的替代机制，帮助企业缓解融资难融资贵问题。也就是说，在制度环境不完善的地区，声誉可以缓解制度不完善对企业银行贷款的影响。

上述学者的研究结果意味着，在不同的制度环境下，企业社会资本对中小企业融资的影响作用会有所不同。在制度环境较差的地区，企业特别是一些民营企业难以依靠市场化原则获得债务融资，只好求助自身拥有的社会关系网络即社会资本来获得企业生产和发展所需要的资金，在此种情况下，社会资本对企业融资的影响作用就会增强；而在制度环境较好的地区，企业能够更多地基于市场化的原则来获取包括银行信贷在内的资金，在此种情况下，社会资本对企业融资的影响作用就会减弱。例如，在金融发展水平落后的地区，不仅银行信贷资源较少，而且信贷资源配置的市场化程度低，信贷政策易受非市场化力量如政府的控制，这个时候，企业尤其是资金匮乏的企业必须依赖自身的社会网络关系来获取所需的债务融资。类似地，在法治化水平较低的地区，法律对企业的约束力较小，对包括银行在内的债权人的保护能力较弱，企业要想获得银行贷款特别是长期贷款必须获得银行的信任，此时企业社会资本的作用就体现出来了。在政府干预严重的地区，政府在资源配置中的控制力较强，政府可能出于政绩等政治目的，对企业贷款行为进行干预。企业要想获取更多和更长期限的银行贷款，必然要与政府或银行部门建立长期互动、稳定的信任关系，降低彼此间的信息不对称程度，降低融资交易成本，提高企业银行贷款的可得性。

基于上述关于一般企业的分析逻辑，关于制度环境对社会资本与中小企业融资之间关系的影响，本文提出以下假设：

H2：在其他条件相同的情况下，制度环境影响了中小企业社会资本对其融资的影响效应。即相较于制度环境较好的地区，在制度环境较差的地区，中小企业社会资本对融资便利性和融资经济性的正向影响更大。企业所在地区的制度环境越好，包括金融发展水平越高、法治化水平越高和政府干预程度越低，中小企业社会资本对融资便利性和融资经济性的影响作用越小。

二、研究变量设置与测量

为了便于检验制度环境对中小企业社会资本与融资之间关系的影响，本部分主要设置中小企业融资、中小企业社会资本和制度环境等变量。其中，中小企业融资为被解释变量，中小企业社会资本和制度环境为解释变量。另外，为了控制地区和行业因素对企业社会资本与中小企业融资之间关系的影响，本部分还设置地区和行业控制变量。

（一）被解释变量

沿袭第四章的实证研究思路，被解释变量仍为中小企业融资变量，仍为中小企业融资便利性和融资经济性，具体涵盖内容与第四章相同。其度量方法是，首先通过问卷调查得到中小企业融资便利度和融资经济性的指标观测值，然后根据因子分析法得到影响中小企业融资便利度和融资经济性的综合因子，该综合因子即为中小企业融资便利度和融资经济性两个代理变量的度量。

（二）解释变量

1. 第一类解释变量——中小企业社会资本。中小企业社会资本变量的衡量也沿袭第四章的实证研究思路，按照其维度划分，定义中小企业社会资本结构维度、关系维度和认知维度三个代理变量，具体涵盖的内容与第四章相同。其度量方法是，首先通过问卷调查得到中小企业社会资本结构维度、关系维度和认知维度的指标观测值，在此基础上进行因子分析，以得到中小企业社会资本结构维度、关系维度和认知维度的综合因子，然后以此综合因子作为中小企业社会资本结构维度、关系维度和认知维度三个代理变量的度量。

为控制地区和行业对中小企业社会资本与融资之间关系的影响，本部分设置地区和行业控制变量。其中，地区控制变量按照我国国家统计局划分依据，将 31 个省（自治区）划分为三个区域：东部地区、中部地区、西部地区，即设置 3 个地区控制变量；行业控制变量则参照我国行业分类标准。我国中小企业划分 11 个行业，故本部分设置了 11 个行业控制变量。地区控制变量和行业控制变量均为虚拟变量。

2. 第二类解释变量——制度环境。制度环境是一项综合指标，一般很难进行量化，这也是有关制度方面的研究大多进行案例分析而无法进行实证检验的原因之一。基于此，国内部分学者在度量制度环境方面做了大量努力，并取得了比较明显的效果（陈宗胜等，1999；樊纲、王小鲁，2001）。现在国内关于制度环境的研究普遍采用樊纲等编写的《中国市场化指数——各地区市场化相对进程年度报告》。另外，Djankov et al.（2007）通过构建 1978—2003 年 129 个国家的债权人权利指数，研究发现债权人权利在这 25 年间具有较高程度的可持续性，即制度环境在较长一段时间内的变化幅度非常缓慢。因此，借鉴现有文献的研究方法，同时考虑统一地区制度特征在一定时间内能够基本保持相对稳定，本章对于制度环境的度量采用王小鲁、樊纲和余静文编制的《中国分省份市场化指数报告（2016）》中的相关指标来度量 2018 年各地区的制度环境水平。其中：金融发展水平取自其中的“金融业的市场化”分指数，根据樊纲等人的定义，该指数数值越大，银行部门越可能基于经济原则进行信贷决策，表明该地区金融发展水平越高。法治化水平取自其中的“市场中介组织的发育和法律制度环境”分指数，根据樊纲等人的定义，该指数数值越大，法律环境越好，表明该地区的法治化水平越高。政府干预程度取自其中的“政府与市场的关系”分指数，由于“政府与市场的关系”指数得分是政府干预程度的一种反向度量指标，根据王小鲁等（2017）学者的定义，该指数数值越大，表明政府干预程度越小，即相应地区的制度环境越好；反之，则表明政府干预程度越大，即相应地区的制度环境越差。表5-1列示了各研究变量的含义及计算方法。

表5-1　　变量定义与说明

变量类型	变量	变量含义	计算方法
被解释变量	FC	融资便利度	根据第四章因子分析结果
	FE	融资经济性	根据第四章因子分析结果
解释变量	ST	结构维度	根据第四章因子分析结果
	RD	关系维度	根据第四章因子分析结果
	CD	认知维度	根据第四章因子分析结果
	FIN	金融发展水平	采用王小鲁、樊纲等（2017）编制的《中国市场化指数——各地区市场化相对进程2016年报告》中的“金融业的市场化”分指数
	LAW	法治化水平	采用王小鲁、樊纲等（2017）编制的《中国市场化指数——各地区市场化相对进程2016年报告》中的“市场中介组织的发育和法律制度环境”分指数
	GOV	政府干预程度	采用王小鲁、樊纲等（2017）编制的《中国市场化指数——各地区市场化相对进程2016年报告》中的“政府与市场的关系”分指数

续表

变量类型	变量	变量含义	计算方法
控制变量	AREA	地区	虚拟变量。属于某一地区时为1，否则为0
	ND	行业	虚拟变量。当企业属于某一行业时为1，否则为0

三、回归模型构建

在界定上述研究变量的基础上，根据前面的理论分析，本章构建如下两组回归方程，分别依次检验本章提出的假设 H1 和 H2。

（一）制度环境与中小企业融资关系回归模型

为了检验假设 H1，即检验制度环境如何影响中小企业融资的便利性和融资经济性，本章构建如下回归模型（5.1a）和（5.1b）：

$$FC = \mu + \alpha_1 INST_t + \alpha_2 IND + \alpha_3 AREA + \varepsilon \quad (5.1a)$$

$$FE = \mu + \alpha_1 INST_t + \alpha_2 IND + \alpha_3 AREA + \varepsilon \quad (5.1b)$$

方程（5.1a）和方程（5.1b）分别用以检验制度环境（包括金融发展水平、法治化水平和政府干预程度）对中小企业融资便利度和融资经济性的影响。

其中，FC 为中小企业融资便利度，FE 为中小企业融资经济性；$INST_t$ 为制度环境变量，具体包括地区金融发展水平（FIN）、法治化水平（LAW）和政府干预程度（GOV）；另外，为控制行业和地区对中小企业融资便利度和融资经济性的影响，在模型中还同时引入行业变量（IND）和地区变量（AREA）；符号 μ 表示截距项，ε 表示误差项，α_t 表示回归系数。如果 α_t 显著大于 0，则说明制度环境与中小企业融资便利度和融资经济性正相关；如果α_t显著小于0，则说明制度环境与中小企业融资便利度和融资经济性负相关；如果α_t不显著，则说明制度环境与中小企业融资便利度和融资经济性不相关。根据本章研究假设，预期α_t显著大于0。也就是说，制度环境（包括金融发展水平、法治化水平和政府干预程度）与中小企业的融资便利度和融资经济性之间具有正相关关系。

（二）制度环境、企业社会资本与中小企业融资关系回归模型

为了检验假设H2，即为了进一步检验社会资本和中小企业融资（融资便利性和经济性）之间的关系是否受制度环境的影响，本章构建如下回归模型（5.2a）和（5.2b）：

$$FC = \mu + \alpha_1 CSC_t + \alpha_2 INST_t + \alpha_3 INST_t \times CSC_t + \alpha_4 IND + \alpha_5 AREA + \varepsilon \quad (5.2a)$$

$$FF = \mu + \alpha_1 CSC_t + \alpha_2 INST_t + \alpha_3 INST_t \times CSC_t + \alpha_4 IND + \alpha_5 AREA + \varepsilon \quad (5.2b)$$

方程（5.2a）和方程（5.2b）分别用以检验制度环境（包括金融发展水平、法治化水平和政府干预程度）对企业社会资本与中小企业融资便利度和融资经济性之间关系的影响。它们是在方程（5.1a）和方程（5.1b）的基础上，增加了反映企业社会资本水平的企业社会资本变量CSC_t（1、2、3）以及反映企业社会资本变量和制度环境变量相互影响关系的交叉变量$INST_t \times CSC_t$。其目的是进一步检验企业社会资本（包括结构维度、关系维度和认知维度）对中小企业融资（包括融资便利度和融资经济性）的影响是否因不同的制度环境而存在显著的差异。如果$NST_t \times CSC_t$为正，说明较差的制度环境能够强化社会资本对中小企业融资便利度和融资经济性的影响；如果$NST_t \times CSC_t$为负，说明较差的制度环境能够削弱企业社会资本对中小企业融资便利度和融资经济性的影响。根据本章提出的研究假设，在制度环境较差的地区，企业社会资本对中小企业融资便利度和融资经济性的影响应该更为显著，因此，预计交叉变量的系数应为正值。另外，企业社会资本变量 CSC_t 具体包括企业社会资本结构维度（ST）、关系维度（RD）和认知维度（CD）三个代理变量，其他符号的意义同回归方程（5.1）。

第三节　实证结果与分析

本节将在研究设计的基础上，根据实证研究目的，对制度环境与中小企业融资之间的关系，以及制度环境对中小企业社会资本与融资之间关系的影响进行实证检验。实证检验方法采用统计分析的方法，包括描述性统计分析、相关性分析和多元回归分析等。

一、研究变量的描述性统计

表 5－2 列示了方程中所有研究变量的描述性统计结果，其中包括了各个统计量的最小值、最大值、平均值、中值和标准差等。

表 5－2　　基本样本描述性统计结果

变量	样本数	最小值	最大值	均值	中值	标准差
FC	415	0.078	4.132	3.143	3.121	1.172
FE	415	0.029	4.012	3.117	3.120	1.167
ST	415	0.054	3.942	3.784	3.762	1.173
RD	415	0.043	3.761	3.132	3.147	1.158
CD	415	0.067	3.651	3.156	3.173	1.163

续表

变量	样本数	最小值	最大值	均值	中值	标准差
FIN	415	0.490	12.421	7.362	7.420	5.707
LAW	415	0.052	13.820	9.413	8.154	8.724
GOV	415	0.130	14.431	6.724	7.021	7.520

从表5－2可见，总体上我国中小企业的各变量指标存在较大差异，各变量的均值与中值差异不大，分布特征符合正态分布。

从被解释变量来看，中小企业的融资便利性均值为3.143，中值为3.121，最小值为0.078，最大值为4.132，标准差为1.172；中小企业融资经济性均值为3.117，中值为3.120，最小值为0.029，最大值为4.012，标准差为1.167，说明我国中小企业融资便利性和融资经济性存在着一定的差异。

从解释变量看，企业社会资本的结构维度均值为3.784，中值为3.762，最小值为0.054，最大值为3.942，标准差为1.173；关系维度均值为3.132，中值为3.147，最小值为0.043，最大值为3.761，标准差为1.158；认知维度的均值为3.156，中值分别为3.173，最小值为0.067，最大值为3.651，标准差为1.163. 说明我国中小企业的社会资本（结构维度、关系维度和认知维度）水平不高且存在一定程度的差异。

从制度环境变量来看，金融发展水平均值为7.362，最小值为0.490，最大值为12.421，标准差为5.707；法治化水平均值为9.413，最小值为0.052，最大值为13.820，标准差为8.724；政府干预程度均值为6.724，最小值为10.130，最大值为14.431，标准差为7.520。这一结果表明，我国各地区间金融发展水平、法治化水平和政府干预程度确实存在着一定的差别。

二、制度环境影响中小企业融资的实证检验

（一）变量间的相关性分析

变量间的相关性分析主要是对考察变量间的相关系数进行检验，从而确定变量间是否具有线性关系，同时也可以从相关系数的大小上对变量间是否存在多重共线性问题进行初步检验。表5-3列示了变量两两间的Pearson相关系数。

表5-3　　研究变量的相关性分析

变量	FC	FE	FIN	LAW	GOV
FC	1				
FE	0.657**	1			
FIN	0.052*	0.061*	1		
LAW	0.073**	0.047**	0.716**	1	
GOV	0.049**	0.053**	0.752**	0.689**	1

注：表示0.01的显著水平下，*表示0.05的显著水平下（双尾检验）。

表5-3检验结果显示，中小企业融资便利性和融资经济性之间在1%的水平下显著正相关，相关系数达到0.657，说明采用这两个变量度量中小企业融资较为科学。在制度环境各因素的相关性检验中，金融发展水平与中小企业融资便利性和融资经济性正相关，相关系数分别为0.052和0.061，并且在5%水平上显著．法治化水平与中小企业融资便利性和融资经济性正相关，相关系数分别为0.073和0.047，并且在1%水平上显著。政府干预程度与中小企业融资便利性和融资经济性负相关，相关系数分别为0.049和0.053，并且在1%水平上显著。这一结果初步检验了本章提出的假设H1。

另外，表5-3检验结果也显示，金融发展水平、法治化水

平和地区政府干预程度相互之间也存在着正相关关系，其中，金融发展水平变量与政府干预程度变量的相关性系数为0.752（显著性水平为1%），与法治水平变量的相关性系数为0.716（显著性水平为1%），政府干预程度变量与法治水平变量的相关性系数为0.689（显著性水平为1%），两两之间相关系数较大，均超过了0.5，且在1%水平上显著。根据多重共线性判断的经验原则，可以判断三个制度环境代理变量之间可能存在多重共线性问题，可能会影响研究结果的稳健性。同时，这一结果也说明金融发展水平、法治水平和政府干预程度制度环境代理变量对于中小企业融资便利性和融资经济性的影响不是单一的，某种融资行为的产生往往是他们共同作用的结果（夏立军、方铁强，2005）。

（二）变量的回归结果与分析

表5-4检验了金融发展水平、法治化水平和政府干预程度制度环境代理变量对中小企业融资便利性和融资经济性的影响，检验的方法是在控制影响企业融资便利性和融资经济性的地区和行业的基础上，采用普通最小二乘法（OLS）对方程（5.1）进行估计。同时，为了克服可能存在的异方差问题，本章的回归分析使用了White（1980）的异方差校正技术。另外，为避免多重共线性问题的影响，回归分析时我们每次只将其中一个制度环境替代变量放入方程（5.1）中进行回归检验。这也是本章之所以构建三回归模型，而不是将三个制度环境变量放入同一个模型的原因。表5-4分别列示了金融发展水平、法治化水平和政府干预程度制度环境代理变量对中小企业融资便利性和融资经济性影响的回归结果。

表5-4检验结果表明，各个模型的F值均在1%的显著性水平上显著，说明各模型的设定总体上是有效的，调整后的R^2

最小为0.221，最大为0.256，表明各模型拟合程度较高，各个解释变量能够很好地解释被解释变量。同时，各回归方程的D.W值均在2附近，说明研究变量不存在自相关问题。

表5-4 制度环境与中小企业融资便利性（融资经济性）

因变量	融资便利性FC（5.1a）			融资经济性FF（5.1b）		
	（1）	（2）	（3）	（4）	（5）	（6）
INTERCEPT	1.432**	1.563**	1.457**	1.276**	1.453**	1.517**
	3.273	23.901	24.026	21.254	22.851	23.413
FIN	0.127*			1.173*		
	4.846			4.503		
LAW		0.237**			1.375**	
		6.027			5.82	
GOV			0.480**			1.616**
			7.857			9.810
AREA	控制	控制	控制	控制	控制	控制
IND	控制	控制	控制	控制	控制	控制
N	415	415	415	415	415	415
F	19.8213**	65.617**	63.183**	62.723**	63.651**	63.412**
D.W值	2.054	2.031	2.033	2.054	2.045	2.028
Adj. R^2	0.247	0.245	0.251	0.247	0.256	0.221

注：表示1%的显著水平下，*表示5%的显著水平下（双尾检验）。

在制度环境三个代理变量对中小企业融资便利性影响的回归分析中，第（1）列显示，金融发展水平与中小企业融资便利性在5%的水平上显著正相关，这表明地区金融发展水平越高，中小企业融资越便利；第（2）列显示，地区的法治化水平与中小企业融资便利性在1%的水平上显著正相关，这表明地区法治化水平越高，中小企业融资越便利；第（3）列显示，政府干预程度与中小企业融资便利性在1%的水平上显著负相关，由于反映政府干预程度的指数为反向指标，这一结果表明，在政府干预程度越弱的地区，中小企业融资便利性越大。

类似地，在制度环境对中小企业融资经济性影响的回归分析中，第（4）列显示，地区金融发展水平与中小企业融资经济性在5%的水平上显著正相关。第（5）列显示，地区法治化水平与中小企业融资经济性在1%的水平上显著正相关，这表明地区金融发展水平和法治化水平越高，中小企业融资经济性越强；第（6）列显示，政府干预程度与中小企业融资经济性在1%的水平上显著负相关，由于反映政府干预程度的指数为反向指标，这一结果表明，在政府干预越弱的地区，中小企业企业融资经济性越好。

上述检验结果意味着，地区金融发展水平、法治化水平和政府干预程度制度环境与中小企业融资便利性和融资经济性具有相关性。其中，地区金融发展水平和法治化水平越高，中小企业融资越便利，融资经济性越好。地区政府干预程度越弱，中小企业融资越便利，融资经济性越好。这一结果与假设H1的预期一致，回归结果检验了本章提出的假设H1。

三、制度环境影响企业社会资本与中小企业融资关系的实证检验

（一）单变量分析

为了获得对制度环境、企业社会资本与企业债务融资之间关系的直观认识，本章采用分组的方法进行单变量比较分析。首先按照企业社会资本结构维度、关系维度和认知维度三个维度综合因子的大小分别将其样本等分为两组，然后将各组样本按照各地区制度环境水平（金融发展水平、法治化水平和政府干预程度）的高低进一步等分为两组。在此基础上，计算出每组中小企业融

资便利性和融资经济性的平均值。表 5-5 和表 5-6 分别列示了中小企业融资便利性和融资经济性的单变量分析结果。

表 5-5　　单变量分析表（融资便利性）

	全样本	FIN 低地区	FIN 高地区	LAW 低地区	LAW 高地区	GOV 低地区	GOV 高地区
ST 低	0.519	0.522	0.509	0.513	0.501	0.516	0.513
ST 高	0.624	0.675	0.34	0.676	0.606	0.678	0.637
差异	-0.105	-0.153	-0.125	-0.163	-0.105	-0.162	-0.124
T 值	-5.719**	-5.625**	-5.803**	-5.972**	-4.638**	-6.010**	-5.736**
RD 低	0.624	0.631	0.624	0.627	0.612	0.631	0.627
RD 高	0.725	0.714	0.701	0.681	0.674	0.724	0.717
差异	-0.101	-0.083	-0.077	-0.054	-0.062	-0.093	-0.090
T 值	-6.274**	-4.835**	-5.272**	-4.824**	-5.012**	-6.031**	-5.027**
CD 低	0.527	0.513	0.501	0.498	0.472	0.576	0.553
CD 高	0.632	0.641	0.635	0.627	0.612	0.653	0.642
差异	-0.086	-0.128	-0.134	-0.129	-0.140	-0.077	-0.089
T 值	-5.652**	-5.421**	-6.273**	-5.173**	-5.421**	-5.685**	-5.726**

注：** 表示 1% 的显著水平下，* 表示 5% 的显著水平下（双尾检验）。

表 5-6　　单变量分析表（融资经济性）

	全样本	FIN 低地区	FIN 高地区	LAW 低地区	LAW 高地区	GOV 低地区	GOV 高地区
ST 低	0.369	0.372	0.368	0.370	0.365	0.361	0.380
ST 高	0.438	0.480	0.463	0.483	0.471	0.415	0.407
差异	-0.038	-0.108	-0.095 -	-0.113	-0.106	-0.054	-0.027
T 值	-5.421**	-6.472**	-6.124**	-6.071**	-5.038**	-4.172**	-5.027**
RD 低	0.532	0.523	0.503	0.547	0.526	0.536	0.512
RD 高	0.634	0.645	0.575	0.642	0.541	0.579	0.524

续表

	全样本	FIN 低地区	FIN 高地区	LAW 低地区	LAW 高地区	GOV 低地区	GOV 高地区
差异	-0.072	-0.113	-0.072	-0.095	-0.015	-0.043	-0.012
T 值	-6.270**	-5.375**	-5.291**	-4.923**	-6.201**	-6.354**	-6.521**
CD 低	0.553	0.523	0.507	0.621	0.603	0.531	0.512
CD 高	0.647	0.612	0.601	0.652	0.643	0.573	0.561
差异	-0.054	-0.089	-0.094	-0.031	-0.040	-0.042	-0.049
T 值	-5.261*	-4.734*	-5.612*	-5.327*	-4.865*	-5.027*	-5.143*

注：** 表示 1% 的显著水平下，* 表示 5% 的显著水平下（双尾检验）。

从表 5-5 可以看出，随着企业社会资本结构维度、关系维度和认知维度的增加，中小企业融资便利性有了很大程度的提高。相对于企业社会资本结构维度、关系维度和认知维度较低的一组，企业社会资本结构维度、关系维度和认知维度较高的一组的中小企业融资便利性分别从 0.519、0.624 和 0.527 提高到了 0.624、0.725 和 0.632，这种差异在 1% 的水平上高度显著。在金融发展水平较低、法治化水平不高和政府干预程度较为严重的地区，与企业社会资本结构维度、关系维度和认知维度较低的企业组相比，企业社会资本结构维度、关系维度和认知维度较高的企业组的中小企业融资便利性有了更加明显的提高。而在制度环境较好的地区，虽然企业社会资本结构维度、关系维度和认知维度的增加也可以使中小企业融资便利性提高，但相对而言较弱。上述结果意味着，企业所拥有的社会资本作为非正式制度的一种补充和替代机制，有助于提高中小企业的融资便利性，尤其在制度环境较差的地区，企业社会资本对中小企业融资便利性的补充和替代作用表现得更为明显。

类似地，表 5-6 表明，随着企业社会资本结构维度、关系维度和认知维度的增加，中小企业融资经济性有了明显增强。相对于企业社会资本结构维度、关系维度和认知维度较低的一组，较高一组的中小企业融资经济性分别从 0.369、0.532 和 0.553 提高到了 0438、0.634 和 0.647，这种差异在 1%、1% 和 5% 的水平上高度显著。同时，在金融发展水平较低、法律保护薄弱和政府干预严重的地区，与企业社会资本结构维度、关系维度和认知维度较低的企业组相比，企业社会资本结构维度、关系维度和认知维度较高的企业组的中小企业融资有了更加明显的提高。而在制度环境较好的地区，虽然企业社会资本结构维度、关系维度和认知维度的增加也可以使中小企业融资经济性提高，但相对而言要弱很多。上述结果意味着，企业所拥有的企业社会资本（包括结构维度、关系维度和认知维度）有助于提高中小企业融资经济性，尤其在金融发展水平较低、法治化水平不高和政府干预程度严重的地区，企业社会资本对中小企业融资经济性影响的正式制度的补充和替代作用表现得更加突出。

上述检验分析结果初步支持了本章提出的假设 H1。进一步的严格检验将通过多变量回归分析进行。

（二）研究变量相关性分析

变量间相关性分析主要是对拟考察变量间的相关系数进行检验，从而确定变量间是否存在线性关系，同时，也从相关系数大小上来对是否存在多重共线性问题进行初步检验。表 5-7 列示了研究变量两两间的 Pearson 相关系数。

表 5-7　　相关性分析结果

变量	*FC*	*FE*	*ST*	*RD*	*CD*	*FIN*	*LAW*	*GOV*
FC	1							
FE	0.657**	1						

续表

变量	FC	FE	ST	RD	CD	FIN	LAW	GOV
ST	0.469**	0.582**	1					
RD	0.510**	0.601**	0.542*	1				
CD	0.452*	0.612*	0.452*	0.487*	1			
FIN	0.052*	0.061*	0.572**	0.647**	0.516**	1		
LAW	0.073**	0.073**	0.672**	0.647**	0.762**	0.716**	1	
GOV	-0.049**	-0.049**	0.736**	0.673**	0.674**	0.752**	0.689**	1

注：表示 1% 的显著水平下，* 表示 5% 的显著水平下（双尾检验）。

表 5-7 相关分析结果表明，除企业社会资本结构维度、关系维度和认知维度与中小企业融资便利性和融资经济性分别正相关外，制度环境中的金融发展水平和法治化水平也与中小企业融资便利性和融资经济性分别保持正相关。但政府干预程度与中小企业融资便利性和融资经济性分别保持负相关。不过，这只是一个初步的检验，更加精确的检验需要计量模型的回归分析。另外，金融发展水平、法治化水平和政府干预程度等制度环境分别与企业社会资本的结构维度、关系维度和认知维度也保持正相关。其中，金融发展水平与社会资本的结构维度、关系维度和认知维度的相关系数分别为 0.572、0.647 和 0.516；政府干预程度与企业社会资本的结构维度、关系维度和认知维度的相关系数分别为 0.736、0.673 和 0.674；法治化水平与企业社会资本的结构维度、关系维度和认知维度的相关系数分别为 0.672、0.647 和 0.762。这一结果说明，总体而言，制度环境的改善有助于提高中小企业的融资便利性和融资经济性，假设 1 得到了初步验证。

另外，从表 5-7 中还可以发现，除制度环境中的金融发展水平、法治化水平和政府干预程度之间两两相关系数较大，均超过了 0.6 外，社会资本结构维度、关系维度和认知维度两两之间相关系数也较大，均超过了0.5。根据多重共线性判断的经验原则，制度环境三个代理变量之间以及企业社会资本三个代理变量相互之间可能存在多重共线性问题。

（三）研究变量多元回归分析

如前所述，企业社会资本作为一种非正式制度，对中小企业融资便利性和融资经济性产生了重要的影响。那么，在正式制度环境落后的条件下，这种影响可能会更加显著。为进一步分析企业社会资本各维度的影响，并保持研究内容的一致性，本部分仍将沿袭第四章的研究思路，即将企业社会资本的结构维度、关系维度和认知维度作为企业社会资本的代理变量。同时，为了克服可能存在的异方差问题，在回归分析时也使用了White（1980）的异方差校正技术。另外，为了避免多重共线性问题，在检验制度环境各代理变量对企业社会资本与中小企业融资便利性和融资经济性之间关系的影响时，我们每次只将其中一个制度环境代理变量代入方程（5.2）中，并采用普通最小二乘法（OLS）进行回归分析。具体地，在分析制度环境对企业社会资本与中小企业融资之间关系的影响时，分别按照企业社会资本的结构维度、关系维度和认知维度三个代理变量，分别分析金融发展水平、法治化水平和政府干预程度其中每一代理变量对企业社会资本与中小企业融资之间关系的影响。另外，罗胜强等（2008）认为，用分组的方法把样本分为两组来检验调节变量的作用，人为地减少了样本数量，并且还必须检验分组回归后自变量的系数应该在统计上是明显不同的。而使用包含自变量和调节变量交叉项的多元回归分析比分组回归的效果更好。因此，为进一步检验不同制度环境（包括金融发展水平、法治化水平和政府干预程度）下企业社会资本对中小企业融资便利性和融资经济性的影响是否具有显著差异，在方程（5.2）中我们分别引入制度环境三个代理变量（金融发展水平、法治化水平和政府干预程度）与企业社会资本三个维度（结构维度、关系维度和认知维度）的交叉变量。表 5－8、表 5－9 和表 5－10 列出了相应的实证检验结果。

其中，表 5－8 为金融发展水平、法治化水平和政府干预程度三个制度环境代理变量分别对企业社会资本结构维度与中小企业融资便利性（融资经济性）之间关系影响的回归结果；表 5－9 为金融发展水平、法治化水平和政府干预程度三个制度环境代理变量分别对企业社会资本关系维度与中小企业融资便利性（融资经济性）之间关系影响的回归结果；表 5－10 为金融发展水平、法治化水平和政府干预程度三个制度环境代理变量分别对企业社会资本认知维度与中小企业融资便利性（融资经济性）之间关系影响的回归结果。

表 5－8　制度环境、结构维度与中小企业融资便利性（融资经济性）

因变量	融资便利性 FC（5.2a）			融资经济性 FF（5.2b）		
	（1）	（2）	（3）	（4）	（5）	（6）
INTERCEPT	0.534**	0.487**	0.546**	0.627**	0.581**	0.621**
	11.131	9.768	9.623	8.792	7.831	9.214
ST	0.157**	0.163**	0.152**	0.127**	0.176**	0.139**
	5.238	7.136	6.501	7.014	6.024	6.307
FIN	0.0031**			0.038**		
	7.423			7.573		
LAW		0.0057**			0.027**	
		6.342			8.537	
GOV			0.0017**			0.037**
			7.813			7.547

续表

因变量	融资便利性 FC (5.2a)			融资经济性 FF (5.2b)		
	(1)	(2)	(3)	(4)	(5)	(6)
FIN × ST	0.053 *			0.074 *		
	1.617			1.731		
LAW × ST		0.047 **			0.056 *	
		1.136			1.041	
GOV × ST			-0.067 **			-0.057 **
			-2.023			-1.761
AREA	控制	控制	控制	控制	控制	控制
IND	控制	控制	控制	控制	控制	控制
N	415	415	415	415	415	415
F	42.572 **	43.277 **	41.132 **	43.412 **	44.723 **	41.835 **
D.W 值	2.114	2.051	2.143	2.075	2.126	2.148
Adj. R^2	0.278	0.274	0.301	0.284	0.253	0.317

注：表示1%的显著水平下，*表示5%的显著水平下（双尾检验）。

表5-9 制度环境、关系维度与中小企业融资便利性（融资经济性）

因变量	融资便利性 FC (5.2a)			融资经济性 FF (5.2b)		
	(1)	(2)	(3)	(4)	(5)	(6)
INTERCEPT	0.472 **	0.457 **	0.462 **	0.523 **	0.512 **	0.473 **
	8.244	8.317	7.587	7.253	7.462	6.974
RD	0.164 **	0.173 **	0.160 **	0.174 **	0.182 **	0.152 **
	6.107	5.057	6.134	7.213	5.132	7.043
FIN	0.014 **			0.017 **		
	8.257			6.342		
LAW		0.021 **			0.034 **	
		7.326			8.276	

续表

因变量	融资便利性 FC（5.2a）			融资经济性 FF（5.2b）		
	（1）	（2）	（3）	（4）	（5）	（6）
GOV			0.017 *			0.024 **
			7.683			11.753
FIN × RD	0.071 *			0.061 *		
	1.912			2.546		
LAW × RD		0.073 **			0.078 *	
		1.061			3.062	
GOV × RD			0.072 **			0.073 *
			1.114			1.132
AREA	控制	控制	控制	控制	控制	控制
IND	控制	控制	控制	控制	控制	控制
N	415	415	415	415	415	415
F	54.792 **	53.742 **	63.657 **	47.253 **	47.542 **	49.537 **
D. W 值	2.074	2.167	2.135	2.058	2.246	2.425
Adj. R^2	0.274	0.281	0.267	0.263	0.257	0.276

注：表示 1% 的显著水平下，* 表示 5% 的显著水平下（双尾检验）。

表 5－10　制度环境、认知维度与中小企业融资便利性（融资经济性）

因变量	融资便利性 FC（5.2a）			融资经济性 FF（5.2b）		
	（1）	（2）	（3）	（4）	（5）	（6）
INTERCEPT	0.665 **	0.017 **	0.657 **	0.628 **	0.671 **	0.654 **
	13.642	12.584	13.612	13.524	13.612	14.021
CD	0.142 *	0.153 **	0.127 **	0.143 **	0.154 **	0.138 **
	4.521	6.324	5.151	7.314	6.217	4.032
FIN	0.017 *			0.056 **		
	7.763			6.723		

续表

因变量	融资便利性 FC (5.2a)			融资经济性 FF (5.2b)		
	(1)	(2)	(3)	(4)	(5)	(6)
LAW		0.008**			0.037*	
		8.823			8.876	
GOV			0.016*			0.017*
			6.431			7.462
FIN × CD	0.044*			0.057*		
	2.842			1.851		
LAW × CD		0.034**			0.051**	
		1.579			1.782	
GOV × CD			0.041**			0.028
			1.721			1.752
AREA	控制	控制	控制	控制	控制	控制
IND	控制	控制	控制	控制	控制	控制
N	415	415	415	415	415	415
F	73.632**	69.853**	72.723**	71.841**	74.058**	73.542**
D. W 值	2.214	2.271	2.172	2.087	2.243	2.157
Adj. R^2	0.281	0.284	0.301	0.276	0.262	0.276

注：表示1%的显著水平下，＊表示5%的显著水平下（双尾检验）。

表5－8、表5－9和表5－10的检验结果表明，各个模型的F值均在1%的显著性水平上显著，说明各模型总体拟合程度较高，在整体上也是有效的。调整后的 R^2 最小为0.253，最大为0.317，表明各个解释变量能够很好地解释被解释变量。同时，各回归方程的D.W值均在2附近，说明研究变量不存在自相关问题。

表5－8、表5－9和表5－10中的第（1）列分别检验了金融发展水平对企业资本结构维度、关系维度和认知维度与中小企

业融资便利性之间关系的影响。其中，STR、REI 和 CON 与中小企业融资便利性关系的参数估计值分别为 0.157、0.164 和 0.142，且在 1%、1% 和 5% 的水平上显著正相关，意味着企业社会资本结构维度、关系维度和认知维度对中小企业融资便利性具有正向影响。同时，在三个维度中，企业社会资本关系维度的影响最大，其次是结构维度和认知维度。交叉变量 FIN × STR、FIN × REI 和 FIN × CON 与中小企业融资便利性关系的参数估计值分别为 0.053、0.071 和 0.044，且在 5% 的水平上显著正相关，表明在金融发展水平比较低的地区，企业社会资本（包括结构维度、关系维度和认知维度）对中小企业融资便利性的正向影响效应更强。也就是说，相对于金融发展水平较高的地区，在金融发展水平较低的地区，企业社会资本越高，中小企业融资便利性越大。第（2）列分别检验了法治化水平对企业资本结构维度、关系维度和认知维度与中小企业融资便利性之间关系的影响。其中，STR、REI 和 CON 与中小企业融资便利性关系的参数估计值分别为 0.163、0.173 和 0.153，且均在 1% 的水平上显著正相关，意味着企业社会资本结构维度、关系维度和认知维度对中小企业融资便利性具有正向影响，而且企业社会资本的关系维度对中小企业融资便利性影响最大。交叉变量 LAW × STR、LAW × REI 和 LAW × CON 与中小企业融资便利性关系的参数估计值分别为 0.047、0.073 和 0.034，且在 1% 的水平上显著正相关，表明在法治化水平比较低的地区，企业社会资本（包括结构维度、关系维度和认知维度）对中小企业融资便利性的正向影响效应会更加明显。也就是说，相对法治化水平较高的地区，在法治化水平较低的地区，企业社会资本越高，中小企业融资便利性越大。第（3）列分别检验了政府干预程度对企业资本结构维度、关系维度和认知维度与中小企业融资便利性之间关系的影响。其中，STR、REI 和 CON 与中小企业融资便利性关系的参数估计值分别为 0.152、0.160 和 0.127，且均在 1% 的水平上显著正相关，意味着企业社会资本结构维度、关系维度和认知维度对中小企业融资便利性具有正向影响，尤其企业社会资本关系维度影响最大。交叉变量 GOV × STR、GOV × REI 和 GOV × CON 与中小企业融资便利性关系的参数估计值分别为 0.067、0.072 和 0.041，且在 1% 的水平上显著正相关，由于政府干预程度指标为反向指标，表明在政府干预程度比较高的地区，企业社会资本（包括结构维度、关系维度和认知维度）对中小企业融资便利性的正向影响效应会更加明显。也就是说，相对于政府干预程度较低的地区，在政府干预程度较高的地区，企业社会资本越高，中小企业融资便利性越大。

类似地，表 5-8、表 5-9 和表 5-10 中的第（4）列分别检验了金融发展水平对企业资本结构维度、关系维度和认知维度与中小企业融资经济性之间关系的影响。其中，STR、REI 和 CON 与中小企业融资经济性关系的参数估计值分别为 0.127、0.174 和 0.143，且均在 1% 的水平上显著为正，意味着企业社会资本结构维度、关系维度和认知维度对中小企业融资经济性具有正向影响，其中，关系维度影响最大。交叉变量 FIN × STR、FIN × REI 和 FIN × CON 与中小企业融资经济性关系的参数估计值分别为 0.074、0.061 和 0.057，且在 5% 的水平上显著，表明在金融发展水平比较低的地区，企业社会资本（包括结构维度、关系维度和认知维度）对中小企业融资经济性的正向影响效应会更加明显。第（5）列分别检验了法治化水平对企业资本结构维度、关系维度和认知维度与中小企业融资经济性之间关系的影响。其中，STR、REI 和 CON 与中小企业融资经济性关系的参数估计值分别为 0.176、0.182 和 0.154，且均在 1% 的水平上显著为正，意味着企业社会资本结构维度、关系维度和认知维度对中小企业融资经济性具有正向影响，其中，关系维度的影响仍然最。交叉变量 LAW × STR、LAW × REI 和 LAW × CON 与中小企业融资经济性关系的参数估计值分别为 0.056、0.078 和 0.051，且在 1% 的水平上显著，表明在法治化水平比较低的地区，企业社会资本（包括结构维度、关系维度和认知维度）对中小企业融资经济性的正向影响效应会更加明显。第（6）列分别检验了政府干预程度对企业资本结构维度、关系维度和认知维度与中小企业融资经济性之间关系的影响。其中，STR、REI 和 CON 与中小企业融资经济性关系的参数估计值分别为 0.139、0.152 和 0.138，且均在 1% 的水平上显著为正，意味着企业社会资本结构维度、关系维度和认知维度对中小企业融资经济性具有正向影响，其中，关系维度对中小企业融资经济性的重要性更加突出。交叉变量 GOV × STR、GOV × REI 和 GOV × CON 与中小企业融资经济性关系的参数估计值分别为 0.057、0.073 和 0.028，且在 1% 的水平上显著，由于政府干预程度指标为反向指标，表明在政府干预程度比较高的地区，企业社会资本（包括结构维度、关系维度和认知维度）对中小企业融资经济性的正向影响效应会更加明显。

上述检验结果验证了本章提出的假设 H2，这一结果意味着，在其他条件相同的情况下，不同制度环境下企业社会资本对中小企业融资便利性和融资经济性的影响存在显著的差异。即相较于制度环境较好的地区，在制度环境较差的地区，企业社会资本（包括结构维度、关系维度和认知维度）作为一种替代机制，对中小企业融资便利性和融资经济性的正向影响效应会更加明显。相反，当制度环境变好时，企业社会资本对中小企业融资便利性和融资经济性的正向影响作用会显著降低。企业所在地区的金融发展水平越高、法治化水平越高和政府干预程度越低，企业社会资本（包括结构维度、关系维度和认知维度）对中小企业融资便利性和融资经济性的正向影响作用越小。也就是说，制度环境水平的提高弱化了企业社会资本这种非正式机制对中小企业融资便利性和融资经济性的正向影响作用。

上述实证结果表明，制度环境是影响中小企业融资的重要因素，并且，制度环境对中小企业融资的影响存在区域差异。制度环境较好的地区能够抑制债务人的侵占动机等机会主义行为，降低债务人的违约风险，减低融资成本，提高中小企业的融资便利性和经济性。更为重要的是，良好的制度环境能够减弱社会资本对中小企业融资的影响。社会资本和制度环境的影响作用是相互替代的（Guiso et al.，2004；Ahlerup et al.，2009）。上述研究结论意味着，非正式制度的社会资本在一定程度上可以弥补正式制度的薄弱性，在中小企业融资中发挥积极的促进作用。在金融发展水平和法治化水平不高、政府干预相对较强的制度环境中，社会资本对中小企业融资（融资便利性和经济性）的正面影响相对更强。因此，中小企业融资的便利性和经济性不仅取决于制度环境的改善，而且还依赖于社会资本的发展水平。社会资本和制度环境具有相互替代的作用。目前，我国正处于经济转轨时期，存在着金融发展较落后、法治水平较低和政府干预程度较强等特殊的制度背景。在这种制度背景下，较高的社会信任度和较发达的社会关系网络能够在一定程度上弥补我国制度环境的不足，有效缓解因制度缺陷而导致的我国中小企业融资难融资贵问题。

第六章 研究结论与展望

通过前面章节的文献回顾、理论分析和实证检验，本书对中小企业社会资本如何影响中小企业融资的机理进行了比较系统的分析和实证研究。本章将对前面所做的研究进行总结，阐述本书研究的主要结论和政策建议，并对本书研究的不足进行说明，同时对未来可能的研究方向提出建议。

第一节　主要研究结论

本书首先在文献回顾的基础上，界定了中小企业社会资本的概念，梳理了中小企业融资理论的发展脉络以及在我国中小企业融资实践中的适用性。从中小企业社会资本构成要素即社会关系网络、信任和规范视角，对中小企业社会资本对于中小企业融资影响的作用机制进行了较为深入的理论分析，探讨了中小企业社会资本对解决中小企业融资难融资贵问题所具有的理论优势。在实地访谈的基础上，采用问卷调查获取的数据，从社会资本结构、关系和认知三个维度，对中小企业社会资本与中小企业融资之间的关系进行了回归分析，实证检验了中小企业社会资本与中小企业融资之间的关系。在此基础上，进一步研究了制度环境对中小企业社会资本与中小企业融资之间关系的影响，实证分析了不同制度环境下中小企业社会资本对中小企业融资影响的地区差异性。具体而言，通过本书研究所得到的基本结论主要包括：

第一，我国中小企业融资的基本特征主要表现为：在融资来源渠道的选择上，更多地依赖内源性融资；在外源融资方式的选择上，更多地选择间接融资。同时，在间接融资渠道的选择上，非正规金融的作用日益凸显。正是上述中小企业的融资特征，直接导致我国中小企业融资难融资贵问题。因为，由于内源性融资先天性受制于企业的盈利能力以及资本积累，中小企业盈利能力不高、资本积累有限的特点，决定内源性融资不能完全满足中小企业生存与发展的需要，中小企业要想得到长远的发展，就需要依靠外源性融资。但受目前我国资本市场发展不健全的影响，中小企业直接融资渠道仍然狭窄。特别是中小企业受自身实力限制，难以达到资本市场的准入门槛，银行贷款融资仍是中小企业融资的重要来源；由于中小企业缺乏企业财务报表等易于传递的“硬信息”，相对于大企业，其信息不对称程度更为严重，这就导致中小企业往往成为银行信贷配给的主要对象，融资难融资贵问题不可避免。

第二，中小企业融资理论按照从现象到本质的发展路径，一般包括资本结构理论、融资需求生命周期理论、信贷配给理论、关系型融资和非正规金融理论。这些理论为西方解决中小企业融资难问题提供了强大的理论基础。但由于中小企业的多样性和复杂性，使得中小企业融资理论对于融资实践的指导还有待具体深入。尤其在我国，形成并发展于西方经济制度环境的中小企业融资理论，对我国中小企业融资实践并非完全适用。因此，为使中小企业融资理论研究更符合我国中小企业融资实践，需要选择新的视角更深层次地认识中小企业融资。我国是一个“社会关系”色彩浓厚的社会，因此，在我国特殊的制度背景下探讨社会资本对中小企业融资的影响以及作用机理，可以进一步丰富和拓展中小企业融资理论的研究内容。

第三，中小企业社会资本作为资本的一种新形式，具有资本的特征，它实质上属于资源的范畴，而且是嵌入社会关系网络中的资源。因此，从“资源”的角度定义中小企业社会资本更符合资本的含义。具体地，中小企业社会资本就是中小企业为实现一定目标，通过有目的的行动从其相互信任与合作、互惠规范为基础的社会关系网络中获取或动员的资源。它属于中观层次的社会资本，强调外部社会关系获取外部资源的功能。或者说，是对象化的社会资本，它以组织（企业）为研究主体，更多强调社会资本对于促进集体行动目标实现的作用。网络、信任和规范是中小企业社会资本的基本构成要素，结构维度、关系维度和认知维度是中小企业社会资本的分析维度。

第四，以社会关系网络为主要载体的中小企业社会资本以其自身获取信息的优势和特殊的约束机制可以有效缓解信息不对称程度，防范机会主义行为。具体作用机制包括：社会关系网络有助于增加中小企业的融资渠道，降低中小企业融资中的信息不对称程度，减少债务违约发生的概率；社会信任有助于提高融资交易双方的合作机会，降低融资交易成本；社会规范能够有效制约融资交易双方的违约行为，为融资交易双方提供社会担保机制。但无论是中小企业社会资本的信任机制还是规范机制，其发挥作用的关键都在于交易者信息的有效传递和对违约者惩罚的可置信性。如果交易者的信息传递无法达到或受到阻碍，该机制就无法有效阻止借款者的机会主义选择；一旦对违约者进行惩罚的可置信性受到怀疑，违约者失信的惩罚成本不够高，交易便无法达成。

第五，中小企业社会资本结构维度、关系维度和认知维度分别与中小企业融资便利性和融资经济性之间存在着明显的正向关系。其中，结构维度的主要作用在于为中小企业融资提供结构化网络，关系维度主要作用在于为中小企业的网络建立信任基础，认知维度主要作用在于实现网络中的沟通。也就是说，中小企业通过强化联系的强度和稳定性，提高企业社会关系网络成员之间的信任程度，通过各种联系加强知识共享和共同愿景，实现有效沟通。努力提高社会资本结构维度、关系维度和认知维度三个维度的水平，能够有效提高中小企业融资的便利性，降低中小企业的融资成本，提高其融资的经济性。同时，企业社会资本的结构维度、关系维度和认知维度两两之间也存在着正向且显著的相关关系，它们对于中小企业融资便利性和经济性的影响作用存在着互补关系，任何一种或两种社会资本维度贡献度的提高都会带来整体社会资本作用的增强。

第六，制度环境是影响中小企业社会资本与中小企业融资之间关系的重要因素。中小企业融资不仅仅是其自身的经济行为，还往往受制于宏观制度环境的制约，不可避免地带有制度环境的痕迹。因此，中小企业社会资本对中小企业融资行为的影响，将会受到不同地区制度环境差异的影响，良好的制度环境能够弱化中小企业社会资本对中小企业融资便利性和融资经济性的正向影响，也就是说，社会资本和制度环境对于中小企业融资的影响具有相互替代的作用。具体地，在金融发展水平和法治化水平不高、政府干预相对较强的制度环境中，社会资本对中小企业融资（融资便利性和经济性）的正面影响相对更强。因此，中小企业融资的便利性和经济性不仅取决于制度环境的改善，而且还依赖于社会资本的发展水平，社会资本和制度环境具有相互替代的作用。目前，我国金融市场发展水平不高、法治化水平还不够完善，政府干预还在一定程度上存在，在这种制度背景下，较高的社会资本水平能够在一定程度上弥补我国制度环境的不足，有效缓解因制度缺陷而导致的我国中小企业融资难融资贵问题。

第二节　本书的政策含义

结合我国经济转型和产业升级的特殊制度背景，本书的政策含义主要包括：

第一，对于中小企业而言，为解决融资难融资贵问题，中小企业应该重视社会资本的培育与构建。理论分析和实证检验结果表明，中小企业社会资本（结构维度、关系维度和认知维度）对于中小企业融资（融资便利性和经济性）具有显著的正向影响作用。因此，中小企业要想长期解决其融资难融资贵的问题，除了寻求政策上的扶持和制度上的支持外，还应增强自身外部网络联结强度，增加外部网络联系的密度，同时提高外部网络关系的稳定度，在此基础上同合作企业互信互利，并建立起良好的沟通学习平台，积极培育和构建并合理利用其社会资本。同时，本书的实证分析也证明，中小企业社会资本的结构维度、关系维度和认知维度两两之间也存在着正相关关系。其中，社会资本的结构维度是提升关系维度和认知维度的前提，关系维度的信任是企业社会资本的核心，认知维度是企业社会资本的桥梁。因此，中小企业在培育和构建中小企业社会资本时，应该把握企业社会资本各维度之间的关系，注重社会资本结构维度、关系维度和认知维度的共同培育和构建，实现企业社会资本各个维度的均衡发展。

第二，对于经济政策的制定者而言，政府部门应积极创造公平的社会资本环境。本书研究表明，中小企业融资不仅仅是其自身的经济行为，还往往受制于宏观制度环境的制约，不可避免地带有制度环境的痕迹。因此，制度环境是影响中小企业社会资本与中小企业融资之间关系的重要因素，不同的制度环境将对中小企业社会资本与中小企业融资之间的关系产生不同的影响，而制度环境的改善很大程度上取决于政府层面。因此，改善中小企业融资制度环境是中央政府、各级地方政府应该着重考虑的问题。同时，从本书的研究结论看，我国整体信任度水平较低，对正式制度的替代作用较弱，说明企业融资交易的达成和实施对正式制度的依赖性还比较强，因此，在企业提高自身信用度的同时，政府应当加大正式制度的建立和完善，减少不合理的行政干预，为中小企业融资创造良好的正式制度环境。另外，以往的经济学理论只强调政府应加大对物质资本和人力资本的投资，而对社会资本方面的投资关注较少。社会资本存量具有自我强化和积累的倾向，社会资本的形成有利于未来充分和连续性的合作。众所周知，中国是一个“关系社会”，而社会资本具有公共产品的特质，其固有的外部性不能得到完全的内部化，因此，社会资本将出现产出不足的情况，且由于社会资本无法在短期内培育，所以需要政府的积极介入推动，以弥补市场的缺陷。社会资本的潜在功能，是作为一种文化的内驱力，在无形的积累、运作和交换中发挥经济效益，小心维护并积极培育社会资本将是我国经济持续健康发展的重要保障。

第三，中小企业融资便利性和融资经济性相互影响、相互作用，这意味着中小企业融资难融资贵也相互影响。对我国很多民营企业尤其中小企业而言，相比融资贵来说，解决融资难更为紧迫。如果过度地关注融资成本而忽略融资可得性，会破坏金融机构的风险定价的自主权，形成逆向刺激，导致金融机构不敢贷、不愿贷，反而加剧融资难。只有在保证融资可得性的前提下，给金融机构适当的风险补偿，增强金融机构的内在激励，才能形成服务民营企业特别是中小微企业的长效机制（易刚，2018）。正因为如此，破解中小企业融资贵问题应集中体现为破解中小企业融资难问题。

第三节　有待进一步研究的问题

中小企业融资难融资贵是一个普遍存在的世界性难题，虽然本书通过理论分析和实证检验相结合的方法研究了中小企业社会资本与中小企业融资之间的关系，得出了比较有意义的结论，但在研究的过程中仍然存在着一些不足之处，需要在未来研究中加以改善。

第一，关于社会资本测量。对于社会资本的测量，目前学术界仍然有很大的分歧，虽然本书应用的是被多数学者认可的社会资本测量方法，但是对于具体的测量题项还没有权威的标准，有的学者以财务统计数据来衡量，有的学者则以调查问卷来衡量。财务数据的优点是客观，容易获取，缺点是效度不一定高；调查问卷的优点是效度可能比较高，但缺点是过于主观和难以获取。本书对于中小企业社会资本的测量主要是基于相关领域中现有的研究成果设计多种题项，并通过应答者主观评价的方式进行

（Likert 打分法），尽管在研究中采取了多种方式，尽可能增加测量的信度和效度，但是主观评价方法仍可能影响数据乃至研究结论的可靠性和准确性。所以，如何正确测量中小企业社会资本仍是未来研究的难点。

第二，关于中小企业社会资本的结构维度、关系维度和认知维度对于中小企业融资的作用机理。本书从中小企业社会资本的结构维度、关系维度和认知维度三个方面证明了中小企业社会资本与中小企业融资（融资便利性和融资经济性）之间的关系，实证分析表明，中小企业社会资本的结构维度、关系维度和认知维度均对中小企业融资产生正向影响，其影响程度和贡献度存在明显差异。另外，中小企业社会资本的结构维度、关系维度和认知维度之间也存在着正向且显著的相关关系。但我们的分析只考虑单一维度对中小企业融资（融资便利性和融资经济性）的作用，忽视了其他两个维度相互作用的影响。中小企业社会资本结构维度、关系维度和认知维度如何共同作用于中小企业融资，其影响机理如何有待进一步探讨。

第三，关于制度环境变量的选择。制度环境是指一系列用来建立生产、交换与分配基础的法律制度、政府治理、经济和社会环境，是一个国家或地区正式制度和非正式制度对经济产生影响的因素总和。本书关于制度环境对中小企业社会资本与融资之间关系影响的逻辑推断，从微观上提供了制度环境对中小企业社会资本与融资之间关系影响的经验证据。但制度环境因素不仅包括政府干预程度、金融发展水平以及法治环境发展水平，还包括市场化程度等其他制度环境因素。如果能够找到更为准确和全面的制度环境指标，并将这一环境指标对中小企业社会资本与融资之间关系的调节作用进行进一步的分析，则得出的结论就更为细致，这对于实践的指导也更为具体和具有针对性。因此，在后续的研究中，寻求更好的衡量制度环境的指标或替代变量，进而更加全面地考察地区制度环境对中小企业社会资本与融资之间关系的影响将是一个挑战。

第四，关于案例研究。案例研究是管理学理论构建的一种重要研究方法，其研究的科学性和规范性正在逐渐受到学者们的认可。案例研究方法是我们构建新理论、探索新领域的重要研究手段。无论是对社会资本还是中小企业融资的研究，在中国尚处于初始阶段，国内很多学者对其内在的作用机理还没有发掘清楚，案例研究更适合深入、细致地进一步展示在转型背景下，中小企业社会资本对融资的作用。但本书仅对中小企业社会资本与融资之间关系进行了实证研究，期望以后的研究采用案例的研究方式进行深入挖掘。

第五，关于中介变量。近年来，学界对企业社会资本与创新绩效之间关系的研究中，考虑了中介变量的影响。如韦影（2007）在研究企业社会资本对技术创新绩效影响时采用了吸收能力中介变量，韦影的研究指出，企业的吸收能力在企业社会资本与企业的创新行为之间起到中介作用。刘寿先（2008）在研究企业社会资本与技术创新时，使用组织学习作为中介变量。宋方煜（2012）在研究企业社会资本对创新绩效的影响时，采用知识转移作为中介作用。上述研究启示我们，中小企业社会资本对中小企业融资的影响是否与他们的研究一样也存在中介变量的作用，如果存在，其作用机理如何，这无疑也是未来研究的一个重点。

附录：调查问卷

尊敬的女士/先生：您好！

非常感谢您在百忙之中抽出时间填写这份调查问卷！本次调查问卷采取不记名方式，其调查内容主要用于“中小企业社会资本与融资之间关系研究”的统计分析，每一个企业的数据并不会单独列出，因此不存在泄露企业商业秘密问题，请您放心作答。

由于您的回答对我们的研究非常重要，敬请您仔细阅读每道题目，并根据企业和您的实际情况如实、客观地填写，切勿遗漏（若有遗漏可能会导致问卷作废）。本问卷全部为单项选择，所有选项均无好坏对错之分，只需依据您的个人想法作答即可。若有某个问题未能完全表达您的意见，请选择最接近您看法的选项。

真诚地感谢您的支持和合作！如果您对本研究的结果感兴趣，请在问卷后注明您的邮箱，届时我们将会以 E－mail 方式发给您。非常感谢！

第一部分：中小企业基本信息

请您根据企业实际情况填写下列题项，在合适的选项上打“√”

1. 企业位于省市：____________

2. 企业已成立年限（截止时间：2018 年 12 月 31 日）：

◇3 年以下 ◇3—5 年 ◇5—10 年 ◇10 年以上

3. 企业主导的业务所在的行业属于：

◇工业 ◇建筑安装业 ◇住宿业 ◇餐饮业 ◇信息传输业 ◇软件和技术服务业 ◇房地产开发业 ◇其他，如：____

4. 企业年营业收入约为：

◇300 万元以下 ◇300 万—500 万元 ◇500 万—1000 万元 ◇1000 万—5000 万元 ◇5000 万—10000 万元 ◇10000 万元以上

5. 企业目前员工人数为：

◇50 人以下 ◇50—200 人 ◇200—500 人 ◇500—1000 人 ◇1000 人以上

6. 您在企业担任的职务是：

◇高层管理人员 ◇中层管理人员 ◇基层管理人员

7. 您在企业工作年限：

◇2 年以下 ◇2—5 年 ◇5—10 年 ◇10 年以上

8. 企业是否需要资金？

◇不需要 ◇需要 ◇非常需要 ◇不知道

9. 您企业在融资过程中考虑的最主要因素是（可以多选）：

◇融资获取的难易程度 ◇融资的成本高低 ◇是否被资金提供方控制 ◇其他，如：____________

10. 当您的企业需要资金时，外部融资途径主要包括（可以多选）：

◇占用上游企业货款或预收下游企业货款 ◇向其他企业、组织机构等非金融机构借款 ◇向企业股东和企业员工集资 ◇向银行、信用社等金融机构贷款

第二部分：中小企业社会资本

备注：下列表格中的“关系网络成员”包括贵企业的客户、供应商、其他竞争或合作关系的企业；政府、行业协会等管理部门；银行、财务公司等正规和非正规金融机构等。

请根据您的经验判断打分。分值根据题项分别代表不同的含义，1—5分表示程度随分值的递增而逐步加深。

序号	请在符合情况的数字①②③④⑤上打“√”。	完全不同意	基本不同意	无法判断	基本同意	完全同意
	与同行业其他企业相比，贵企业与下列单位的关系密切程度					
1	与客户、供应商和其他竞争和合作企业的联系	①	②	③	④	⑤
2	与政府、行业协会等管理部门的联系	①	②	③	④	⑤
3	与银行、财务公司等正规与非正规金融机构的联系	①	②	③	④	⑤
	与同行业其他企业相比，贵企业与下列单位联系的频繁程度					
4	与客户、供应商和其他竞争和合作企业的关系	①	②	③	④	⑤
5	与政府、行业协会等管理部门的联系	①	②	③	④	⑤
6	与银行、财务公司等正规与非正规金融机构的联系	①	②	③	④	⑤
	与同行业其他企业相比，贵企业与下列单位联系的稳定程度					
7	与客户、供应商和其他竞争和合作企业的联系	①	②	③	④	⑤
8	与政府、行业协会等管理部门的联系	①	②	③	④	⑤
9	与银行、财务公司等正规与非正规金融机构的联系	①	②	③	④	⑤

续表

序号	请在符合情况的数字①②③④⑤上打“√”。	完全不同意	基本不同意	无法判断	基本同意	完全同意
	与同行业其他企业相比，贵企业与下列单位能够保持良好的信任关系					
10	与客户、供应商和其他竞争和合作企业之间关系	①	②	③	④	⑤
11	与政府、行业协会等管理部门的联系	①	②	③	④	⑤
12	与银行、财务公司等正规与非正规金融机构的联系	①	②	③	④	⑤
	与同行业其他企业相比，贵企业与下列单位具有一致同意和认可的行为规范					
13	与客户、供应商和其他竞争和合作企业之间关系	①	②	③	④	⑤
14	与政府、行业协会等管理部门的联系	①	②	③	④	⑤
15	与银行、财务公司等正规与非正规金融机构的联系	①	②	③	④	⑤
	与同行业其他企业相比，贵企业与下列单位能够相互信守承诺					
16	与客户、供应商和其他竞争和合作企业之间关系	①	②	③	④	⑤
17	与政府、行业协会等管理部门的联系	①	②	③	④	⑤
18	与银行、财务公司等正规与非正规金融机构的联系	①	②	③	④	⑤
	与同行业其他企业相比，贵企业与下列单位的联系因有共同的语言能够有效沟通					
19	与客户、供应商和其他竞争和合作企业之间关系	①	②	③	④	⑤
20	与政府、行业协会等管理部门的联系	①	②	③	④	⑤
21	与银行、财务公司等正规与非正规金融机构的联系	①	②	③	④	⑤
	与同行业其他企业相比，贵企业与下列单位的联系中存在共同的愿景					
22	与客户、供应商和其他竞争和合作企业之间关系	①	②	③	④	⑤
23	与政府、行业协会等管理部门的联系	①	②	③	④	⑤
24	与银行、财务公司等正规与非正规金融机构的联系	①	②	③	④	⑤

第三部分：中小企业融资状况

下面的表格，请根据您的经验判断打分。分值根据题项分别代表不同的含义，1—5分表示程度对分值的递增而逐步加深。

序号	请在符合情况的数字①②③④⑤上打“√”。	完全不符合	基本不符合	无法判断	基本符合	完全符合
	与同行业其他企业相比，贵企业					
1	企业资金状况能够得到很好的满足	①	②	③	④	⑤
2	能够更容易地获得经营所需要的资金	①	②	③	④	⑤
3	平均获取资金的时间较短	①	②	③	④	⑤
4	可供选择的融资方式较多	①	②	③	④	⑤
	与同行业其他企业相比，贵企业					
5	获取资金的平均利率水平较高	①	②	③	④	⑤
6	付出规定利率之外的额外费用较多	①	②	③	④	⑤

问卷结束！

再次感谢您对本研究工作的支持！如果您对本研究的结果感兴趣，请留下您的E－mail：________________。

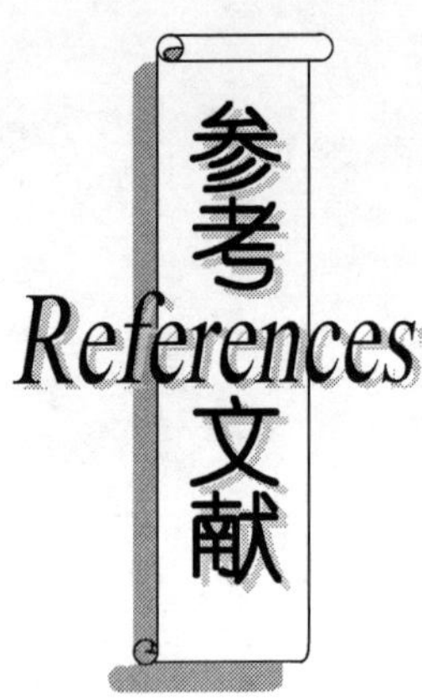

参考文献 References

[1] 边燕杰，丘海雄，2000. 企业的社会资本及其功效［J］. 中国社会科学（2）：87－99.

[2] 曹玉贵，刘小春，2016. 制度环境、社会资本与中小企业融资关系［J］. 华北水利水电大学学报（社会科学版）（6）：34－38.

[3] 陈德萍，张文灵，2017. 企业社会资本与融资约束的实证分析［J］. 统计与决策（7）：188－190.

[4] 陈东升，2001. 积体电路产业组织网络的形式及其形成的制度基础［M］. 台北：联经出版事业股份有限公司.

[5] 陈介玄，1990. 关系与法令：台湾企业运作的一个传统面向［J］. 思与言（4）：47－64.

[6] 陈介玄，高承恕，1991. 台湾企业运作的社会秩序：人情关系与法律［J］. 东海学报（32）：219－232.

[7] 陈劲，李飞宇，2001. 社会资本：对技术创新的社会学

诠释［J］．科学学研究（3）：102－107.

［8］陈晓红，吴小瑾，2007. 中小企业社会资本的构成及其与信用水平关系的实证研究［J］．管理世界（1）：153－155.

［9］陈勇江，柴友兰，2007. 民营企业依靠社会资本融资的调查与分析——以浙江民营企业为例［J］．财会研究（12）：61－63.

［10］储小平，李怀祖，2003. 信任与家族企业的成长［J］．管理世界（6）：98－104.

［11］戴建中，2001. 现阶段中国私营企业主研究［J］．社会学研究（5）：65－76.

［12］凡勃伦，1964. 有闲阶级论［M］．蔡受百，译．北京：商务印书馆.

［13］樊纲，王小鲁，2004. 中国市场化指数——各地区市场化相对进程2004年度报告［M］．北京：经济科学出版社.

［14］樊纲，王小鲁，马光荣，2011. 中国市场化进程对经济增长的贡献［J］．经济研究（9）：4－16.

［15］方军雄，2006. 市场化进程与资本配置效率的改善［J］．经济研究（5）：50－61.

［16］方军雄，2007. 所有制、市场化进程与资本配置效率［J］．管理世界（11）：27－35.

［17］福山，2003. 公民社会与发展［M］．//曹荣湘．走出囚徒困境：社会资本与制度分析．上海：上海三联书店.

［18］郭劲光，2006. 网络嵌入：嵌入差异与嵌入绩效［J］．经济评论（6）：24－30.

［19］郭少新，何炼成，2004. 社会资本：解释经济增长的一种新思路［J］．财贸研究15（2）：7－10.

［20］郭毅，朱熹，2003. 国外社会资本与管理学研究新进

展——分析框架与应用述评［J］. 外国经济与管理（7）：2－7.

［21］何韧，刘兵勇，王婧婧，2012. 银企关系、制度环境与中小微企业信贷可得性［J］. 金融研究（11）：103－115.

［22］贺京同，范若滢，2015. 社会信任水平与企业现金持有——基于权衡理论的解读［J］. 上海财经大学学报（4）：30－41.

［23］黄锐，2009. 企业社会资本理论述评［J］. 生产力研究（7）：160－162.

［24］金智，2013. 社会规范、财务报告质量与权益资本成本［J］. 金融研究（2）：194－206.

［25］科斯，阿尔钦，诺斯，1994. 财产权利与制度变迁：产权学派与新制度学派译文集［M］. 胡庄君，陈剑波，译. 上海：上海人民出版社.

［26］李传宪，韩闪闪，2016. 民营企业社会资本与债务融资特征研究——基于 2011—2013 年沪深 A 股公司的经验证据［J］. 财会月刊（中）（1）：7－10.

［27］李惠斌，杨雪冬，2000. 社会资本与社会发展［M］. 北京：社会科学文献出版社.

［28］李路路，1995. 社会资本与私营企业家——中国社会结构转型的特殊动力［J］. 社会学研究（6）：46－58.

［29］李培功，沈艺峰，2011. 社会规范、资本市场与环境治理：基于机构投资者视角的经验证据［J］. 世界经济（6）：126－146.

［30］李四海，刘星河，吴伟炯，2013. 社会信任环境与民营企业债务融资研究——来自中国上市公司的经验证据［J］. 金融评论（2）：75－88.

［31］李延喜，陈克兢，姚宏，等，2012. 基于地区差异视

角的外部治理环境与盈余管理关系研究——兼论公司治理的替代保护作用 [J]. 南开管理评论 (4): 89-100.

[32] 李玉谭, 1992. 日美欧中小企业理论与实践 [M]. 长春: 吉林大学出版社.

[33] 李作战, 2010. 企业社会资本、创业导向和创业绩效关系研究——基于科技型中小企业的创业 [D]. 广州: 暨南大学.

[34] 梁琪, 陈文哲, 2014. 边际债务效用与区域金融发展度量——基于我国上市公司数据的经验研究 [J]. 国际金融研究 (4): 70-85.

[35] 林民书, 蔡星星, 2015. 中国企业关系网络结构形成机制研究 [J]. 河南社会科学 (11): 38-51.

[36] 林毅夫, 孙希芳, 2005. 信息、非正规金融与中小企业融资 [J]. 经济研究 (7): 35-44.

[37] 陆铭, 李爽, 2008. 社会资本、非正式制度与经济发展 [J]. 管理世界 (9): 161-165.

[38] 罗丹阳, 2009. 中小企业民间融资 [M]. 北京: 中国金融出版社.

[39] 罗党论, 黄有松, 聂超颖, 2011. 非正规金融发展、信任与中小企业互助融资机制 [J]. 南方经济 (5): 28-42.

[40] 罗家德, 2001. 人际关系连带、信任与关系金融: 以镶嵌性观点研究台湾的民间借贷 [M]. 台北: 联经出版事业股份有限公司.

[41] 罗建华, 黄玲, 2011. 中小企业非正规金融内生成长分析——基于社会资本视角 [J]. 经济与管理 (1): 40-45.

[42] 罗正英, 周中胜, 王志斌, 2011. 金融生态环境、银行结构与银企关系的贷款效应——基于中小企业的实证研究

[J]. 金融评论 (2): 64-81.

[43] 马宏, 李耿, 2014. 制度、社会资本与高新技术企业融资约束——基于创业板上市公司的实证研究 [J]. 证券市场导报 (12): 41-45.

[44] 马俊峰, 2012. 当代中国社会信仰问题研究 [M]. 北京: 北京师范大学出版社.

[45] 马强, 远德玉, 2004. 技术行动的嵌入性与技术的产业化 [J]. 自然辩证法研究 (5): 71-74.

[46] 马庆国, 2002. 中国管理科学研究面临的几个关键问题 [J]. 管理世界 (8): 15-16.

[47] 孟为, 郭雪萌, 2017. 社会资本、关联方交易与利益输送——基于区域社会规范和社会关系的考察 [J]. 财经论丛 (1): 67-76.

[48] 潘敏, 2002. 资本结构、金融契约与公司治理 [M]. 北京: 中国金融出版社.

[49] 潘越, 戴亦一, 吴超鹏, 等, 2009. 社会资本、政治关系与公司投资决策 [J]. 经济研究 (11): 82-94.

[50] 钱先航, 曹廷求, 2015. 法律、信用与银行贷款决策——来自山东省的调查证据 [J]. 金融研究 (5): 101-116.

[51] 青木昌彦, 2001. 比较制度分析 [M]. 周黎安, 译. 上海: 上海远东出版社.

[52] 青木昌彦, 丁克, 1997. 关系型融资制度及其在竞争中的可行性 [J]. 经济社会体制比较 (6): 3-9.

[53] 佘伯明, 2015. 基于融资行为的中小企业社会信任网络构建 [J]. 征信 (4): 23-26.

[54] 石军伟, 胡立君, 付海艳, 2007. 企业社会资本的功

效结构：基于中国上市公司的实证研究［J］．中国工业经济(2)：84－93.

［55］史达，2016. 中国文化情景下的企业融资研究框架——基于嵌入性与关系融资的视角［J］．财经问题研究（10）：41－47.

［56］史小坤，2018. 社会信任的融资交易治理——来自中国23个省区的经验研究［J］．征信（5）：12－18.

［57］史小坤，陶雨琴，贾丹丹，2019. 内部董事声誉、制度环境与上市企业银行贷款——来自中国A股上市公司的经验证据［J］．金融与经济（3）：41－48.

［58］舒萍，1998. 我国中小企业概念的界定原则［J］．南开经济研究（4）：23－27.

［59］苏坤，李鹏，2012. 制度环境对债务期限结构的影响研究［J］．上海金融（11）：30－35.

［60］孙丽军，石磊，2003. 社会资本：文献与进一步的研究［J］．社会科学（1）：20－25.

［61］孙铮，刘凤委，李增泉，2005. 市场化程度、政府干预与企业债务期限结构——来自我国上市公司的经验证据［J］．经济研究（5）：52－63.

［62］田晓霞，2004. 小企业融资理论及实证研究综述［J］．经济研究（5）：107－116.

［63］佟明亮，2015. 法制环境、金融市场化程度与民营企业贷款——来自2012年世界银行中国营商环境企业调查的证据［J］．技术经济与管理研究（10）：73－78.

［64］王碧珺，谭语嫣，余淼杰，等，2015. 融资约束是否抑制了中国民营企业对外直接投资［J］．世界经济（12）：54－78.

[65] 王缉慈，2001. 创新的空间：企业集群与区域发展 [M]. 北京：北京大学出版社.

[66] 王俊杰，2009. 企业社会资本与企业发展 [J]. 理论探索 (4)：72－75.

[67] 王三义，何风林，2007. 社会资本的认知维度对知识转移的影响路径研究 [J]. 统计与决策 (5)：122－123.

[68] 王霄，2012. 我国中小企业融资的合作行为——一项社会资本视角的演化分析 [M]. 北京：科学出版社.

[69] 王彦超，姜国华，辛清泉，2016. 诉讼风险、法制环境与债务成本 [J]. 会计研究 (6)：30－37.

[70] 王永钦，刘思远，杜巨澜，2014. 信任品市场的竞争效应与传染效应：理论和基于中国食品行业的事件研究 [J]. 经济研究 (2)：141－154.

[71] 王越，刘珂，2008. 集群条件下社会资本影响中小企业融资效应的分析 [J]. 现代财经（天津财经大学学报）(2)：56－59.

[72] 王志伟，2008. 新自由主义经济学中的方法论差异——弗里德曼与哈耶克 [J]. 社会科学研究 (4)：85－93.

[73] 韦影，2007. 企业社会资本的测量研究 [J]. 科学学研究 (3)：518－522.

[74] 韦影，2005. 企业社会资本对技术创新绩效的影响——基于吸收能力的视角 [D]. 杭州：浙江大学.

[75] 魏卉，孙宝乾，2018. 法律环境、社会资本与企业债务期限结构 [J]. 会计之友 (5)：43－48.

[76] 邬爱其，2007. 集群企业网络化成长机制 [M]. 北京：中国社会科学出版社.

[77] 吴晶晶，王平，2016. 中小企业集群融资问题探析

[J]. 湖北经济学院学报(人文社会科学版)(3):59-60.

[78] 吴小瑾,陈晓红,2008. 基于社会资本的集群中小企业融资行为研究[J]. 中南财经政法大学学报(3):121-127.

[79] 吴晓波,韦影,杜健,2004. 社会资本在企业开展产学研合作中的作用探析[J]. 科学学研究(6):630-633.

[80] 武志伟,2003. 企业社会资本的内涵和功能研究[J]. 软科学(5):19-21.

[81] 夏立军,陈信元,2007. 市场化进程、国企改革策略与公司治理结构的内生决定[J]. 经济研究(7):82-95.

[82] 夏立军,方轶强,2005. 政府控制、治理环境与公司价值——来自中国证券市场的经验证据[J]. 经济研究(5):40-51.

[83] 阎竣,2012. 私营中小企业主融资行为研究[M]. 武汉:武汉大学出版社.

[84] 杨灵晰,2018. 社会资本视角下的民间金融发展研究[J]. 财经界(学术版)(13):13-16.

[85] 杨文,孙蚌珠,王学龙,2012. 中国农村家庭脆弱性的测量与分解[J]. 经济研究(4):40-51.

[86] 杨向阳,童馨乐,2015. 财政支持、企业家社会资本与文化企业融资——基于信号传递分析视角[J]. 金融研究(1):117-133.

[87] 杨玉波,李备友,李守伟,2014. 嵌入性理论研究综述:基于普遍联系的视角[J]. 山东社会科学(3):172-176.

[88] 姚铮,胡梦婕,叶敏,2013. 社会网络增进小微企业贷款可得性作用机理研究[J]. 管理世界(4):135-149.

[89] 叶康涛,张然,徐浩萍,2010. 声誉、制度环境与债务融资——基于中国民营上市公司的证据[J]. 金融研究

(8)：171－183.

[90] 余明桂，潘红波，2008. 政治关系、制度环境与民营企业银行贷款［J］. 管理世界（8）：9－21.

[91] 袁庆明，2000. 制度含义刍议［J］. 南京社会科学（11）：6－10.

[92] 张彩江，周宇亮，2017. 社会子网络关系强度与中小企业信贷可得性［J］. 中国经济问题（1）：87－100.

[93] 张敦力，李四海，2012. 社会信任、政治关系与民营企业银行贷款［J］. 会计研究（8）：17－24.

[94] 张健华，王鹏，2012. 银行风险、贷款规模与法律保护水平［J］. 经济研究（5）：18－30.

[95] 张杰，2003. 中国农村金融制度：结构、变迁与政策［M］. 北京：中国人民大学出版社.

[96] 张克中，2010. 社会资本：中国经济转型与发展的新视角［M］. 北京：人民出版社.

[97] 张其仔，1997. 社会资本论：社会资本与经济增长［M］. 北京：社会科学文献出版社.

[98] 张其仔，2000. 社会资本与国有企业绩效研究［J］. 当代财经（1）：53－58.

[99] 张其仔，2004. 社会资本的投资策略与企业绩效［J］. 经济管理（16）：58－63.

[100] 张荣刚，梁琦，2006. 社会资本网络：企业集群融资的环境基础与动力机制［J］. 宁夏社会科学（1）：51－54.

[101] 张维迎，2003. 信息、信任与法律［M］. 北京：三联书店出版社.

[102] 张维迎，柯荣住，2002. 信任及其解释：来自中国的跨省调查分析［J］. 经济研究（10）：59－70.

［103］张文宏，2003. 社会资本：理论争辩与经验研究［J］. 社会学研究（4）：23－35.

［104］张文宏，2007. 中国的社会资本研究：概念、操作化测量和经验研究［J］. 江苏社会科学（3）：142－149.

［105］张兴亮，夏成才，2016. 社会信任、债务契约履行与会计信息治理效应［J］. 现代财经（天津财经大学学报）（4）：80－91.

［106］张樱，2017. 社会资本、产品市场竞争与银行贷款融资［J］. 山西财经大学学报（1）：28－39.

［107］张远为，严飞，2018. 社会资本与小微企业融资能力研究［J］. 湖北经济学院学报（2）：15－21.

［108］章细贞，2011. 制度环境、政治联系与民营企业债务期限结构［J］. 财经论丛（浙江财经大学学报）（2）：76－83.

［109］甄志宏，2009. 网络、制度和文化：经济社会学研究的三个基本视角［J］. 江海学刊（4）：142－147.

［110］周广肃，樊纲，申广军，2014. 收入差距、社会资本与健康水平——基于中国家庭追踪调查（CFPS）的实证分析［J］. 管理世界（7）：12－21.

［111］周丽萍，2018. 社会资本对家族企业融资行为影响研究［J］. 全国流通经济（1）：53－55.

［112］周小虎，2002. 企业家社会资本及其对企业绩效的作用［J］. 安徽师范大学学报（人文社科版）（1）：1－6.

［113］周业安，1999. 金融抑制对中国企业融资能力影响的实证研究［J］. 经济研究（2）：13－20.

［114］周宇亮，2017. 社会网络与中小企业银行贷款：嵌入性视角［J］. 商业经济与管理（9）：86－96.

［115］周中胜，罗正英，段姝，2015. 网络嵌入、信息共享

与中小企业信贷融资 [J]. 中国软科学 (5): 119-128.

[116] 朱福林, 陶秋燕, 2014. 中小企业成长的社会网络关系研究——以北京市科技型中小企业调研数据为例 [J]. 科学学研究 (10): 1539-1545.

[117] 朱国宏, 1999. 经济社会学 [M]. 上海: 复旦大学出版社.

[118] 朱国宏, 桂勇, 2005. 经济社会学导论 [M]. 上海: 复旦大学出版社.

[119] ALLEN F, QIAN J, QIAN M, 2005. Law, finance, and economic growth in China [J]. Journal of financial economics, 77 (1): 57-116.

[120] ALLEN L, SAUNDERS A, UDELL G F, 1991. The pricing of retail deposits: concentration and information [J]. Journal of financial intermediation, 1 (4): 335-361.

[121] ANG J S, 2014. Small business uniqueness and the theory of financial management [J]. Journal of entrepreneurial finance, 1 (1): 1-13.

[122] ANGJ S, CHENG Y, WU C, 2015. Trust, investment, and business contracting [J]. Journal of financial and quantitative analysis, 50 (3): 569-595.

[123] BERGER A N, GOLDBERG L G, WHITE L J, 2001. Theeffects of dynamic changes in bank competition on the supply of small business credit [J]. Social science electronic publishing, 5 (1-2): 115-139.

[124] BERGER A N, SCHAECK K, 2011. Small andmedium-sized enterprises, bank relationship strength, and the use of venture capital [J]. Journal of money, credit and banking, 43 (2-3):

461 –490.

[125] BERGER A N, UDELL G F, 1995. Relationship lending and lines of credit in small firm finance [J]. The journal of business, 68 (3): 351 –381.

[126] BESTER H, 1987. The role of collateral in credit markets with imperfect information [J]. European economic review, 31 (4): 887 –899.

[127] BOURDIEU P, 1984. Distinctions: a social critique of the judgment of taste [M]. Harvard: Harvard University Press.

[128] BOURDIEU P, 1986. The forms of capital [M]. // Richardson. Handbook of theory and research for the sociology of education. New York: greenwood Press.

[129] BURT R S, 1997. The contingent value of social capital [J]. Administrative science quarterly, 42 (2): 339 –365.

[130] CAMPBELL T S, KRACAW, 1990. Corporate risk management and incentive effects of debt [J]. Journal of finance (20): 1673 –1686.

[131] CHAKRAVARTY S, SCOTT J S, 1999. Relationships and rationing in consumer loans [J]. The journal of business, 72 (4): 523 –544.

[132] COLE R A, 1998. The importance of relationships to the availability of credit [J]. Journal of banking & finance, 22 (6 –8): 959 –977.

[133] COLEMAN J S, 1988. Socialcapital in the creation of human capital [J]. American journal of sociology, 94 (5): 95 – 120.

[134] COLEMAN J S, 1990. Foundations of social theory

[M]. Cambridge MA: Harvard University Press.

[135] ELLICKSON R C, 1998. Law and economics discovers social norms [J]. The journal of legal studies, 27 (2): 537 - 552.

[136] FRY M J, 1997. Infavor of financial liberalization [J]. The economic journal, 107 (1): 754 - 770.

[137] FUKUYAMA F, 1995. Social capital and the global economy [J]. Foreign affairs, 74 (5): 89 - 103.

[138] FUKUYAMA F, 1996. Trust: the social virtues and the creation of prosperity [M]. New York: The Free Press.

[139] FUKUYAMA F, 1997. Social capital and the modern capitalist economy: creating a high trust workplace [J]. Stern business magazine, 4 (1) 4 - 16.

[140] GALBRAITH J W, 1996. Credit rationing and threshold effects in the relation between money and output [J]. Journal of applied econometrics, 11 (4): 419 - 429.

[141] GRANOVETTER M, 2005. The impact of social structure on economic outcomes [J]. The journal of economic perspectives, 19 (1): 33 - 50.

[142] GRANOVETTER, MARK, 1985. Economic action and social structure: the problem of embeddedness [J]. American Journal of sociology, 91 (3): 481 - 510.

[143] GUISO L, JAPPELLI T, 2001. Household's portfolio in Italy [M]. Households Portfolios Boston: MIT Press.

[144] GUISO L, SAPIENZA P, ZINGALES L, 2004. The role of social capital in financial development [J]. American economic review, (94): 526 - 556.

[145] LA PORTA R E A, 1997. Social trust in large organizations [J]. American economic review, 87 (2), 333 -338.

[146] LA PORTA R, FLORENCIO L D S, SHLEIFER A, et al., 2000. Investor protection and corporate governance [J]. Working Paper, 58 (1 -2): 3 -27.

[147] LAEVEN L, 2001. Insider lending and bank ownership: the case of Russia [J]. Journal of comparative economics, 29 (2): 207 -229.

[148] LIN N, 1999. Building a network theory of social capital [J]. Connections, 22 (1): 28 -51.

[149] LIN N, 2001. Social capital: a theory of social structure and action [M]. Cambridge: Cambridge University Press.

[150] MYERS S C, 1984. Capital structure puzzle [J]. Social science electronic publishing, 39 (3): 575 -592.

[151] MYERS, STEWART C, MAJLUF, et al., 1984. Corporate financing and investment decisions when firms have information that Investors do not have [J]. Journal of financial economics, 13 (2): 187 -221.

[152] NAHAPIET J, GHOSHAL S, 1998. Social capital, intellectual capital, and the organizational advantage [J]. Academy of management review, 23 (2): 242 -266.

[153] NEWTON K, 1999. Social and political trust in established democracies [M]. Oxford: Oxford University Press.

[154] NORTH D, 1990. Institutions, institutional Change and economic performance [M]. Cambridge: Cambridge University Press.

[155] OSTROM E, 1990. Governing the commons: the evolu-

tion of institutions for collective action [M]. Cambridge: Cambridge University Press.

[156] PETERSEN A M, RAJAN R G, 1994. The benefits of lending relationships: evidence from small business data [J]. The journal of finance, 49 (1): 3-37.

[157] PORTES A, 1995. Economic sociology and the sociology of immigration: a conceptual overview [M]. //PORTES. the economic sociology of immigration: essays on networks, ethnicity, and entrepreneurship. New York: Russell Sage Foundation.

[158] PUTNAM R, 2000. Bowing alone: the collapse and revival of american community [M]. New York: Simon & Shuster.

[159] PUTNAM R, 1993. The prosperous community: social capital and public life [J]. The American prospect, (13): 35-42.

[160] SCOTT W R, 1995. Institutions and organizations [M]. Thousand Oaks CA: Sage.

[161] STIGLITZ J E, WEISS A, 1981. Credit rationing in markets with imperfect information [J]. American economic review, 71 (3): 393-410.

[162] STULZ, RENE M, 1990. Managerial discretion and optimal financing policies [J]. Journal of financial economics, 26 (1): 3-27.

[163] TIROLE J, 2006. The theory of corporate finance [M]. CA: Princeton University Press.

[164] TSAI, KELLEE, 2001. Beyond banks: the local logic of informal finance and private sector development in China [R]. Beijing: the conference on financial sector reform.

[165] UZZI B, 1996. The sources and consequences of embed-

dedness for the economic performance of organizations [J]. American sociological review, 61 (4): 674 -698.

[166] UZZI B, 1997. Social structure and competition in interfirm networks: the paradox of embeddedness [J]. Administrative science quarterly, 42 (1): 35 -67.

[167] UZZI B, 1999. Embeddedness in the making of financial capital: how social relations and networks benefit firms seeking financing [J]. American sociological review, 64 (4): 481 -505.

[168] UZZI B, GILLESPIE J J, 2002. Knowledge spillover in corporate financing networks: embeddedness and the firm's debt performance [J]. Strategic management journal, 23 (7): 595 -618.

[169] WILLIAMSON, OLIVER E, 2002. The theory of the firm as governance structure: from choice to contract [J]. Journal of economic perspectives, 16 (3): 171 -195.

[170] WOOLCOCK M, 1998. Social capital and economic development: toward a the oretical synthesis and policy framework [J]. Theory and society, 27 (2), 151 -208.

[171] WOOLCOCK M, 2001. Micro - enterprise and social capital: a framework for theory, research, and policy [J]. Journal of Socio - Economics, 30 (2): 193 -198.

[172] WOOLCOCK M, NARAYAN D, 2000. Social capital: implications for development theory, research, and policy [J]. The world bank research observer, 15 (2): 225 -249.

[173] YLI - RENKO H, AUTIO E, SAPIENZA H J, 2001. Social capital, knowledge acquisition, and knowledge exploitation in young technology - based firms [J]. Strategic management journal, 22 (6 -7): 587 -613.